# Opiniones sobre
# "Un Mensaje de García"

*"Al haber escrito doce libros en el campo de la motivación personal durante las pasadas tres décadas, yo tengo un gran aprecio por ese autor raro y excepcional cuyo libro es rico en sabiduría no común y consejos lúcidos que tienen el poder de impactar virtualmente a cada vida que toca: 'Un mensaje de García' de Charles García está en el primer puesto de esta lista".*

— **Shad Helmstetter, Ph.D.,** autor de los bestseller "What to Say When You Talk to Yourself" y "Who Are You Really and What Do You Want"

*" ¿Cómo construyes una empresa de clase mundial y encuentras la felicidad al mismo tiempo? Charles García enseña a los lectores en una forma divertida cómo ellos pueden lograr cualquier cosa que quieran utilizando probadas estrategias de éxito".*

— **María Israel-Curley,** seleccionada "Woman of the Year" por "The Angeles Times", quien fundó Judy's y la llevó de una pequeña tienda de ropa para mujeres a una gigantesca compañía pública con 104 tiendas y 2000 empleados. Es autora de "Defying the Odds: Sharing the Lessons I Learned as a Pioneer Entrepreneur"

*"Cuando terminas de leer este asombroso libro tú tendrás todas las claves del éxito en tus manos. Destinado a convertirse en un clásico, esta es una obligada lectura para líderes, educadores, padres y especialmente para aquellos cuyos hijos preguntan por consejos y dirección".*

— **Mayor General Clifford L. Stanley** (Retirado) fue responsable de la educación y entrenamiento de todo el "U.S. Marine Coros", siendo uno de los afroamericanos con más alto rango militar. En estos momentos es el Director de Operaciones en la "University of Pensilvania"

*"A menudo nos empantanamos en todas las razones de por qué no podemos hacer algo, por qué no avanzamos o triunfamos – esto es verdad particularmente para una minoría. Cualquiera, al margen de su raza, credo o color puede triunfar, y si no me cree lea el libro de Charles García, este puede ser su Biblia del éxito".*

— **Tommy Hodingh,** Director Ejecutivo de MagRabbit Inc. Tommy fue nombrado en el año 2003 como "Asian Entreprenur of the Year" por la revista "Asian Enterprise" y la "Asian Business Association" y en el 2001 "National Minority Business Enterprise of the Year" por el "Nacional Minority Supplier Diversity Council"

*"Charles García invita al lector a tomar las riendas de su vida. No hay mensaje más estimulante que el recordatorio que esta es tu vida, tu oportunidad. Abrázala, atrévete a soñar y conoce que todas las herramientas necesarias para el éxito están dentro de ti. Este es el componente esencial del aprendizaje y 'Un Mensaje de García' es una dosis esencial de inspiración".*

— **Eduardo J. Padrón,** Presidente del "Miami Dade Community Collage", el instituto de dos años de estudios universitarios más grande de los Estados Unidos

*"Charles García es alguien que hace lo que dice, es un realizador, no simplemente un conferencista de temas de motivación. Con bastantes anécdotas humorísticas "Un Mensaje de García" es un placer leerlo. Al hacerlo ten por seguro que aparecerá una sonrisa en tu rostro, una quemazón en tu corazón y un halo de éxito alrededor de tu vida."*

— **Frank McKinney,** autor del bestseller
"Make it BIG! 49 Secrets for Building a Life of Extreme Success"

*"Al venir de una familia muy pobre yo comprendo de primera mano los muchos obstáculos que algunos de nosotros tenemos para alcanzar nuestras metas o incluso grandes éxitos, aparentemente imposibles. Yo descubrí que si uno permanece positivo y comprometido con sus sueños, el éxito definitivamente es posible. El libro de Charles García nos muestra a todos cómo podemos sobrepasar los obstáculos y crecernos para el éxito al cual cada persona aspira."*

— **Hill Post,** legendario director de fútbol americano,
destacado en la película "Remember the Titans"

*"Muchísimos de nuestros estudiantes tienen metas y sueños, pero desafortunadamente a menudo son imprecisos y sin dirección. "Un Mensaje de García" es un gran libro para los estudiantes universitarios. Este puede ayudarlos a descubrir su pasión, mientras les ofrece asesoría inspiradora y práctica para ayudarles a alcanzar cualquier cosa que ellos quieran. Este libro enseña a los estudiantes cosas que ellos nunca aprenderán en la escuela."*

— **Profesor Arnold A. Heggestad,** Director del "Center for Entrepreneurship and Innovation" en la "University of Florida"

*"Charles cree que todos nosotros podemos triunfar. Si eres inteligente acogerás el mensaje de optimismo y esperanza de este libro: ¡si tienes un sueño, tienes un plan razonable, actúas y perseveras, tú triunfarás!"*

— **Hellen Davids,** autora de "The 21 Laws of Influence", quien es una de las más renombradas entrenadoras corporativas y ha escrito otros cinco libros sobre planificación estratégica, rendimiento máximo, tácticas de negociación y modificación de la conducta

*"El libro de García es una mezcla única de técnicas para impulsar las oportunidades externas, reconociendo y desarrollando fortalezas internas. Es una lectura obligada no sólo para empresarios, sino para cualquiera con metas y sueños por alcanzar."*

— **Profesor Steven Stralser,** miembro del Global Entrepreneurship Center de Thunderbird (The American Graduade School of Internacional Management)

*"Un Mensaje de García es un fascinante libro lleno con emocionantes historias y estrategias precisas que te colocarán en un camino seguro para el éxito si tu sigues sus poderosos principios."*

— **Joseph B. Anderscri Jr.,** sus heroicas acciones fueron destacadas en el documental premiado en 1967 por la academia de Hollywood, "The Anderson Platoo", el cual muestra al pelotón de infantería que él comandó en Vietnam. El actualmente es el Director Ejecutivo de "Vibration Control Technologies", que está entre los cien negocios industriales, propiedad de negros, más grande de los Estados Unidos.

"*Charles García podría ser el personaje de Jack Ryan en una novela de Tom Clancy –
en parte un héroe de acción, en parte un servidor público, en parte un empresario
de clase mundial. Deberás leer despacio este libro porque está colmado con perlas
de sabiduría cultivadas estudiando a poderosos mentores y aplicando
ese conocimiento para obtener éxitos extraordinarios.*"

— **Jay Rifenbary,** conferencista nacional y autor del bestseller "No excuse!
– Key Principles for Balancing Life & Achieving Success"

"*Charles García desafía a los jóvenes a soñar en grande y perseguir aquello que
verdaderamente aman. Si ellos quieren correr un maratón o desarrollar una compañía
o perseguir algo totalmente fuera de la ordinario, "Un mensaje de García" ofrece
poderosas estrategias de acción que cualquiera, a cualquier edad, puede seguir
para alcanzar sus sueños.*"

— **Jennifer Kushell,** autora del bestseller en el New York Times
"Secrets of the Young & Successful: How to Get Everything You
Want Without Waiting a Lifetime"

"*En menos de seis años, Charles García creó una de las compañías de más rápido crecimiento
en los Estados Unidos. "Un Mensaje de García" capta muchas lecciones valiosas para todo el
mundo, especialmente sobre cómo crear su propia brújula del éxito - una brillante, aunque
sencilla técnica que puede literalmente cambiar el curso de tu vida.*"

— **Don Kevin,** Director Ejecutivo de CADDO Design & Office Products, Inc.
El recibió los premios "Nacional Indian Business Owner of the Year" y el
"Nacional Minority Suplier of the Year", del Ministerio de Comercio de los Estados
Unidos. Es Presidente de la Junta de Directores del "National Center for
American Indian Enterprise Development"

"*Como un educador de toda una vida, yo he dedicado mi carrera a crear programas y
planes de estudio que ayuden a preparar estudiantes para la vida. 'Un Mensaje de García'
es un libro extraordinario que enseña a los estudiantes cosas que ellos no aprenden en la
escuela, cosas que son tan importantes como las matemáticas y la lectura, porque le darán
el conocimiento y las herramientas que ellos necesitan para triunfar*".

— **Dr. Art Johnson,** Superintendente de las escuelas del condado Palm Beach,
el distrito escolar #14 más grande de los Estados Unidos

"*El compromiso y la perseverancia son esenciales para alcanzar tus metas y en ninguna
parte es más importante que cuando decides perder peso y mejorar tu salud. 'Un Mensaje
de García' ayudará a las personas de resistencia mental, energéticos y centrados en hacer
lo que ellos quieran, incluyendo mejorar su salud*".

— **Larry North,** experto en preparación física y autor del bestseller
"Larry North's Slimdown for Life"

❖  ❖  ❖

# UN MENSAJE
# DE GARCÍA

# Otros títulos en español de Hay House

(760) 431-7695 o al (800) 654-5126
(760) 431-6948 (fax) o al (800) 650-5115 (fax)
Hay House USA: **www.hayhouse.com;**
Hay House Australia: **www.hayhouse.com.au**
Hay House UK: **www.hayhouse.co.uk**
Hay House South Africa: **orders@psdprom.co.za**

# UN MENSAJE DE GARCÍA

## DE GARCÍA

### Sí, Puedes Triunfar

Charles Patrick García

**HAY HOUSE, INC.**

Carlsbad, California

London • Sydney • Johannesburg

Vancouver • Hong Kong

**Publicado y distribuido en los Estados Unidos por:** Hay House, Inc., P.O. Box 5100, Carlsbad, CA 92018-5100 USA • (760) 431-7695 o al (800) 654-5126 • (760) 431-6948 (fax) o al (800) 650-5115 (fax) • www.hayhouse.com

*Diseño:* Amy Rose Szalkiewicz

ISBN: 1-4019-0338-X

1º impreso, Octubre 2003

Impreso en Los Estados Unidos

❖

Este libro está dedicado a todos ustedes
Que tienen el coraje de alimentar sus
sueños y velar por ellos
De mantener viva la llama de la esperanza
Y de perseverar a pesar de los
Obstáculos abrumadores

❖

# Contenido

# Prólogo
## por el Profesor Jaime Escalante

CUALQUIERA QUE ME HAYA escuchado hablar o que haya conocido mi trabajo como profesor a través de la película *Levántate y Cumple (Stand and Deliver)* sabe que no acepto el no como respuesta. Cuando hay estudiantes que dicen que no pueden tomar cálculo avanzado yo digo: "¿Por qué no?". Cuando los adolescentes dicen que no esperan poder ir a la universidad porque nadie en su familia lo ha hecho, de nuevo digo: "¿Por qué no?".

Charles García comparte un punto de vista similar. Aunque él fue lo suficientemente afortunado para nacer en medio de una familia de profesionales que estimularon y apoyaron sus esfuerzos por educarse, su filosofía coincide con la mía. Después de prestar servicio en las fuerzas armadas, ocupar cargos en el gobierno y entrenarse para convertirse en abogado, Charles se dio cuenta de que necesitaba hacer algo distinto. Dándole la espalda a una carrera de leyes potencialmente lucrativa, Charles comenzó a construir su negocio propio a partir de la nada.

En la actualidad, seis años después de iniciar su empresa en una diminuta oficina con tan sólo dos empleados, Sterling Financial está consolidada. Charles podría pasar más tiempo con su familia y concentrarse en su negocio. Sin embargo él ha preferido dedicarle una enorme cantidad de tiempo, energía, recursos y dinero a una causa por la cual tiene un enorme apego, una causa que lo apasiona: la educación. Es a través de esos esfuerzos que ha hecho que yo he llegado a conocer a Charles García y a respetarlo por todo lo que está haciendo en favor de la gran causa de la educación. Al aceptar el nombramiento que le hizo el gobernador Jeb Bush para que ocupara una silla en la Junta de Educación del Estado de Florida (Florida State Board of Education) y el nombramiento que le hizo el presidente George W. Bush en la Comisión de Excelencia Educativa para los Hispanoamericanos, comisión de la cual yo también formo parte, Charles demuestra tanto en palabras como en obras su interés por ayudar a los demás, especialmente a los jóvenes hispanos, para que logren convertir sus sueños en realidad.

Este libro narra la carrera de Charles, desde que fundó su primera oficina en el cuarto de utensilios de limpieza de una empresa, hasta que la suya surgió como la firma hispana de más rápido crecimiento de Estados Unidos. Sin embargo el libro es mucho más que una historia de éxito: es un testamento a la importancia de encontrar la verdadera vocación de uno en la vida y de combinar ese descubrimiento tan personal con estrategias que permitan alcanzar los propios deseos, sueños y metas que uno tiene. Como agudo observador, Charles utilizó principios aprendidos de muchas personas exitosas con las que ha trabajado y con quienes llevó su empresa a ser un éxito internacional. En el camino encontró su ubicación más entrañable en un lugar que le permite mejorar el mundo, generando mayores oportunidades educativas para los niños y tocando los corazones de los seres humanos. Actualmente Charles tiene una voz como generador de políticas, tanto a nivel estatal como nacional, lo cual le brinda una plataforma que le permite promover el cambio en las vidas de los niños y en la educación que reciben en Estados Unidos.

¿Qué fue lo que inspiró a Charles? Cuando era niño su padre le leyó *Un mensaje a García*. Ese libro, publicado por primera vez en 1899, cuenta los valientes esfuerzos de un hombre por cumplir su misión durante la Guerra Hispano-Norteamericana. Rowan, un correo, arriesgó su vida por llevarle un mensaje a García, el líder de los insurgentes. Rowan tomó la iniciativa, yendo mucho más allá de lo que el deber prescribía, sin que nadie se lo pidiera. Esa es una parte importante del mensaje de Charles: se requiere un esfuerzo adicional para hacer algo sin que se lo pidan a uno y mostrar iniciativa es tal vez la mejor estrategia para salir adelante.

Este libro es más que un factor de inspiración, es un manual que puede ser utilizado virtualmente por cualquiera que quiera hacer de su vida algo más significativo. Deberían leerlo las personas que no están seguras de lo que quieren de la vida o de cómo obtenerlo.

Yo aprendí que la educación es poder y que transforma vidas. Del mismo modo que la educación cambia la vida de un niño, la información y el conocimiento que pueden ser obtenidos leyendo este libro también podrían ser transformadores. Para llevar una vida remuneradora y satisfactoria uno debe tener un enorme deseo de éxito, lo que en español llamamos *ganas*. Para lograr el éxito hay que tener a la vez *ganas* y pasión. Charles halló su pasión y ahora comparte con sus lectores la manera para que cada uno encuentre su propia pasión.

Espero que este libro te provoque unas irrefrenables *ganas* y que te impulse hacia tu pasión de manera que puedas encontrar tu verdadera vocación en la vida y que te guíe hacia un futuro más satisfactorio y enriquecedor, tanto para ti como para tu familia.

— **Jaime Escalante,** mayo de 2003

# Agradecimientos

Alguien dijo alguna vez que no existen límites para tus realizaciones, siempre y cuando estés dispuesto a dejar que alguien más se lleve los créditos. Este libro surgió a la vida con la ayuda y el apoyo de muchas personas. Estoy abrumado por los sentimientos de agradecimiento que guardo para con los innumerables miembros de mi familia, amigos y colegas de trabajo que han hecho posible esta obra.

A mi esposa, Allison, quien me mostró el mundo en color cuando sólo era capaz de verlo en blanco y negro. Hizo que me diera cuenta de que la vida con una mujer que lo ama a uno es lo más cercano al cielo que uno puede encontrar en la tierra.

A mi difunto padre, el doctor Carlos A. García, y a mi madre, Marilyn McCarthy García. Las palabras no bastan para describir el amor y el cuidado que invirtieron para formarme y hacer de mí la persona que soy.

A mis tres hijos –Olivia, Sterling y Paloma– y a mi hermano Brian y a mis hermanas Ginger y Colleen, su amor es mi alegría y mi fortaleza.

A Jeff Mustard, quien me acompañó en mi visión de escribir un libro que cambiara positivamente las vidas de quienes lo leyeran, el cual no se hubiera terminado sin su dedicación.

A Les Abramovitz por sus invaluables ideas acerca de la organización del libro y de su enfoque, especialmente por la acertada investigación y edición de cada capítulo a medida que el libro progresaba.

A mi editora, Debra Englander, de John Wiley & Sons, por su importante retroalimentación, su estímulo y apoyo, eres una verdadera profesional y es un placer trabajar contigo.

A Virginia García de Chacin, quien diseñó la estrategia de mercadeo, brindando sus ideas y su tiempo con total desprendimiento y compartiendo su naturaleza optimista y su buen humor.

A mis socios Alexis Korybut y John Curry, quienes constituyen la columna vertebral de Sterling Financial. El talento de Alexis tan sólo es eclipsado por su extraordinario sentido de la integridad. En cuanto a John, el jugador consumado en equipo, es el hombre de negocios más consistente que conozco.

A algunos de mis queridos amigos: Jorge Arrizurieta, Brad Baker, Sylvia Bayon, Ellen Birkman, George Burden, Kevin **Carreno**, Lee-En Chung, Jorge Dominicis, Lance Frank, Norma Garza, Mark Hagemen, George Herrera, Marc Holtzman, Art Johnson, Nancy Kelley, Mark Klein, Mitch Maidique, Eduardo Padrón, Mike Ramos, Marty Rauch, Cliff Stanley, Robert Staples y Pete Wehner, atesoro cada una de sus contribuciones individuales, que resultan únicas. Su sentido del humor y su sabiduría me impulsaron a lo largo de los accidentados caminos y por ello les estoy eternamente agradecido.

Para mis nuevos amigos de las siguientes entidades: Center for Entrepreneurship and Innovation, Florida Hispanic 100, Florida State Board of Education, Leadership Florida, National Minority Supplier Development Council, la familia financiera Sterling, The Executive Committee (TEC), U.S. Air Force Academy Association of Graduates, U.S. Hispanic Chamber of Commerce, White House Fellows y Young President's Organization (YPO), muchas gracias por su amistad y por la inspiración que me brindaron. Espero un viaje largo y venturoso.

A los oficiales y personal activo de las cuatro ramas de las fuerzas militares con quienes he servido y trabajado a través de los años, ustedes se han ganado mi profundo respeto.

A mis numerosos mentores y líderes, quienes han dado forma a mis creencias y valores, los gigantes sobre cuyos hombros me he parado, los cuales incluyen a: William J. Bennett, el gobernador Jeb Bush, Jaime Escalante, el general (r) John R. Galvin, Seymour Holtzman, John Lombardi, Omar Torrijos y John C. Whitehead, les agradezco por sus sabios consejos y por su fe en mí.

Finalmente le doy gracias a Dios, mi compañero cósmico, quien ha sido una presencia profundamente real para mí y quien, en medio de mis fracasos y dificultades, me ha brindado una calma interior que me ha permitido transformar los días oscuros del pasado en mañanas radiantes.

❖  ❖  ❖

## PRIMERA PARTE

# Ocúpate en vivir
# o
# en morir

# CAPÍTULO 1
## Babe Ruth, ¿rey de los ponches o de los jonrones?

ME ENCONTRABA ESPERANDO UN TAXI para ir al aeropuerto. Cuando llegó, el conductor salió del vehículo y me saludó en inglés, hablando con un fuerte acento hispano. Automáticamente le contesté en español. Estoy seguro de que, debido al contraste de mi aspecto —cinco pies y 10 pulgadas de estatura, pelo castaño claro y ojos verdes— y mi fluidez al hablar en español, el hombre quedó perplejo. Llevaba mi maleta de viaje favorita, la que tiene partes muy gastadas, pequeñas cortaduras en la superficie y residuos de goma de viejas calcomanías que marcaron sus sucesivos aeropuertos de destino. También llevaba mi tabla de *surfing*, la cual había sorprendido al taxista, por supuesto.

"¿Por qué no la amarramos al techo?", le pregunté en español, mientras sacaba los cables que tantas veces antes había usado para dicho propósito. Aseguramos la tabla sin demasiada dificultad. Estoy acostumbrado a utilizar tablas cortas, que son más maniobrables en las pequeñas olas que se encuentran comúnmente en Florida. Mi tabla de nueve pies, anaranjada y verde, es larga y está construida para olas grandes, de las que esperaba encontrar en mi destino.

Me di vuelta para abrazar a mi esposa y a mis hijos. Allison, con quien llevaba 10 años de matrimonio y a quien había conocido cuando era becario de la Casa Blanca en Washington, D.C., me dio un gran abrazo y un beso, en tanto que mis dos hijos, Olivia, de 9 años, y Sterling, de 7, competían por mi atención. Mi tercera hija, Paloma, que ahora tiene un año, aún no había nacido. Allison era muy comprensiva hacia mi necesidad de viajar durante las vacaciones. Entendía cuán importante era para mí este viaje. Les di un beso a los niños y subí al taxi.

"Señor, ¿dónde vamos?", preguntó el taxista, mientras se retiraba del andén.

"Aeropuerto de Miami", le respondí, acomodándome en el asiento trasero. Me di vuelta y miré a mi familia por última vez antes del vuelo.

La mejor manera de ir a Hawai, partiendo de Boca Ratón, es a través del aeropuerto de Miami. Estaba muy emocionado con este viaje porque me encanta el *surfing*. Aprendí este deporte cuando crecí en Panamá. No había tenido muchas oportunidades de practicarlo durante los últimos 20 años y este viaje iba a ser especial. Para el día de Año Nuevo, el primero del nuevo milenio, planeaba estar deslizándome sobre las olas en Kauai, una de las principales islas del archipiélago de Hawai. Cerré los ojos. Ya podía escuchar las olas, sentir la arena bajo mis pies y oler el aroma del océano.

Cuando llegamos al aeropuerto un maletero se encargó de mi tabla, me dio un recibo y desapareció por la parte trasera, o por donde sea que llevan las tablas de *surfing*, probablemente junto con las bicicletas, los palos de golf, los esquíes y todos esos aditamentos complicados o voluminosos que las personas llevan a sus vacaciones. Tomé mi maleta y me dirigí al mostrador de registro. Me coloqué en la fila y escasamente había alcanzado a poner en el suelo la maleta cuando timbró mi celular. Miré el número en la pantalla del teléfono –un código de área 305–, obviamente era alguien que me llamaba desde Miami mismo, pero no podía reconocer el número.

"Charles García", dije. Es la manera en que contesto cuando no reconozco el número. La voz del otro lado era agradable, pero no podía reconocerla tampoco.

"Hola señor García", dijo ella en un tono cálido.

"Sí, ¿en qué puedo ayudarla?", pregunté mientras me inclinaba hacia adelante, tomaba mi maleta y avanzaba un puesto en la fila.

"Señor García, soy Sylvia Bayon. Soy productora para la cadena Univisión de televisión y quisiera felicitarlo".

"¿En serio?" dije, un poco sorprendido y sin saber de qué me estaba hablando. "¿Y por qué?".

"**Univisión Televisión** lo ha elegido para presentarlo en una serie de programas cuyo tema son los hispanos que constituyen modelos personales por haber logrado un impacto excepcional sobre la cultura y la vida de la sociedad norteamericana", dijo ella con mayor entusiasmo aún.

"**Univisión Televisión**," pensé, "Sí, claro". Estaba seguro de que se trataba de algunos amigos tratando de gastarme una broma y que estarían esperando que me comiera la carnada con todo, anzuelo y flotador.

"Señorita Babalon", dije, pronunciando incorrectamente su nombre de modo intencional, "usted me hizo creer por un momento su historia pero vaya y dígales a mis amigos que no voy a morder el anzuelo. Dígales que les deseo un Feliz Año y que nos vemos el próximo milenio".

Mientras que ellos probablemente se estarían recuperando de la resaca y tomando aspirina, yo estaría cabalgando olas en Hawai el día de Año Nuevo. Colgué el teléfono y reí para mis adentros: "Simpática broma". He vivido en una gran cantidad de lugares interesantes, entre los cuales están la República de Panamá, Colorado, Honduras, Ecuador, Washington D.C., Nueva York y Florida. He mantenido amistad con personas que he conocido durante mis viajes y con frecuencia nos gastamos bromas mutuamente. Era probablemente uno de esos amigos el organizador de la llamada.

El teléfono volvió a timbrar. "¿Señor García?".

"¿Sí?".

"Aquí nuevamente Sylvia Bayon".

"Escuche, señorita Biddle, gracias por llamar pero por favor dígales a mis amigos que ya me di cuenta de la broma. Realmente no es el momento para charlar: estoy parado en la fila del aeropuerto de Miami a punto de viajar a Hawai". Volví a colgar el teléfono. "¡Caramba! ¡Qué partida de locos!" Miré mi reloj de pulsera y vi que tenía todavía media hora por delante.

Caminé por el pasillo del aeropuerto y paré en una de las librerías. Siempre me detengo en las librerías. Leo por lo menos dos libros semanales, generalmente biografías o temas de negocios. Inspeccioné la sección de negocios pero recordé que iba de vacaciones, de modo que lentamente comencé a revisar algunos libros y revistas. Elegí una novela de suspenso de Robert Ludlum pero no pude resistir la tentación de comprar una docena de revistas de noticias y negocios. Después de todo es un vuelo largo y la obra de Ludlum era el contrapeso perfecto. Iba saliendo de la librería cuando el teléfono sonó otra vez.

Era el mismo número de indicativo 305, de modo que contesté sin detenerme.

"Escuche, señor García, *por favor* no cuelgue el teléfono", dijo la voz, que ya sonaba en un tono considerablemente más alto y marcado con un ligero fastidio.

"Sí, señorita Babalon, ¿en qué puedo ayudarla?".

"Señor García, es Bayon, Sylvia Bayon, no Babalon ni Biddle, y no sé lo que usted piense que está pasando, pero la realidad es que soy productora de **Univisión Televisión** y quiero hablarle acerca de su presentación en nuestra serie *Orgullo hispano*".

"Ajá, señorita Bayon, ¿y qué es exactamente lo que usted hace con este Or-gu-yo-Is-pa-no?", pregunté, exagerando lentamente el nombre con un marcado acento norteamericano. Estaba todavía divertido pero considerablemente menos bromista que hasta unos momentos antes. ¡Caramba! ¿Y qué pasaba si realmente se tratara de una productora de Univisión, la cadena de televisión con mayor audiencia del mundo hispano, con más de 120 millones de espectadores? Bueno, creo que pensaría que era un idiota.

"Básicamente quisiéramos ir a su oficina con un equipo de camarógrafos y filmarlo durante un día. Luego confeccionaríamos un comercial para televisión de 30 segundos, un segmento promocional, una especie de minibiografía que transmitiríamos diariamente durante los **próximos tres años** a nuestra audiencia mundial".

Esto atrajo mi atención. Me detuve para continuar con la conversación. "Señorita Bayon", dije, asegurándome de pronunciar correctamente su nombre esta vez. "¿A quién más han presentado?".

"Déjeme ver", respondió. "Al cantante Ricky Martin, al boxeador Oscar de la Hoya, al profesor de matemáticas Jaime Escalante, a la actriz Salma Hayek y a la estrella del béisbol Sammy Sosa, para nombrar unos pocos".

"Es un grupo de gente bastante impresionante aunque, francamente, no veo dónde cabría en algo así". Me respondió un silencio. No pienso que nadie hubiese cuestionado antes su elección para esta serie. Supongo que las personas que habían elegido hasta entonces tenían perfiles tan notorios que ni siquiera se planteaban la pregunta.

"Déjeme revisar mis apuntes". Procedió luego a enumerar una lista de realizaciones. Luego llegó a la pregunta final: "¿Es verdad que usted fundó una empresa con tres empleados en el cuarto de utensilios de limpieza de otra empresa y que ahora tiene más de 60 oficinas en siete países?"

"Todo eso es cierto", respondí. "Pero, ¿logró su investigación detectar todos los fracasos que tuve a lo largo de mi camino?".

"¿Fracasos?", preguntó con voz inquisidora.

"¿Conoce usted de béisbol, señorita Bayon?", le pregunté.

"Un poco".

"Sabe usted que Babe Ruth no sólo fue el rey de los jonrones sino que también fue el jugador con mayor número de ponches? Nolan Ryan, el *pitcher* retirado, es el rey delos ponches, pero también es el lanzador que regaló el mayor número de bases por bolas".

"Señor García, estoy segura de que usted tiene razón, pero la mayor parte de la gente solamente recuerda a Babe Ruth por sus jonrones y al *pitcher* Nolan Ryan por su récord de adversarios ponchados", dijo. Pasando impávida sobre mi aguda analogía relacionada con el béisbol, insistió. "Mire, señor García", continuó. "Estamos interesados en presentar a un hombre de negocios en nuestro siguiente programa, especialmente uno que esté muy comprometido con el progreso de la comunidad hispana y estamos intrigados con su éxito, especialmente por el hecho de que usted ni siquiera tiene 40 años todavía".

¿Por qué tenía que mencionar mi edad? Cuando la gente hace eso me provoca recordarles que Napoleón conquistó Europa antes de cumplir 30 años –y eso sí que es un verdadero logro–. En cualquier caso preferí quedarme callado puesto que había esquivado tan espectacularmente mi primera andanada. Volví a mirar mi reloj de pulsera. La gente ya se estaba precipitando hacia las puertas de salida y debía unirme a ellos.

"Pensamos que usted sería un gran personaje para nuestra serie", dijo. "¿Sabe, señor García?, debería pensar en escribir un libro algún día".

"Bueno, no sé si escribiré un libro, pero estoy en el aeropuerto y a punto de abordar un avión. ¿Qué quiere que hagamos ahora, señorita Bayon?"

"Lo voy a dejar ir y lo llamaré cuando regrese, de modo que podamos organizar la cuestión".

## CAPÍTULO 2
### Descubre lo que te gusta hacer, aunque sea vender cortinas de baño

ENCONTRÉ EL CAMINO HACIA EL ASIENTO 4A y rápidamente miré a la persona que se iba a sentar a mi lado durante las siguientes 12 horas. Él era un hombre bajo y calvo, en la mitad de sus 50 años, que vestía un saco verde claro que me recordaba a Danny DeVito.

Metí mi libro en el bolsillo del asiento de enfrente y extendí mi mano para presentarme. "Charles García", dije. "Clarence Kodner", respondió agudamente con un poco de acento sureño. Rápidamente me di cuenta de que era un vendedor. Vendía cortinas e iba camino a Hawaii para alguna especie de convención mundial anual de vendedores de cortinas de baño. Clarence vivía en Atlanta y estaba en Miami visitando clientes de una cadena de supermercados y ahora estaba libre para relacionarse con sus colegas.

Antes de que el avión despegara aprendí del negocio de cortinas de baño más de lo que pueda imaginarse. Es más interesante de lo que uno esperaría. Descubrí que hay diferentes estándares para las dimensiones del plástico, que los elementos de diseño deben ser bien estudiados y que inclusive pueden tener propiedades protectoras contra los hongos.

Miré por la ventana y empecé a dejar vagar la mente. Comencé a meditar en Sylvia Bayon. Pensé en su comentario, aquel que hizo justo antes de colgar el teléfono: "Sabe, debería escribir un libro". Cuando ella dijo eso no le puse atención porque la entrevista era mi prioridad. Pero cuando me acordé comencé a reflexionar al respecto.

¿Podía escribir un libro acerca del éxito?

Perdido en mis pensamientos comencé a darle vueltas al hecho de que había estudiado liderazgo en la Academia de la Fuerza Aérea, donde fui presidente del Comité de Honor de Cadetes y luego aprendiz de gente excepcional. Por muchos años trabajé como el asistente principal de John Galvin, un general de cuatro estrellas que luego fue comandante supremo de la OTAN. Después de mi servicio con el general Galvin pasé a ser trabajador asociado de la Casa Blanca y en dicha calidad fui asistente especial del ex secretario de Educación y zar antidrogas William Bennett y laboré para John Whitehead, antiguo presidente de la junta directiva de Goldman Sachs. También estuvo Buzzy Schwartz, tal vez el mejor negociante de Wall Street. También estaba mi suegro, Seymour Holtzman, un brillante hombre de negocios.

En 1960, a la edad de 26 años, él sacó al mercado las acciones de su primera empresa. Trabajé para Seymour durante tres años y aprendí una gran cantidad de cosas de él. ¿Qué podía ofrecerle a alguien interesado en alcanzar el éxito? ¿Podía de alguna forma transmitir las importantes lecciones que aprendí de mis maestros y de todas las personalidades extraordinarias que conocí en los diversos puestos que ocupé? Si eres un Director Ejecutivo de muy alto perfil y renombre tienes credibilidad y la gente va a estar más dispuesta a escuchar lo que tienes que decir. Pero, ¿puede un lector aprender de liderazgo, de éxito o –dado el caso– de cualquier tema, como mejorar el estado físico o tener mejores relaciones, de alguien que no sea una celebridad? Aunque no estaba muy seguro de la llamada de Sylvia Bayon, si ella quería presentar mi biografía, de pronto sí resultaba posible que pudiera inspirar a la gente para que logre desarrollar su máximo potencial.

Miré mi reloj, un Rolex que me había regalado mi padre. A él se lo había dado la esposa del general Omar Torrijos, el carismático líder que negoció los tratados del Canal de Panamá con el presidente Jimmy Carter. Mi papá era un cirujano cardiovascular graduado de la Universidad de Georgetown que fue superintendente de Salud de Panamá. Con el tiempo mi papá fue un fiel consejero del general Torrijos. Cuando éste murió en un accidente de aviación la viuda le dio a mi padre el reloj que él estaba usando el día de aquella tragedia. Para mí es más que un instrumento para medir el tiempo; es una verdadera pieza histórica con un enorme valor sentimental. También pensé en mi madre, quien fue profesora de ciencias de séptimo grado en escuelas públicas por 22 años. Aprendí de ambos una gran cantidad de cosas.

Yo *puedo* escribir un libro acerca del éxito, pensé.

Durante el resto del vuelo hacia Hawai con Clarence no sucedió nada especial. Yo leí, él comió y bebió. Una y otra vez me habló de algún importante asunto de cortinas de baño, incluso del maravilloso mundo de tubos y argollas que, junto con la cortina, forman el kit para baño. Estaba claramente fascinado por el negocio de las cortinas y no me cabía la menor duda de que Clarence era bueno en lo que hacía, una de las razones por las cuales él estaba volando en primera clase. No solamente era bueno en lo que hacía sino que lo apasionaba, y eso se traducía en la excelencia que mostraba en ese campo tan mundano. Él, obviamente, era un excelente vendedor de cortinas de baño.

Comencé a pensar en el tipo de libro que debía escribir. Quería que le ayudara a la gente a buscar una forma de mejorar su desempeño y también a quienes son infelices y buscan "algo más en la vida". Lo más importante era que quería que mi libro fuera útil para la gente que quería saber qué rumbo debía tomar en su vida. Quisiera que el libro les ayudara a ellos a aprender más acerca de sí mismos y de cómo descubrir sus fortalezas.

Comencé a escribir unas cuantas notas en servilletas. Cuando estábamos volando a 35.000 pies algunas ideas clave llegaron a mi mente.

❖

*Nota de servilleta N° 1:*
*definir qué es el éxito.*

Creo que para alcanzar el éxito uno debe hallar su vocación y realizarla sin que le importe la retribución económica. *La* riqueza y la verdadera felicidad en la vida se pueden alcanzar con un trabajo que a uno le guste o simplemente con que uno se apasione con aquella cosa –cualquiera que sea– que elija hacer.

*Nota de servilleta N° 2: el éxito n o equivale a ganar dinero.*

Uno no tiene que ser rico para ser exitoso. *El* éxito no se puede medir por la cantidad de dinero que se tiene en la cuenta bancaria. Tiene que ver, más bien, con encontrar la vocación de uno en la vida y realizarla, independientemente de cuánto dinero obtenga o de lo que piensen los demás. Según lo que te guste hacer, podrías tener el potencial para ganar mucho dinero, pero eso está en función del trabajo o la carrera que elijas.

*Nota de servilleta Nº 3:*
*Ayudar a la gente a que encuentre su vocación.*

Ayudar a que la gente encuentre su vocación puede ser un logro extraordinario. Mi libro podría ofrecer dos pruebas que la gente puede hacer para encontrar su vocación. Una se basa en el instrumento de medición de preferencias personales más ampliamente utilizado en el mundo, el cual ayuda a explicar el tipo de personalidad. El otro muestra las cinco fortalezas innatas de la persona y le brinda una herramienta para que pueda utilizar su verdadero potencial.

*Nota de servilleta Nº 4:*
*Que no sea un libro de banalidades diseñadas para hacer sentir bien al lector.*

Este libro no será diseñado para hacer que el lector se sienta bien consigo mismo, tampoco será un manual para hacerse rico de la noche a la mañana. El libro debe ofrecer consejos para ayudarles a quienes estén dispuestos a aplicarlos en cualquier actividad que hayan escogido realizar. Esto no significa que será fácil. El éxito requiere compromiso y atención.

*Nota de servilleta N° 5: Creencias de éxito.*

*Todos nosotros suponemos ciertas cosas que le dan forma a casi todo lo que hacemos. Algunas de estas creencias nos ayudan a ser exitosos, mientras que otras nos lo impiden como cadenas atadas a nuestros tobillos. Las creencias de éxito son poderosos imanes que atraen el triunfo y que he visto utilizar por parte de todas las personas exitosas de las que he aprendido. Mi libro tiene como objetivo ayudar a la gente a que active esos imanes mentales para que pueda lograr sus metas.*

14

*Nota de servilleta N° 6: Estrategias de éxito.*

*Puesto que no nacimos con un mapa que nos indique el camino al éxito, tenemos que aprender lo que llamo "estrategias de éxito". Pensar en una estrategia como la respuesta a las preguntas de dónde y cómo quiere uno llegar a algún sitio. Pude observar esas estrategias mientras fui aprendiz de algunos extraordinarios líderes militares, en el gobierno y en los negocios. Apliqué este conocimiento a mi propio negocio y lo resumí en cuatro estrategias sencillas, que constituirán una buena parte de mi libro.*

*Nota de servilleta N° 7: ~~Actúa~~*

*Ocúpate en vivir o sino en morir. Mi libro va a suministrarles a los lectores un detallado mapa de cómo alcanzar el éxito. Sin embargo nada de esto opera a menos que cada uno entre en acción. Muchas veces la gente tiene un excelente plan y sabe exactamente qué necesita hacer, pero no sigue el plan hasta el final. No se puede lograr el éxito si se es una de esas personas tristes que abandonan las cosas después de un rato y dejan que los sueños se les escapen.*

15

Finalmente me quedé sin servilletas, de modo que decidí cerrar los ojos y descansar un rato. Tomé los audífonos, pensando que iba a poder ahogar los ronquidos de Clarence con el sonido de la película que estaban presentando en el avión. Tomé torpemente el control del volumen de los audífonos, lo subí y escuché la voz familiar de Morgan Freeman. Cuando levanté los ojos hacia la pantalla reconocí la película también: era la ganadora del Oscar *The Shawshank Redemption*. La escena que se veía en ese momento me tocó una fibra profunda. El personaje de Morgan Freeman, llamado Red, le hizo una advertencia a Tim Robbins, quien interpretaba a Andy Dufresne, un hombre con cadena perpetua culpado de un crimen que no cometió. Red le dice a Andy: "O te ocupas viviendo o te ocupas muriendo".

A Andy le llega al corazón el mensaje de Red y desarrolla una estrategia para alcanzar su sueño de libertad. Él pone a funcionar su estrategia y cada día que pasa, callado y desconocido para todos los demás, incluyendo a la audiencia, él actúa para alcanzar su sueño. Andy utiliza un diminuto martillo de geólogo, tan pequeño que cabe en su Biblia, para cavar un túnel a través de toneladas de roca. Le toma seis años de perseverancia y arduo trabajo. Su esperanza de libertad lo mantiene con vida y, finalmente, logra cumplir su sueño escapando hacia una playa en México.

Taché de mi última nota la palabra "actúa" y escribí "ocúpate viviendo u ocúpate muriendo". Ahora te digo aquí y ahora: la decisión es tuya –Ocúpate viviendo u ocúpate muriendo–.

## CAPÍTULO 3
## Ve en pos de tu pasión.
## El éxito no equivale
## al dinero

En Hawaii, Clarence se fue para su convención y encontré las olas que buscaba. Sin embargo, para ser sincero, debo decir que no me limité ha hacer surfing. Comencé a trabajar en el libro que estás leyendo.

Bueno, todos estamos de acuerdo en que quieres ser realmente exitoso. Definitivamente la primera cosa que tienes que hacer es descubrir para qué eres bueno. Usualmente si uno es bueno para algo, lo disfruta o inclusive puede llegar a querer esa actividad o a apasionarse por ella. La clave del éxito consiste en descubrir en qué se apasiona uno y en ponerse a hacerlo. ¡Suena tan fácil! Pero muchas personas se dedican a una carrera porque sus padres u otras personas las han presionado para que hagan algo que les asegure la subsistencia. Con frecuencia esas personas acaban haciendo algo que no les gusta, o peor aún, algo que odian.

¿Has descubierto qué te apasiona, o en qué eres capaz de desarrollar un trabajo excelente? Si no lo has hecho, este capítulo te ayudará a identificar cuál es esa actividad a la cual deberías dedicarte, bien sea que aún seas estudiante, que hayas estado ya trabajando desde hace unos años y estés considerando la posibilidad de un cambio a mitad de tu vida activa, o que estés pensionado. Una vez te entiendas a ti mismo y descubras tu verdadero potencial, lograrás el tipo de éxito que solamente llega cuando se es feliz y apasionado con el trabajo que uno realiza. Prácticamente todas las personas de éxito no solo son buenas en la actividad que llevan, sino que también aman lo que hacen. Es la combinación de éxito que se puede comparar con el boxeo: encontrar la actividad en que uno puede ser excelente es el jab; mientras que amar dicha actividad es el uppercut. Cuando se combinan bien ambos, se va hacia el triunfo por knockout.

Con el fin de que descubras tus mayores habilidades, deberías realizar los dos tests que se describen más adelante y en el apéndice. Es esencial que comprendas que en este tema no existen respuestas correctas o incorrectas. Todo el proceso te ayudará a descubrir más acerca de quién eres, dada tu personalidad, tus talentos y tus preferencias. Luego de llenar ambos tests, comprenderás mejor cómo tiendes a reaccionar, funcionar y comportarte casi en cualquier circunstancia. Una vez más, recuerda: no hay respuestas buenas o malas. Los resultados son un reflejo de tus talentos, tus gustos y preferencias, que de pronto ni siquiera te has dado cuenta que tienes.

18

### ¿Quién eres?

Todos podemos observar una gran variedad de rasgos de personalidad entre la gente. Por ejemplo, algunas personas son muy expresivas y extrovertidas, mientras que otras son más calladas e introspectivas. Por consiguiente, es fácil ver que cada uno está dotado con una personalidad única.

Una de las formas en las cuales puedes comenzar rápida y fácilmente a descubrir en ti rasgos de carácter y maneras en las cuales puedes empezar a mejorar algunos aspectos de ti mismo consiste en realizar en Internet un autoexamen muy popular.

### El test de personalidad "Ultimate" de Emode

En Internet, **www.emode.com** es el líder indiscutido de los tests de autoevaluación, con más de sesenta millones de tests grabados en sus archivos de datos, incluyendo 1.600 millones de respuestas. En el sitio web hay más de 100 tests de evaluación que pueden ser mirados gratuitamente;

pero los usuarios del sitio cuentan con la opción de comprar un análisis completo en 10 a 15 páginas de sus resultados individuales. De hecho, Emode ha sido tan exitoso desde que se fundó en 1999, que la empresa fue premiada en 2002 con un "Premio Webby" en la prestigiosa categoría de Estrella en Ascenso (Rising Star), en reconocimiento por ser el sitio web de más rápido crecimiento de 2002. Los Premios Webby son como los Premios de la Academia del Internet y constituyen el reconocimiento internacional más importante de los logros en línea. El Premio en la categoría de Estrella en Ascenso se basa en el aumento porcentual de visitantes obtenido en 2002, según medición de Nielsen/NetRatings.

Las investigaciones han mostrado que la gente cuya personalidad es más compatible con su entorno laboral, es más feliz y exitosa. ¿No sería grandioso si pudieras "descubrir" tu personalidad? Bueno, ¡pues sí puedes hacerlo!

Aunque la personalidad humana es demasiado compleja para poder categorizarla, existen ciertos "tipos generales de personalidad" que pueden ser identificados. Una de las ventajas de definir esos tipos generales es que tan pronto sabes cómo tiende a portarse alguien, puedes comenzar a predecir comportamientos futuros.

### La historia de los tests de personalidad

Ya desde el siglo quinto antes de la era común, el filósofo y médico griego Hipócrates registró el primer modelo de personalidad conocido. Él basó sus cuatro "tipos" en la cantidad de fluidos corporales que, según él, cada individuo poseía. El médico griego Galeno desarrolló la teoría de Hipócrates. Él creía que si la sangre era el fluido predominante la persona era confiada, alegre y fuerte. Si predominaba el moco, la personalidad era indiferente y lenta. Un predominio de la bilis negra generaba una personalidad deprimida, mientras que un predominio de la bilis amarilla generaba un modo de ser violento y fuerte.

Más tarde, el filósofo alemán Immanuel Kant popularizó dichas ideas. Hacia 1700 él organizó esos presupuestos sobre dos ejes: sentimientos y actividad. La depresión representaba sentimientos débiles, la confianza representaba sentimientos fuertes. La indiferencia representaba actividad baja, la violencia era actividad alta.

La noción de cuatro temperamentos básicos se convirtió finalmente en la base de una serie de teorías del comportamiento que aparecieron a finales del siglo 19 y a comienzos del 20. Algunos de los trabajos más significativos sobre el tema fueron hechos por el psicoanalista Suizo Carl G. Jung. En 1922, él introdujo en su reflexión cuatro categorías de funcionamiento mental: sensibilidad, intuición, pensamiento y sentimiento. En aquella época, las ideas de Jung acerca de los tipos de personalidad pasaron bastante desapercibidas, debido a que el interés era acaparado por las modernas teorías psicoanalíticas de Sigmund Freíd, B.F. Skinner y otros.

Sin embargo, en los años 50, Isabel Myers y su hija Katherine Briggs revivieron las ideas de Jung. Myers y Briggs utilizaron como base los tipos de personalidad de Jung y diseñaron un indicador de 16 tipos destinado a identificar patrones de actuación humana. Dicha prueba se convirtió en el Indicador de Tipo de Myers-Briggs (MBTI, por sus siglas en Inglés), una herramienta para identificar diferentes aspectos de la personalidad de alguien. Esa "herramienta" presentó ante toda una nueva audiencia internacional los tipos psicológicos de Jung. Más de tres millones de tests del Indicador de Tipo de Myers-Briggs son administrados cada año en Estados Unidos.

### Los modernos tests de personalidad

Adicionalmente al MBTI, que es uno de los tests más ampliamente utilizados, existen otras teorías y tests de personalidad muy populares. El test de Temperamento de Keirsey es una prueba construida a partir de los planteamientos del revolucionario libro de David Keirsey titulado *Por favor, entiéndeme (Please Understand Me)*. El test de Keirsey se parece al MBTI en que utiliza cuatro dimensiones y 16 categorías; pero el método de Keirsey plantea un sistema de caracterización más complejo.

Aunque no son de ningún modo perfectos, los tests de personalidad pueden ayudarle a uno a entenderse mejor y a relacionarse mejor con el mundo. Pueden también ayudarte a comprender por qué eres como eres. También puedes utilizarlos para entender a otras personas y no solo para mejorar las relaciones de amistad, sino también para facilitar relaciones laborales y elecciones de profesión y trabajo.

## La teoría científica que está tras el Test de Personalidad "Ultimate" de Emode

Emode y un equipo de cuatro PhDs expertos en tests de personalidad, querían crear un test que no solamente fuera divertido, sino que también se basara en sólidas teorías científicas.

El Test de Personalidad "Ultimate" que se encuentra en el Apéndice situado al final de este capítulo, consiste en 50 preguntas refinadas a partir de una extensa investigación que analizó miles de cualidades asociadas con la personalidad.

El Test "Ultimate" mide con precisión aquello que muchos psicólogos consideran como los componentes centrales y las dimensiones fundamentales de la personalidad. Los resultados te dirán cuál es tu tipo de personalidad y cómo reacciona éste ante una amplia gama de situaciones.

El Test completo de Emode se encuentra en el Apéndice. Deberías hacer (o tomar)realizar el test. Cuando hayas terminado, te puedes conectar con el sitio web de Emode. El costo de realizar el test en dicho sitio es de 14,95 dólares. Cuando lo hayas completado, recibirás casi instantáneamente un informe de 10 a 15 páginas con información específica acerca de tu tipo de personalidad. El sitio de Emode contiene literalmente cientos de tests, la mayoría de los cuales son de una longitud similar. En todos ellos puedes conocer los resultados de inmediato. Como oferta especial, cuando firmas para pasar un test, Emode te brinda acceso libre a su sitio durante una semana, lo cual significa que puedes realizar todos los tests que quieras durante esa semana y obtener los resultados correspondientes.

Lo importante es recordar que los puntajes de todos tus tests son simplemente una indicación de dónde te encuentras en la actualidad. Todos poseemos la capacidad de mejorar y cambiar. Para ayudarte a hacer exactamente eso, cuando recibes el informe al tomar el test en línea, los expertos de Emode te plantean en cada sección una serie de pasos que puedes dar para ayudarte a desarrollar tu potencial.

❖

*Tomé el test y mi vida cambió*

Hace años tomé el test de MBTI (Indicador de Tipo de Myers Briggs). La lectura del extenso informe me ayudó en aquella época a pensar acerca de mi carrera y tuvo un impacto significativo sobre mi futuro. Fue en julio de 1994 y me acababa de graduar de la Escuela de Derecho de Columbia. Aunque me encontraba a punto de comenzar mi nueva carrera de abogado, algo se sentía mal.

Si tomaba como indicador mis logros en la escuela de derecho, desde todo punto de vista me hallaba a punto de iniciar una prometedora carrera jurídica que empezaría con una judicatura federal en el Distrito Sur de Florida. Mis maletas estaban hechas y en un plazo de dos semanas estaba listo para mudarme en compañía de mi esposa y mi hija de dos meses de Nueva York a Miami. Sin embargo, a último minuto, y sin tener la menor idea de cómo iba a pagar los 70.000 dólares de préstamo que me habían hecho para cursar la carrera de derecho, cambié de opinión. Aunque estaba emocionado con la posibilidad de embarcarme en esta nueva oportunidad, algo al respecto parecía no cuadrar.

Todo el mundo se alegraba por mí. Mis padres estaban extáticos de felicidad, mi esposa estaba muy emocionada; pero a pesar de toda la excitación que se percibía en la superficie yo experimentaba sentimientos ambivalentes. Hasta ese momento me había demostrado a mí mismo que poseía las habilidades necesarias para ser un buen abogado; sin embargo, faltaba aún la pasión. Medité sobre mi evaluación de Myers-Briggs y pensé acerca de las épocas de mayor felicidad que había vivido, tales como la exploración de mis capacidades de liderazgo en la Academia de la Fuerza Aérea de Estados Unidos. También medité sobre los pequeños negocios que había iniciado mientras estaba en la escuela de derecho y cuánto había disfrutado dichas experiencias.

Luego de repasar todo aquello en mi mente, combinándolo con una reflexión acerca de mi evaluación en el test, se me ocurrió que mis fortalezas, mi felicidad y mi éxito hasta esa fecha se centraban en negocios de liderazgo y empresa y que dichos aspectos de mi personalidad no se traducían en una carrera de abogado. ¿Podía ser un buen abogado? Tal vez. Sin embargo, en mi mente el ser un buen abogado y ser un abogado de éxito son dos cosas distintas. Allí radica la diferencia. No creo que nunca podría despertar en mí la pasión por la práctica de la profesión de leyes. En sí misma dicha profesión no me inducía a poner a trabajar los rasgos de carácter que sabía que poseía ni las habilidades que me encantaba desarrollar. El MBTI fue una demostración positiva de que tenía que seguir mis instintos viscerales y retirarme de la judicatura que me ofrecían.

### La carrera legal se va, el negocio llega

Decidí dedicarme a los negocios. Cuando compartí mi decisión con mi familia, mi suegro Symour Holtzman sugirió que si quería dedicarme a eso, debería acompañarlo en calidad de aprendiz durante unos cuantos años, exactamente del mismo modo que la judicatura a la cual acababa de renunciar suponía un aprendizaje con un juez federal titular. Seymour, un brillante hombre de negocios autodidacta era alguien de quien podía aprender mucho. Había organizado y puesto a funcionar una serie de negocios exitosos, incluyendo varias empresas bien conocidas cuyas acciones se cotizaban en bolsa. Si hubiera pensado con mucha anticipación acerca de volverme hombre de negocios, no hubiera podido soñar con una oportunidad mejor.

He aquí un ejemplo perfecto de la importancia de aquellos momentos en los cuales les damos un giro a nuestras vidas con base en conocimiento esencial de nuestra personalidad y fortalezas. Si no hubiera tomado la decisión de seguir una carrera de hombre de empresa, la oportunidad de convertirme en aprendiz de mi suegro jamás se hubiera planteado. No hubiera procedido a fundar Sterling Financial y, muy probablemente, no hubiera escrito este libro.

### Descubriendo tus fortalezas

El segundo test que te insto a que tomes es aquel desarrollado por Marcus Buckingham y Donald O. Clifton, los coautores del bestseller nacional *Ahora, descubre tus fortalezas* (*Now, Discover Your Strengths*), el cual presenta un revolucionario programa que te ayuda a identificar tus talentos, convertirlos en fortalezas y disfrutar de un éxito consistente[1]. En Sterling Financial tomamos esas ideas revolucionarias, las aplicamos y cambiamos completamente nuestra cultura corporativa, después de lo cual nuestra empresa despegó casi de inmediato. El libro de ellos y el test resultante son el producto de un esfuerzo multimillonario que duró 25 años y fue realizado por la Organización Gallup y se basó en más de dos millones de perfiles psicológicos de personas procedentes de todo el mundo y pertenecientes a diversas profesiones. Después de entrevistar a muchas personas de éxito, los autores identificaron el tipo de rasgos de personalidad que predominaban en ciertos individuos y en ciertas carreras, y desarrollaron un índice para ayudarles a las personas como tú y yo a descubrir y analizar nuestras fortalezas.

Desafortunadamente tanto en la escuela como en el lugar de trabajo, la mayoría de las personas son estimuladas para que encuentren, analicen y corrijan nuestras debilidades para que seamos exitosos. Clifton y Buckingham consideran que ese consejo es bien intencionado pero erróneo. Para lograr la excelencia en un área determinada, uno necesita desarrollar sus fortalezas y no corregir sus debilidades. Recuerdo cuando estaba a comienzos de la secundaria y llegué a la casa con cinco "A"s en distintas materias y una "D" en geometría y me pasé los siguientes seis meses matándome para convertirme en un mediocre estudiante de geometría, mientras que atletas como Tiger Woods y Michael Jordan utilizaban sus esfuerzos hallando, practicando y refinando sus fortalezas, con lo cual llegaron a ser superestrellas.

Si crees en estos conceptos, entonces debes dejar de lado cualquier interés que tengas en tus debilidades y debes enfocarte completamente en tus fortalezas. Cuando compres el libro *Ahora, descubre tus fortalezas*, encontrarás un número de identificación en el reverso de la cubierta protectora con el cual podrás acceder al sitio web de los autores en **www.strengthsfinder.com.** Después de completar una entrevista por Internet que toma cerca de 45 minutos, descubrirás tus cinco fortalezas más notorias. Una vez sepas cuáles de las 34 fortalezas – tales como Disciplina, Activador, Empatía, Restaurativa, o Seguridad en sí mismo – son aquellas con las que más cuentas, el libro te mostrará cómo cultivarlas para obtener poderosos resultados en tres niveles: tu propio desarrollo personal, tu éxito como un gerente y el éxito de tu organización. Por ejemplo, se descubrió que el 95 por ciento de los médicos poseían la fortaleza Restaurativa entre sus cinco principales fortalezas, porque les gusta reparar las cosas. Cuando tomé la prueba, descubrí que mis cinco principales fortalezas eran: Competencia, Logro, Activador, Estratégica y Enfoque.

Los resultados de este test no solamente te brindan un análisis detallado de tus propias fortalezas, sino que también analizan cómo debes administrar a alguien con cada una de las 34 diferentes fortalezas. Lo que encontramos en nuestra empresa fue que muchas personas simplemente estaban desempeñando funciones para las cuales no eran buenas, si se consideraban sus fortalezas innatas. Ese hecho era consistente con los hallazgos hechos por la Organización Gallup.

Los científicos de Gallup le hicieron la siguiente pregunta a más de 1,7 millones de empleados de 101 empresas en 63 países: "¿Cuentas diariamente en el trabajo con la oportunidad de hacer aquello que sabes hacer mejor que cualquier otra cosa?" Un lamentable 20 por ciento de los encuestados respondieron diciendo que definitivamente sí tenían diariamente la oportunidad de hacer aquella actividad que sabían realizar mejor que cualquier otra. El hecho que más contradecía las nociones intuitivas es que entre más alto llegaba alguien dentro de la jerarquía corporativa, menores probabilidades tenía esa persona de estar trabajando con base en sus fortalezas. Cuando me percaté de que la mayoría de las empresas estaban operando apenas al 20 por ciento de sus capacidades, percibí una tremenda oportunidad. Si lograba que el 60 por ciento de mis empleados utilizaran sus fortalezas todos los días, podía triplicar la productividad de la empresa.

Basándonos ampliamente en estos hallazgos, cambiamos completamente los supuestos que teníamos acerca de nuestros empleados. El activo más importante de nuestra empresa vino a ser nuestra gente. En lugar de suponer que cualquiera podía ser entrenado para ser competente en cualquier cargo, analizamos los talentos únicos de cada persona. Pensamos que el mayor crecimiento de un empleado vendría naturalmente en el área de las mayores fortalezas de esa persona. Rápidamente descubrimos que la mayoría de nuestros empleados y altos ejecutivos estaban mal ubicados y tuvimos que reconstruir la empresa teniendo principalmente en cuenta las fortalezas de cada individuo.

Tú también puedes utilizar los resultados del Test de Personalidad "Ultimate" de Emode, así como el Perfil de Hallazgo de Fortalezas explicado en *Ahora, descubre tus fortalezas*, para dar en el centro de tus talentos innatos y lograr el éxito.

> # CAPÍTULO 3 APÉNDICE
> ## El test de personalidad "Ultimate"
> ## Conoce tu verdadero yo

1. Soy más romántico que la mayoría de las personas que conozco.
   - ❐ Muy de acuerdo
   - ❐ De acuerdo
   - ❐ No estoy de acuerdo
   - ❐ Muy en desacuerdo

2. Me fijo metas ambiciosas y trabajo incansablemente para lograrlas.
   - ❐ Muy de acuerdo
   - ❐ De acuerdo
   - ❐ No estoy de acuerdo
   - ❐ Muy en desacuerdo

3. Me enojo muchísimo si descubro a mi pareja mirando otras personas.
   - ❐ Muy de acuerdo
   - ❐ De acuerdo
   - ❐ No estoy de acuerdo
   - ❐ Muy en desacuerdo

4. Me gustan las situaciones que exigen un poco de reflexión seria.
   - ❏ Muy de acuerdo
   - ❏ De acuerdo
   - ❏ No estoy de acuerdo
   - ❏ Muy en desacuerdo

5. En términos generales, creo que el gobierno está haciendo un buen trabajo.
   - ❏ Muy de acuerdo
   - ❏ De acuerdo
   - ❏ No estoy de acuerdo
   - ❏ Muy en desacuerdo

6. Dispongo de mucha energía.
   - ❏ Muy de acuerdo
   - ❏ De acuerdo
   - ❏ No estoy de acuerdo
   - ❏ Muy en desacuerdo

7. Mi mayor felicidad se presenta cuando estoy con mis amigos.
   - ❏ Muy de acuerdo
   - ❏ De acuerdo
   - ❏ No estoy de acuerdo
   - ❏ Muy en desacuerdo

8. Es muy importante para mí ser atractivo para otras personas.
   - ❏ Muy de acuerdo
   - ❏ De acuerdo
   - ❏ No estoy de acuerdo
   - ❏ Muy en desacuerdo

9. Me mantengo en estrecho contacto con mis amigos y mi familia.
   - ❏ Muy de acuerdo
   - ❏ De acuerdo
   - ❏ No estoy de acuerdo
   - ❏ Muy en desacuerdo

10. Mantengo una actitud positiva acerca de mí mismo.
    - ❏ Muy de acuerdo
    - ☑ De acuerdo
    - ❏ No estoy de acuerdo
    - ❏ Muy en desacuerdo

11. El sexo es mejor cuando las dos personas están enamoradas.
    - ❏ Muy de acuerdo
    - ☑ De acuerdo
    - ❏ No estoy de acuerdo
    - ❏ Muy en desacuerdo

12. Tengo tendencia a malograr mis tareas.
    - ❏ Muy de acuerdo
    - ☑ De acuerdo
    - ❏ No estoy de acuerdo
    - ❏ Muy en desacuerdo

13. Mis relaciones con las demás personas son muy importantes para mí.
    - ❏ Muy de acuerdo
    - ❏ De acuerdo
    - ❏ No estoy de acuerdo
    - ❏ Muy en desacuerdo

14. Me hurgaría la nariz en público si pensara que nadie está mirando.
    - ❏ Muy de acuerdo
    - ☑ De acuerdo
    - ❏ No estoy de acuerdo
    - ❏ Muy en desacuerdo

15. Me gusta la emoción de las situaciones impredecibles.
    - ❏ Muy de acuerdo
    - ☑ De acuerdo
    - ❏ No estoy de acuerdo
    - ❏ Muy en desacuerdo

16. Mi trabajo siempre viene después de mi vida personal.
    - ☐ Muy de acuerdo
    - ☑ De acuerdo
    - ☐ No estoy de acuerdo
    - ☐ Muy en desacuerdo

17. Una rutina consistente me permite disfrutar más de la vida.
    - ☐ Muy de acuerdo
    - ☐ De acuerdo
    - ☑ No estoy de acuerdo
    - ☐ Muy en desacuerdo

18. Con frecuencia coloco una barrera para impedir que los demás conozcan mi verdadero yo.
    - ☐ Muy de acuerdo
    - ☐ De acuerdo
    - ☐ No estoy de acuerdo
    - ☐ Muy en desacuerdo

19. Soy una persona gentil.
    - ☐ Muy de acuerdo
    - ☐ De acuerdo
    - ☐ No estoy de acuerdo
    - ☐ Muy en desacuerdo

20. Los ruidos fuertes o las escenas caóticas realmente me molestan.
    - ☐ Muy de acuerdo
    - ☑ De acuerdo
    - ☐ No estoy de acuerdo
    - ☐ Muy en desacuerdo

21. Admiro a la gente que posee cosas costosas.
    - ☐ Muy de acuerdo
    - ☐ De acuerdo
    - ☐ No estoy de acuerdo
    - ☑ Muy en desacuerdo

22. Me gusta la mayoría de las personas que conozco.
    ❏ Muy de acuerdo
    ❏ De acuerdo
    ❏ No estoy de acuerdo
    ❏ Muy en desacuerdo

23. Es importante para mí lucir siempre bien.
    ❏ Muy de acuerdo
    ❏ De acuerdo
    ❏ No estoy de acuerdo
    ❏ Muy en desacuerdo

24. Puedo ser una persona celosa.
    ❏ Muy de acuerdo
    ❏ De acuerdo
    ❏ No estoy de acuerdo
    ❏ Muy en desacuerdo

25. Tengo una opinión acerca de todas las cosas.
    ❏ Muy de acuerdo
    ❏ De acuerdo
    ❏ No estoy de acuerdo
    ❏ Muy en desacuerdo

26. La gente me considera una persona bastante espontánea.
    ❏ Muy de acuerdo
    ❏ De acuerdo
    ❏ No estoy de acuerdo
    ❏ Muy en desacuerdo

27. Mis posesiones dicen mucho acerca de mi éxito en la vida.
    ❏ Muy de acuerdo
    ❏ De acuerdo
    ❏ No estoy de acuerdo
    ❏ Muy en desacuerdo

28. Me gustan las conversaciones intelectuales.
    - ❏ Muy de acuerdo
    - ❏ De acuerdo
    - ❏ No estoy de acuerdo
    - ❏ Muy en desacuerdo

29. Soy una persona tensa.
    - ❏ Muy de acuerdo
    - ❏ De acuerdo
    - ❏ No estoy de acuerdo
    - ❏ Muy en desacuerdo

30. Me gusta quién soy.
    - ❏ Muy de acuerdo
    - ❏ De acuerdo
    - ❏ No estoy de acuerdo
    - ❏ Muy en desacuerdo

31. Detesto andar con gente impredecible.
    - ❏ Muy de acuerdo
    - ❏ De acuerdo
    - ❏ No estoy de acuerdo
    - ❏ Muy en desacuerdo

32. Me describiría como una persona de corazón bastante blando.
    - ❏ Muy de acuerdo
    - ❏ De acuerdo
    - ❏ No estoy de acuerdo
    - ❏ Muy en desacuerdo

33. Me gusta enfrentarme a situaciones nuevas e inusuales.
    - ❏ Muy de acuerdo
    - ❏ De acuerdo
    - ❏ No estoy de acuerdo
    - ❏ Muy en desacuerdo

34. Mi vida gira alrededor de la gente cercana a mí.
    ❏ Muy de acuerdo
    ❏ De acuerdo
    ❏ No estoy de acuerdo
    ❏ Muy en desacuerdo

35. Probablemente sería más feliz si pudiera adquirir más cosas.
    ❏ Muy de acuerdo
    ❏ De acuerdo
    ❏ No estoy de acuerdo
    ❏ Muy en desacuerdo

36. Me molesta cuando están ocurriendo demasiadas cosas a mi alrededor.
    ❏ Muy de acuerdo
    ❏ De acuerdo
    ❏ No estoy de acuerdo
    ❏ Muy en desacuerdo

37. Cooperar con otras personas me produce una sensación de calidez.
    ❏ Muy de acuerdo
    ❏ De acuerdo
    ❏ No estoy de acuerdo
    ❏ Muy en desacuerdo

38. Me encanta la competencia, me hace crecer.
    ❏ Muy de acuerdo
    ❏ De acuerdo
    ❏ No estoy de acuerdo
    ❏ Muy en desacuerdo

39. Me comunico bien con quienes amo.
    ❏ Muy de acuerdo
    ❏ De acuerdo
    ❏ No estoy de acuerdo
    ❏ Muy en desacuerdo

40. Vivo preocupado.
    - ❒ Muy de acuerdo
    - ❒ De acuerdo
    - ❒ No estoy de acuerdo
    - ❒ Muy en desacuerdo

41. Me gusta hacer las cosas sobre la inspiración del momento.
    - ❒ Muy de acuerdo
    - ❒ De acuerdo
    - ❒ No estoy de acuerdo
    - ❒ Muy en desacuerdo

42. Para mí es importante ser más exitoso que mis amigos.
    - ❒ Muy de acuerdo
    - ❒ De acuerdo
    - ❒ No estoy de acuerdo
    - ❒ Muy en desacuerdo

34

43. Desperdicio mucho el tiempo.
    - ❒ Muy de acuerdo
    - ❒ De acuerdo
    - ❒ No estoy de acuerdo
    - ❒ Muy en desacuerdo

44. No me llama la atención el pensamiento abstracto.
    - ❒ Muy de acuerdo
    - ❒ De acuerdo
    - ❒ No estoy de acuerdo
    - ❒ Muy en desacuerdo

45. Para mí es más importante estar a la cabeza que llevarme bien con las personas.
    - ❒ Muy de acuerdo
    - ❒ De acuerdo
    - ❒ No estoy de acuerdo
    - ❒ Muy en desacuerdo

46. En términos generales, estoy satisfecho de mí mismo.
    - ☐ Muy de acuerdo
    - ☐ De acuerdo
    - ☐ No estoy de acuerdo
    - ☐ Muy en desacuerdo

47. Me gusta poseer cosas que generan una buena impresión en los demás.
    - ☐ Muy de acuerdo
    - ☐ De acuerdo
    - ☐ No estoy de acuerdo
    - ☐ Muy en desacuerdo

48. Trabajaré **24/7** si es lo que se necesita para lograr una carrera exitosa.
    - ☐ Muy de acuerdo
    - ☐ De acuerdo
    - ☐ No estoy de acuerdo
    - ☐ Muy en desacuerdo

49. A veces me siento bastante inútil.
    - ☐ Muy de acuerdo
    - ☐ De acuerdo
    - ☐ No estoy de acuerdo
    - ☐ Muy en desacuerdo

50. Quiero que mi vida esté llena de retos intelectuales.
    - ☐ Muy de acuerdo
    - ☐ De acuerdo
    - ☐ No estoy de acuerdo
    - ☐ Muy en desacuerdo

Ve a **www.emode.com** e inscribe tus respuestas en el Test de Personalidad "Ultimate"; paga US $14,95 y recibe instantáneamente un perfil detallado de tu personalidad. Sin costo adicional –y durante una semana– podrás tener acceso a cualquiera de los otros centenares de tests de personalidad en sus sitios web.

## SEGUNDA PARTE

# Convierte tus creencias en imanes del éxito

## CAPÍTULO 4
# El brazalete mágico de Olivia

EL PODER DE LA MENTE PUEDE apreciarse con gran claridad al examinar los resultados de los estudios sobre los placebos. El "efecto placebo" es el concepto con el que los médicos describen el fenómeno en el cual los pacientes mejoran porque esperan que el tratamiento funcione aunque, en realidad, sólo se les esté dando una píldora de azúcar que tiene la apariencia del remedio verdadero. Una explicación para el efecto placebo es que la confianza que se tiene en el tratamiento genera una acción de la mente sobre el cuerpo. Evidentemente, cuando los pacientes toman la píldora de azúcar creen que van a curarse porque el médico les ha dicho que los sanará. Finalmente la persona se cura y no es que los pacientes simplemente estén pensando que están mejor sino que la realización de pruebas objetivas demuestra que en verdad han mejorado.

### El brazalete mágico

Hubo un breve período durante el cual mi hija tuvo dificultades para hacer amigos en el colegio. Una noche, después de comer, la llevé a mi estudio y nos sentamos en el sofá. "Olivia", le dije, mientras me miraba a los ojos con curiosidad pues no sabía qué esperar de mí. "Sé que últimamente tienes algunos problemas para hacer amigos en el colegio y creo que tengo exactamente lo que necesitas para ayudarte".

"¿De verdad, papá?", dijo ella con una nota de esperanza en la voz.

Busqué en mi bolsillo y saqué una cajita. Miré a Olivia y ella me devolvió una mirada intrigada. "Toma, Olivia, esto es para ti".

Ella tomó la caja y la abrió. "¡Guau, papá, gracias!", dijo sonriente mientras extraía de la cajita un delicado brazalete amuleto. "Papá", me dijo mirándome luego de haber examinado con detenimiento su regalo. "¿Cómo puede esto ayudarme?".

"Olivia," le dije mientras abría el brazalete y alcanzaba su brazo. Repetí su nombre en busca de su reacción mientras la tomaba por la muñeca. "Olivia, la única manera en que este brazalete funciona es que cuando conozcas a las personas y te presentes tienes que mirarlas directamente a los ojos y en esos primeros instantes pensar, para tus adentros, 'Te quiero".

"Muy bien, papá", me respondió. "Intentaré mañana y te diré cómo me va. ¿Puedo dejarme puesto el brazalete para dormir esta noche?". "Por supuesto", le dije. Me dio un enorme abrazo y se fue a mostrarle el nuevo brazalete a su mamá.

Al día siguiente, cuando regresé del trabajo, Olivia vino corriendo hacia mí tan pronto entré a la casa. "¡Papá! ¡Papá!", exclamó mientras me inclinaba para alzarla.

"¿Qué pasa, hijita?", le dije, sin estar seguro si el brazalete había funcionado bien o si mencionaría algún problema. Algo que uno aprende como papá es que nunca sabe lo que va a decir un niño. "¡Hoy saludé a dos niñas y a un niño que antes creía que no me querían!".

"¿De verdad?", dije. "¡Eso es maravilloso!".

"Sí. Ahora somos amigos".

"¡Fantástico!", dije. "De modo que el brazalete funcionó, ¿verdad?".

"¡Ajá!", respondió, mientras la llevaba alzada a la cocina para saludar a mi esposa.

"Querida, ¿supiste que Olivia consiguió tres nuevos amigos hoy?", le dije a Allison al entrar a la cocina, antes de bajar a Olivia y de darle un beso de saludo.

"¿Puedo usar el brazalete mañana en el colegio?", preguntó Olivia.

"Sí", le respondí; pero también le dije que el brazalete sólo funcionaba durante dos días y que después la magia desaparecería de él y se alojaría en ella. Olivia me miró con ojos enormes. "¿De veras? ¿En mí?", preguntó. Olivia regresó a casa al día siguiente y la escena fue casi idéntica. Había conseguido dos amigos más. Cuando le quité el brazalete le dije que tenía que devolvérselo al hombre que me lo había dado para que él se lo pudiera prestar a otros niños que también necesitaban la ayuda de su magia.

### ¡La magia está en ti!

Olivia pensó que había magia en el brazalete y eso cambió su vida. Le brindé la confianza que requería para ser capaz de hablar con otros niños y hacer nuevos amigos. Ahora, que ya sabía que tenía la magia en su interior, tendría confianza todo el tiempo.

La magia que encontrarás en la siguiente historia no tiene que ver con brazaletes. Puede ser hallada en el papel y el lápiz cuando escribes tus sueños y activas el poder de tu mente subconsciente. Es la historia de un hombre que conocí cuando trabajaba en la junta asesora del colegio al cual asiste mi hija Olivia.

### El "Rocky" de la medicina

"Desde que tengo memoria quise ser una estrella", dice Charles D. Kelman, quien acarició por primera vez esta idea a la tierna edad de 4 años, cuando su primer apunte humorístico inesperado captó la atención en una habitación llena de adultos. Los hizo felices a ellos, lo hizo feliz a él y la sensación le encantó.

Cuando era aún muy joven su afición por ocupar el centro de la escena lo llevó a presentarse como cantante, saxofonista y comediante. Kelman adquirió tales cualidades en el oficio del entretenimiento que una noche su padre le pidió que le hiciera una presentación exclusiva para él. A la edad de 16 años, luego de 10 años de clases de saxofón y de 14.600 horas de práctica en el sótano de la casa, Kelman organizó una sesión especial en la sala de la casa familiar. Al concluir una canción el padre de Kelman preguntó: "¿Tocas esto mejor que Jimmy Dorsey?".

El joven Kelman contestó que –según tenía entendido– Jimmy Dorsey no tocaba esa canción. Luego de pensar al respecto por un momento confesó que si de casualidad Dorsey la tocaba, él, Kelman, probablemente la tocaba mejor.

Con esa sencilla anotación el padre de Kelman hizo una observación que cambiaría la vida del muchacho y pondría en acción un conjunto de circunstancias que literalmente cambiarían la faz del mundo médico.

El joven Kelman era creativo, artístico e inventivo y su padre lo sabía. Sabía que tenía talento y que éste debía orientarse hacia el servicio a los demás. El padre de Kelman creía que su hijo podía aportar una contribución al mundo, tal vez en música o en otras áreas hacia las que el muchacho enfocara su atención. Sin embargo, tal vez inclusive podría llegar a realizar algo verdaderamente grande. "Hijo", le dijo a Kelman su padre en tono bondadoso, "es tu vida y puedes hacer con ella lo que quieras. Puedes ser compositor de canciones, cantante, saxofonista o cualquier otra cosa, pero primero serás médico".

Según Kelman, no podía haber discusión al respecto. "En aquellos días uno hacía lo que papá decía". Desafortunadamente el director de su colegio de bachillerato le dijo que no veía en él perspectivas de universitario y que haría mejor en ir a una escuela de negocios. De hecho, cuando Kelman le dijo que iba a ser cirujano, el rector comenzó a reírse sin control. Inclusive, sin contar con la recomendación del rector, Kelman entró en la universidad y poco después empezó a estudiar medicina hasta convertirse en médico de la Universidad de Ginebra, Suiza, mientras que soñaba a la vez con ser músico, compositor de canciones o artista del entretenimiento. A la vez que acudía a la escuela de medicina, Kelman encontró tiempo para tocar su saxofón en bares y clubes nocturnos. Mantuvo vivo su sueño mientras cumplía con los deseos de su padre. Mientras estudiaba en el exterior actuaba de día como estudiante de medicina y de noche como músico, presentándose en los bares, buscando novedades musicales, conociendo gente y cultivando relaciones con otros músicos.

A medida que fue pasando el tiempo Kelman fue sintiéndose cada vez más tensionado entre sus dos vocaciones. Aunque obtenía resultados excelentes en sus estudios también brillaba en sus intervenciones musicales. Siempre andaba preguntándose si sería médico o músico o agente del entretenimiento.

Kelman se graduó de la escuela de medicina y regresó a Estados Unidos a proseguir con su carrera, pero su pasión por tocar el saxofón se mantuvo igual. En última instancia la música se mantuvo como un hilo que estableció la continuidad del tejido de su vida, un factor significativo que influyó en su decisión de convertirse en oftalmólogo y cirujano de la vista. Reflexionando sobre su carrera, dice Kelman: "Durante los primeros 10 años no estaba seguro de si era un músico interpretando a un médico o un médico interpretando un instrumento".

Una de las claves del éxito del doctor Kelman fue la clara articulación de sus metas y su extraordinaria perseverancia. De hecho, Kelman dice que su vida cambió cuando le dieron un librito titulado *Funciona*. Aunque el autor es desconocido la obra tiene más de un millón de copias impresas. La totalidad del libro, sus 28 páginas enteras, explica la importancia crucial que tiene escribir los sueños de la vida de uno y de revisarlos por lo menos tres veces al día, sin hablar de ellos con nadie.

Kelman siguió esos principios y escribió en su lista 40 objetivos. Con el fin de concentrarse en aquello que era realmente importante para él redujo su lista a 10 de sus aspiraciones más importantes. Él explica: "Cuando uno sabe exactamente lo que quiere y se concentra en ello tres veces diarias el poder del inconsciente toma las riendas y lo conduce a uno a lograr sus objetivos, independientemente de lo grandiosos que sean". Kelman es el perfecto ejemplo de ello. "Yo logré cada una de las cosas que quería". Algunos de sus propósitos iniciales eran: reconocimiento internacional por un logro de primer orden en el campo médico; tener un matrimonio feliz y con hijos; lograr una contribución innovadora para la sociedad; mantenerse en excelente estado de salud; seguir divirtiéndose con su música y conseguir éxitos con ella; tener su propio helicóptero y pilotearlo; lograr seguridad financiera y establecer una relación muy estrecha con sus hijos. Al igual que el personaje de Sylvester Stallone en la película *Rocky*, esa concentración cotidiana en sus sueños y aspiraciones ayudó a forjar un espíritu absolutamente imposible de desalentar y lleno de una sorprendente perseverancia.

En 1962, luego de haber estado siguiendo los principios del libro durante tan sólo dos años, el doctor Kelman diseñó la sonda criogénica, un instrumento de enfriamiento que permitía extraer las cataratas dentro de sus propias cápsulas. Dicho procedimiento se convirtió en el más utilizado en el mundo para la extracción de cataratas hasta 1978, cuando el mismo médico introdujo una nueva técnica, que aún sigue siendo el método más difundido para la cirugía de cataratas. Él ha ganado numerosos premios por sus éxitos en medicina, incluyendo el American Achievement Award, entre cuyos galardonados anteriores están el doctor Jonás Salk, inventor de la vacuna contra la polio, y el doctor Michael DeBakey, conocido como el padre de la moderna cirugía cardiovascular. Kelman también recibió el Premio al Inventor del Año, entregado por la Asociación Neoyorquina de Patentes, Marcas Registradas y Leyes de Derechos de Autor por su desarrollo del procedimiento Kelman de facoemulsificación. También recibió la prestigiosa Medalla Nacional de Tecnología de manos del presidente George H. Bush y otros numerosos premios en el área médica. La autobiografía de Kelman, titulada *A través de mis ojos*, es una historia fascinante que muestra de qué modo retribuye el enfoque adecuado de las acciones y la perseverancia.[3]

44

La temprana predicción del padre de Kelman acerca de los talentos de su hijo resultó realizada. El médico logró la aclamación a nivel mundial como innovador, pensador creativo e inventor con más de 150 patentes en su haber. Sin embargo el doctor Kelman jamás dejó de lado su sueño de cultivar su pasión por la música, el entretenimiento y el negocio del espectáculo.

Obedeciendo los secretos que aprendió en su pequeño libro, el cual ahora les regala a todos sus amigos, procedió a grabar música a título profesional, se presentó en el Carnegie Hall y en muchos programas de televisión, incluyendo *The Tonight Show*, *The David Letterman Show* y *Oprah*. Con todo, Kelman dice: "Ante todo soy médico". Sus padres estarían orgullosos de él.

### ¡Programa hoy mismo tu brújula del éxito!

El extraordinario éxito del doctor Kelman es un ejemplo del poder que hay en escribir y visualizar diariamente sus sueños. ¡Ahora es tu turno! Desarrollé un programa de computador que se encuentra en Internet –*Success Compass*™, *La Brújula del Éxito*– que te estimula a soñar con todas aquellas cosas que quisieras lograr en tu vida. Ahora mismo puedes empezar literalmente a cambiar tu vida utilizando el *Success Compass*™, que se encuentra disponible gratuitamente en línea en **www.successcompass.com**. Una vez que estás en línea responde a las preguntas y se te brindan ejemplos en una docena de áreas clave de tu vida, las cuales van desde el progreso de tu carrera profesional hasta el mejoramiento de tus relaciones, la obtención de salud y buen estado físico, el logro de seguridad financiera y muchas más.

Una vez que hagas la lista de tus sueños y metas debes establecer un orden de prioridad que te permita distinguir los 10 más importantes. Luego los puedes imprimir o solicitar un recordatorio por correo electrónico para que te los envíen tres veces al día, o inclusive una versión laminada para llevar en la billetera. Tal como lo observó el doctor Kelman: "Para activar la mente subconsciente uno tiene que concentrarse en sus sueños tres veces al día". Al tener a mano el *Success Compass*™ en todo momento puedes convertirlo en parte integral de tus actuaciones diarias.

Si supieras que ibas a tomar hoy una decisión que cambiaría tu vida para mejorarla, ¿lo harías? Te invito a que te tomes 30 minutos hoy, te sientes y llenes los espacios previstos en tu *Success Compass*™. Te sorprenderá el poder que tiene este paso tan sencillo para hacer cristalizar por escrito tus sueños. Una vez que lo hagas y leas tu lista tres veces al día la energía de tu inconsciente comenzará a dirigirte hacia la realización de dichas metas.

La siguiente parte del libro te enseñará 14 creencias que promueven el éxito o "creencias de éxito", las cuales he visto operar en casi todas las personas realizadas en la vida que he conocido. Si aplicas a tu vida personal estos imanes que atraen el éxito, confío en que lograrás las realizaciones que se encuentran en el rumbo que te traces con el Success Compass™.

## CAPÍTULO 5
## Creencia de éxito No. 1:
## Sigue la iniciativa del
## teniente Rowan

DURANTE MI INFANCIA EN PANAMÁ uno de mis cuentos cortos favoritos era *Un mensaje a García*[1] porque mi apellido figuraba en el título y, cosa aún más importante, la historia me daba una lección de iniciativa.

*Un mensaje a García* fue escrito hace más de 100 años por Elbert Hubbard como artículo de relleno destinado a una pequeña revista llamada *El Filisteo*. Llegaron pedidos por más de un millón de ejemplares de la revista porque la gente quería leer el artículo. Desde su publicación la historia ha sido leída por cerca de 45 millones de personas a todo lo largo y ancho del orbe. Esta breve historia aún goza de amplia popularidad, y no solamente en la familia de Charles García. Líderes de todo el mundo la utilizan para inspirar a sus empleados. Jeb Bush, el gobernador de Florida, ha exigido que todos sus colaboradores lean el librito. Pienso que la historia debería ser leída por los empleados de todas las empresas privadas y de todas las agencias del gobierno.

### No dejes que nada se interponga en tu camino

Cuando Estados Unidos estuvo al borde de la guerra con España, en 1899, el presidente McKinley requería desesperadamente que el líder de las fuerzas cubanas insurgentes, el general García, le diera información acerca del número y condiciones de las tropas españolas. Sin embargo el general García no podía ser contactado mediante telégrafo ni correo porque estaba escondido en lo profundo de las selvas cubanas. El teniente Andrew Sommers Rowan fue despachado con una carta del Presidente, que iba herméticamente guardada en una funda impermeable que iba atada a su torso.

La primera parada de Rowan fue en Jamaica, donde se encontró con exiliados cubanos. Mientras estuvo allí corrió el riesgo de ser arrestado por las autoridades y fue guiado a través del territorio hostil por Gervasio Sabio, un hombre exiliado de Cuba debido a su oposición a la dominación española. Sabio había perdido un dedo pulgar debido a su resistencia al dominio español en Cuba.

De Jamaica Rowan partió hacia Cuba a bordo de un diminuto bote de pesca. El viaje de 100 millas hacia el norte fue peligroso debido a las lanchas españolas fuertemente armadas que patrullaban la zona. Por su parte Rowan estaba armado únicamente con un revólver Smith & Wesson y un rifle que sólo podía disparar un tiro sin ser recargado. Cualquier encuentro con una lancha española significaría con toda seguridad la derrota de Rowan y el fin de su misión. Después de anclar en la oscuridad durante una noche, a 50 yardas de la playa cubana, Rowan y sus hombres iniciaron su jornada por las selvas en busca del general García. Atravesando territorios inhóspitos y de arduo acceso, arriesgándose constantemente a ser capturados, los hombres llegaron finalmente a Bayamo, centro de operaciones del general García, donde fueron recibidos alborozadamente por el ejército cubano. ¡Tan pronto entregó el mensaje el general García le dio la respuesta que debía hacerle llegar al presidente McKinley!

El viaje de regreso fue igualmente peligroso. A través de las traicioneras aguas Rowan y sus hombres navegaron y se achicharraron bajo el sol para completar la misión. Después de que los pusieran en cuarentena, por un posible caso de fiebre amarilla, Rowan finalmente terminó el último tramo de su peligroso encargo. Llegó a Washington con la crucial información para el Presidente. Rowan había hecho su trabajo, pero no lo percibía como algo heroico.

Hubbard alabó el extraordinario logro de Rowan en *Un mensaje a García*. Según el escritor el mundo necesita más gente como Rowan, que realice el trabajo que le corresponde sin sacar excusas por no

48

tenerlo hecho. Una vez se les dice qué hay que hacer, esos hombres y mujeres encuentran la manera de llevarlo a cabo.

### Un mensaje del general Galvin a García

Muchos años habían pasado desde que mi padre me había obsequiado su ejemplar de *Un mensaje a García* y lo habíamos leído juntos. Luego de graduarme en la Academia de la Fuerza Aérea de Estados Unidos ingresé en la Fuerza Aérea. A los 24 me convertí en el asistente especial del general John R. Galvin, quien más tarde fue nombrado comandante supremo de las Fuerzas Aliadas de la OTAN. Trabajé varios años para el general Galvin mientras fue comandante del Comando Sur de Estados Unidos en la República de Panamá.

Cuando el general Galvin me confió mi primera tarea, nerviosamente regresé unas horas después con una cantidad de preguntas. El general me respondió de modo fulminante: "Teniente, ¿cuántas estrellas tiene usted sobre su hombro?"

"Ninguna, señor", dije, esperando que la voz no se me quebrara.

"¿Y cuántas estrellas tengo yo en el mío?".

"Cuatro, señor", le respondí.

"Teniente", gruñó el general Galvin, "si pretende usted que yo haga su trabajo, ¿entonces para qué lo necesito?". Con esa pregunta retórica se terminó la sesión. Estaba convencido de que mi carrera militar había terminado.

Antes de que me retirara de la oficina el general me dio un consejo que nunca olvidaría: "¡García!", me dijo. "Sí señor", respondí, girando de inmediato para verle el rostro.

"No me traiga problemas, tráigame soluciones". Salí de la habitación preguntándome a qué parte del mundo me trasladarían al día siguiente.

Más adelante, cuando finalmente le presenté al general Galvin la solución que proponía, él no quedó satisfecho, aunque este encuentro fue menos traumático. El general me explicó que tenía que llevarle cuando menos tres soluciones posibles y decirle porqué elegía una de ellas de preferencia a las otras dos. Él me dijo: "Si uno siempre piensa en por lo menos tres maneras diferentes de resolver un problema verá las cosas desde una perspectiva más amplia y se asegurará de que no está

49

aferrándose a la primera solución que se le venga a la cabeza". En lugar de haber seguido el ejemplo del teniente Rowan me había puesto a hacer preguntas tontas en lugar de inventar soluciones por mí mismo.

### La gente exitosa coloca soluciones sobre la mesa

Un gran líder es un virtuoso en la solución de problemas, pero todos los miembros de la empresa deberían ofrecer soluciones y resolver problemas. Espero que los gerentes resuelvan los problemas en 24 horas. Cualquier problema que dura más de un día sin resolver se va directamente a mi lista de "alerta". Uno debe contratar personas que resuelvan problemas y no gente que no haga más que señalarlos. Encontrar los problemas que existen no es difícil, lo difícil es encontrar las soluciones. Brian Tracy, autor de *Punto de enfoque*, dice que la clave para convertirse en un excelente solucionador de problemas consiste en concentrarse en las respuestas posibles para cualquier dilema. En lugar de enojarse o de culpar a los demás cuando algo no funciona o sale mal, Tracy recomienda que uno se pregunte: "¿Cuál es la solución?" y "¿cuál es el próximo paso que hay que dar?". Él escribe: "Una persona verdaderamente efectiva es aquella que ha desarrollado una maravillosa habilidad para responder constructivamente a los inevitables problemas y dificultades de la vida diaria".[2]

¿Qué tipo de empleado eres tú? ¿Corres donde tu jefe a lloriquear y decir por qué no pudiste terminar una tarea o terminas el trabajo a pesar de los obstáculos que se atraviesan en tu camino? ¿Eres un teniente Rowan o alguien extremadamente hábil para señalar por qué no se puede hacer algo? ¿Eres un empleado dispuesto a arar la jungla con tal de completar satisfactoriamente tu misión o abandonas la tarea cuando las malezas y los arbustos han bloqueado el trayecto? Si desarrollas tu propio negocio, ¿sigues el camino despejado y trillado o eres capaz de abrir el sendero a través de terreno difícil? ¿Culpas a la economía y al gobierno por los problemas o aprovechas las nuevas oportunidades ante las cuales otros se intimidan? ¿Avanzas sin arredrarte o te sientas a esperar que otros indiquen el camino?

En su libro, titulado *Líder-E: reinventando el liderazgo en una economía interconectada*, Robert Hargrove distingue entre el Director Ejecutivo que es un súbdito y el Director Ejecutivo que es un empresario. El súbdito se la pasa brillando la platería de la abuela y protegiendo el pasado. El empresario crea algo nuevo que no existió nunca antes.[3]

## Aporta soluciones a tu vida personal

En tu vida personal probablemente conoces mucha gente que es feliz hablando de sus problemas sin intentar solucionarlos. Inclusive cuando uno ofrece sugerencias ellos las apartan, explicándole a uno porqué no funcionan. Lamentablemente esas personas siguen fallando porque se quedan enfrascadas en sus problemas en lugar de buscar soluciones.

Es tu decisión. Puedes optar por asumir la iniciativa en cualquier tarea, independientemente de los obstáculos que se atraviesen en el camino. Puedes resolver los problemas y dedicarte a ver cómo desaparecen o puedes dejar que tus sueños se desvanezcan frente a los problemas. Más de 100 años después de que el presidente McKinley le enviara su mensaje a García, el ex presidente Ronald Reagan le envió su propio mensaje al pueblo norteamericano. Dijo Reagan: "Si decidimos claramente qué vamos a hacer de nuestras vidas y luego trabajamos con tesón para alcanzar esa meta, nunca perderemos y –de algún modo– ganaremos"[4].

Al final de este capítulo encontrarás el primero de los muchos *mensajes de García para ti*. Son brindados como homenaje al libro de Hubbard y para resumir los puntos principales de cada capítulo. Si los tomas en serio estos mensajes te pueden ayudar a encontrar el éxito.

## Asume la responsabilidad y no saques disculpas

Cuando se es cadete de primer año en la Academia de la Fuerza Aérea se pasa un tiempo considerable a las órdenes implacables de los superiores. Mientras uno está en posición de firme lo único que le dejan musitar son unas cuantas respuestas apropiadas: "Sí, señor"; "No, señor"; "No entiendo, señor" o "No hay excusa, señor".

Si eres profesor probablemente has escuchado todas las excusas imaginables, y unas cuantas más, de labios de niños que no hicieron sus tareas. Ya es feo que los niños anden disculpándose, pero oír disculpas de los adultos es aún peor. Todos los días hay gerentes que oyen a sus empleados decir que están demasiado ocupados para terminar una tarea que se les confió o que no obtuvieron los datos de otro departamento. Independientemente de que uno tenga 5 ó 55 años, las disculpas son una manera de trasladarle la responsabilidad de uno a otra persona. La gente exitosa asume la responsabilidad en lugar de trasladársela a otra persona o departamento.

Si en algún momento eres blanco de las presiones de otras personas, analízate y pregúntate si no estás respondiendo por tus compromisos. Si no te estás desempeñando bien asume la responsabilidad por tus acciones y realiza mejoras en lugar de presentar disculpas. Si estás realmente recargado de trabajo, entonces concéntrate en mejorar tu organización. El trabajo y los problemas comienzan a acumularse cuando uno no es proactivo. Como dijo el presidente John F. Kennedy: "El mejor momento para reparar el techo es cuando el sol está brillando".

52

## UN MENSAJE DE GARCÍA

Muestra iniciativa. Sé creativo. Sé recursivo e imaginativo al cumplir con tus obligaciones y al concluir los proyectos. Asume la responsabilidad por tus acciones y no andes disculpándote por no haber sido capaz de cumplir. ¿Eres un teniente Rowan o un soldadito quejumbroso? ¿Te concentras en los obstáculos que se te atraviesan o buscas las maneras de terminar el trabajo? ¿Cuánto tiempo gastas quejándote de una tarea que te asignaron en lugar de simplemente hacerla?

Siempre deberías plantear por lo menos tres soluciones para cualquier problema serio. Ese proceso te obliga a pensar en numerosas soluciones. Mediante la evaluación de los pros y los contras que tiene cualquier idea concebible puedes resolver tu problema de la manera más eficiente.

## CAPÍTULO 6
## Creencia de éxito No. 2:
## Necesitas *ganas*

TÚ NECESITAS MÁS QUE UN LIBRO para ayudarte a lograr el éxito. Necesitas lo que mi amigo Jaime Escalante llama *ganas*, que es la palabra castiza que se refiere directamente al deseo. No basta con tener metas. Tienes que llevar en tu interior el deseo ardiente de lograr tus metas.

Escalante, profesor de física y matemáticas en Bolivia, emigró a Estados Unidos en 1964. No hablaba inglés y, obviamente, carecía de las credenciales indispensables para seguir enseñando. Luego de instalarse en California trabajó en jornada completa como ayudante de mesero en un restaurante y luego tomó cursos de noche en el Pasadena City College. Se graduó de la Universidad Estatal de California, en Los Angeles, con un B.A. en matemáticas y electrónica en 1974. Escalante obtuvo el cargo de profesor en la Garfield High School, en el área Este de Los Angeles. Se suponía que debía enseñar ciencias de la computación pero sus estudiantes carecían de las habilidades básicas necesarias en matemáticas. No obstante, en medio de un entorno de pandillas, drogas y violencia, se puso a enseñarles a unos cuantos estudiantes cálculo avanzado –una materia que usualmente enfrentan universitarios ya veteranos–. Los esfuerzos de Escalante en Garfield High fueron llevados a la pantalla en una película premiada titulada *Levántate y Cumple –Stand and Deliver–*, en la cual

Edward James Olmos actuó en el papel de Escalante. En 1982 sus alumnos se presentaron al examen de cálculo avanzado y pasaron.

Los estudiantes de Jaime Escalante habrían podido derretirse en disculpas y darse por vencidos cuando el Servicio de Pruebas Educativas anuló los puntajes que obtuvieron en el examen de 1982, pues los acusó de haber hecho trampa e invalidó sus resultados simplemente porque sus funcionarios creían que esos estudiantes pobres, pertenecientes a la minoría hispana del "barrio", no podían haberse desempeñado tan bien, especialmente si se tenía en cuenta que eran tantos. Doce de los estudiantes aceptaron presentar de nuevo el examen, inclusive a pesar de que habían pasado ya meses sin actividad académica y que habían salido de la secundaria. Todos, sin excepción, lo pasaron[1].

En los años siguientes el programa del cálculo de Escalante creció de manera fenomenal. En 1983, tanto el número de inscritos en sus clases como el de estudiantes que presentaron el examen de cálculo avanzado creció a más del doble. De 33 que presentaron el examen, 30 lo pasaron. En 1987, 73 presentaron satisfactoriamente la prueba y otros 12 pasaron una de cálculo aún más avanzada (el BC), que usualmente sólo se hace cuando un estudiante ha tomado un segundo año de cálculo. Para 1990 el programa de enriquecimiento en matemáticas de Escalante incluía a más de 400 estudiantes en clases que iban desde álgebra hasta cálculo avanzado.

Inclusive, más que su talento como matemático, el principal rasgo de Escalante es su habilidad para relacionarse con todo tipo de estudiantes y para motivarlos, elevando las expectativas que tienen respecto de sí mismos. Aunque suene increíble estos adolescentes abandonan sus descansos de fin de semana, sus tardes de asueto, e inclusive sus vacaciones de verano, para desarrollar sus habilidades matemáticas y prepararse para presentar sus exámenes de cálculo avanzado.

Una de las creencias de éxito más importantes es la necesidad de tener *ganas*. Debes tener un deseo avasallador de lograr tu objetivo. Si careces de la voluntad para lograr tus metas probablemente te encuentres dentro de muchos años en el mismo punto en el que estás ahora, buscando otro libro qué consultar y preguntándote por qué será que siempre es otra persona la que logra el éxito que para ti no llega.

## *Las metas son sueños con fecha límite*

Mark Twain solía decir: "Dentro de 20 años estarás más desilusionado por las cosas que no intentaste siquiera que por aquellas que sí intentaste. Suelta las amarras y aléjate de la seguridad de la bahía. Atrapa en tus velas los vientos alisios que impulsan las naves de los comerciantes y los aventureros. Explora, sueña y descubre".[2]

## *No hay nada malo en tener metas ambiciosas*

David Clark siguió el consejo de Mark Twain y demostró más perseverancia de la que cualquiera de nosotros podría llegar a ejercer. El 5 de diciembre de 1999 Clark partió de Fort Lauderdale, Florida, izando las velas de su nave en un intento por circunnavegar el globo. Este abuelo de seis niños emprendió la travesía en un velero de 42 pies de eslora en su tercer intento por darle la vuelta al planeta. El viaje era uno que inclusive los más experimentados marinos se abstienen de emprender, y menos aún una persona de edad como Clark.

No fue fácil. El perro de Clark, Mickey, cayó al mar y se perdió frente a las costas de Sudáfrica. El valiente abuelo tuvo que enfrentarse con olas de 25 a 30 pies de altura y, algunas veces, pasó más de un mes sin tocar tierra. En un momento dado su barco se hundió y necesitó miles de dólares de reparaciones. Clark se convirtió en el hombre de mayor edad que le ha dado la vuelta al mundo en un barco de vela después de regresar a Florida dos años y dos días después de su partida.[3]

Independientemente de que uno esté atravesando la Antártida en un trineo halado por perros, dándole la vuelta al mundo en velero o ultimando los detalles más minuciosos de un nuevo plan de negocios, puede lograr sus objetivos mediante la perseverancia. Hay un viejo proverbio japonés que dice: "Que te tumben siete veces; pero ponte de pie ocho". Si te paras la octava vez alcanzarás tu meta. Vince Lombarda, el legendario entrenador del equipo Green Bay Packer, dijo: "La diferencia entre una persona exitosa y las demás no es la falta de fuerza, ni de conocimiento, sino más bien de voluntad".[4]

Tus metas deben ser realistas, pero no tan sencillas como para que alcanzarlas sea obvio. Tus metas deben obligarte a realizar un esfuerzo especial para conseguir algo que usualmente no serías capaz de lograr.

## UN MENSAJE DE GARCÍA

Es importante establecer metas. No las coloques tan abajo que sean demasiado fáciles de lograr. Ponlas lo suficientemente altas como para que te exijan trabajo y esfuerzo. Esa es la manera en que mejoras y te haces más hábil para lograr ciertas cosas. Deslizarse por las pendientes es delicioso, pero subir cuanto sea necesario para recorrer el lomo de las cordilleras te permite obtener la mejor vista de todas. Eso requiere trabajo. Independientemente de las metas que tengas, el único ingrediente que te brindará el empuje necesario para lograrlas son las *ganas*, el fuego interior, la pasión que necesitarás para mantenerte constante en la persecución de tus sueños. Las *ganas* te mantendrán enfocado cuando las cosas se pongan difíciles. Esta pasión te ayudará a atraer a la gente adecuada, la que te ayudará a lograr tus sueños y a superar los mayores obstáculos.

# CAPÍTULO 7
## Creencia de éxito No. 3: Abandona la torre de marfil

LA GENTE EXITOSA NO NACIÓ con los conocimientos que requería para lograr el éxito. Los adquirió. Para obtener los conocimientos y la experiencia que necesitas para triunfar no debes encerrarte en una torre de marfil y permanecer aislado.

Durante el año que pasé como becario en la Casa Blanca trabajé en el Departamento de Estado para John Whitehead, quien tenía el cargo de vicesecretario de Estado. Whitehead me enseñó que uno no puede hacer su trabajo si permanece sentado en la oficina. Me urgió a que aprendiera cómo se logra que las cosas se hagan en Washington.

Whitehead, quien empezó su carrera en el departamento de correspondencia de Goldman Sachs luego de salir de la Marina, estaba metido en los niveles más altos de la política y de los negocios. Bajo su dirección aprendí a concentrarme en el *proceso de gobierno* en vez de dejarme cegar por las estrechas temáticas que cambian con tanta frecuencia como el clima. Los temas cambian, pero el proceso no. Él me ayudó a comprender las interrelaciones entre el Congreso, la rama Ejecutiva, la rama Judicial, la prensa, los grupos de intereses especiales y los institutos de estudios. Tuve que aprender lo que es la burocracia de Washington desde la cabeza hasta los pies. Cada rama del gobierno tenía intereses que competían con los de las demás, desde los funcionarios de carrera hasta los nombrados por conveniencias políticas. Tenía que recorrer los pasillos y los salones del Congreso hablando con funcionarios de carrera y políticos de todos los niveles del gobierno. No hay nada como la e xperiencia de la vida real para brindarle a uno la verdadera comprensión y conocimiento de cómo funciona realmente el gobierno.

### Fuera de la torre de marfil, uno conoce diferentes perspectivas

Desde los sagrados salones del Congreso hasta las lejanas tierras de los cultivadores de coca bolivianos siempre me di cuenta de que aprendía mucho con el contacto directo en el trabajo de campo. Pasé parte de mi año de servicio en el Departamento de Estado, trabajando en la Oficina de Asuntos Internacionales de Narcóticos, donde fui funcionario encargado de Bolivia. Estuve en comisión durante algunas semanas en ese país y tomé parte en el trabajo de campo que realizaban la DEA y los boinas verdes de las Fuerzas Especiales del Ejército de Estados Unidos que se encontraban entrenando a sus homólogos bolivianos en los procedimientos de destrucción de laboratorios de producción de drogas y el sobrevuelo de helicópteros sobre los cultivadores de coca.

Las hojas de coca utilizadas para la producción del alcaloide son secadas con frecuencia en unos enormes círculos de cemento que pueden alcanzar diámetros de 50 yardas. Luego de secarlas por un lado son volteadas y se repite el procedimiento. Tan pronto están listas son colocadas en sacos de 100 libras y entregadas a los productores de cocaína. Para presionar y desesperar a los cultivadores que secan las hojas de coca, esenciales para la producción de cocaína, nuestros pilotos de helicóptero de la Fuerza Aérea Boliviana hacían giros cerca del suelo para que el fuerte viento creado por las aspas de las hélices dispersara las hojas en secamiento.

Una calurosa tarde de verano un piloto optó por posar su máquina directamente en medio de uno de los círculos de cemento, con lo cual las hojas salieron disparadas, dispersándose en todas las direcciones. Luego de que aterrizamos salí del aparato y me acerqué al campesino que secaba las hojas. Tenía puesta una pantaloneta, no llevaba camisa y estaba sucio a fuerza de arduo trabajo. Su esposa estaba de pie a su lado, con un bebé mamando de su pecho y una niñita agarrada a su vestido raído y andrajoso.

"¿Sabe usted que estas hojas que está secando son utilizadas para fabricar cocaína, un producto que mata a miles de personas en mi país?", le dije en español.

"¿Qué país es ese?", me preguntó, mirándome con sus ojos oscuros y vacíos, los ojos de un hombre golpeado a fuerza de trabajar muy duro a cambio de muy poco.

"Estados Unidos", le dije. "Allá tenemos bebés muriendo por haber nacido de madres adictas a la cocaína". Proseguí con mi conferencia, añadiendo detalles acerca de los males que causa el narcotráfico, los cuales indudablemente no tenían ningún significado para él.

Cuando terminé de hablar se quedó mirándome por un momento. Su esposa hacía lo mismo mientras mecía suavemente al bebé que cargaba y la niña se aferraba a su pierna, observándome desde el lado del vestido de su madre con sus enormes ojos oscuros invictos, por lo menos aún no derrotados como los de su padre o su madre.

"¿Cuántas personas mueren en Estados Unidos por culpa de la cocaína?", preguntó el campesino.

Reflexioné por un momento. "Aproximadamente 10.000 al año".

El campesino sacó entonces un paquete de Marlboro y me pidió fuego. Yo no tenía encendedor. Se encogió de hombros, soltó una tos de fumador, profunda y desgarrada. Logró despejarse la garganta y recuperar la respiración. Su mujer y sus hijos lo miraron realizar ese ejercicio, cosa que probablemente habían presenciado miles de veces. Finalmente él logró articular sus palabras. "Cuando era niño quería crecer para ser como el Hombre Marlboro que veía en la televisión", dijo. "De hecho, he estado enviciado con el cigarrillo durante 20 años. No puedo dejarlo aunque sé que me matará algún día".

Luego me miró directamente a los ojos y me preguntó: "¿Cuántas personas mueren en su país de cáncer de pulmón por fumar?".

"Probablemente cerca de 200.000 o más", le dije.

El campesino me mostró entonces la etiqueta del paquete: "Hecho en Estados Unidos", dijo, como si estuviera esgrimiendo un argumento enorme que yo no podría entender. "Míster Gringo, ¿cuándo fue la última vez que usted aterrizó un helicóptero en medio del campo de un granjero de Carolina del Norte?".

"Nunca he aterrizado con un helicóptero en la mitad de una granja de Carolina del Norte", le contesté. "¿Cuántos de esos cigarrillos le exporta su país a todo el mundo?", me preguntó. Pensé durante un momento. "No sé", dije, "pero probablemente una cantidad grande".

"Míster Gringo, sólo soy un campesino. Gano 50 dólares por cada saco de 100 libras de hojas de coca y trabajo toda una semana para producirlo y poder alimentar a mi familia".

La respuesta del campesino era chocante. Para ser un hombre sin educación había utilizado un argumento muy poderoso. Desde su punto de vista, él no estaba haciendo nada malo. Era un simple campesino que trabajaba muy duro para ganar suficiente dinero con qué sostener a su familia. Simplemente estaba cultivando un producto agrícola y vendiéndolo. Mirándolo desde ese ángulo ocurría exactamente lo mismo en Estados Unidos, donde miles de granjeros producen millones de toneladas de plantas de tabaco y las venden a los industriales que fabrican cigarrillos, que finalmente causan enormes perjuicios a millones de personas de las cuales nunca se habla.

### De los campos cocaleros de Bolivia a la oficina del "Zar Antidrogas"

Mi trabajo de campo en Bolivia resultó muy útil cuando fui seleccionado para laborar con el ex secretario de Educación William J. Bennett, quien acababa de ser nombrado por el presidente George H. Bush para ser el primer director nacional del control de drogas, más conocido como el "Zar Antidrogas". Corría el año de 1989 y trabajaba con Bennett y su equipo para ayudar en la redacción de la primera Política Nacional de Control de Drogas, documento que se convirtió en la base de la lucha contra el consumo de drogas en Estados Unidos. La política formulada consistía en una estrategia de base muy amplia dirigida hacia cuatro áreas críticas: tratamiento, educación, prevención y prohibición.

Bill Bennett es un ejemplo perfecto de alguien que conocía bien el valor de la actitud de salirse de detrás del escritorio, meter las manos en la masa y participar en el trabajo de campo. Durante su paso por la Secretaría de Educación visitó más de 100 colegios, formulando preguntas difíciles y respondiendo otras tantas planteadas por profesores y estudiantes.[1] Gracias al tiempo que pasó visitando las aulas Bennett pudo conversar directamente con los profesores en vez de tener que basarse exclusivamente en la información ofrecida por los líderes sindicales.

## La experiencia en el terreno complementa el enfoque teórico

Podemos aprender de cualquier persona que conozcamos y de cualquier experiencia que vivamos. Obviamente, la educación académica es importante, pero también son necesarias las habilidades adquiridas con la práctica. Jaime Escalante no aprendió en los cursos de educación cómo motivar a los alumnos con dificultades.[2]

Muchos estudiantes de derecho quieren convertirse en abogados de grandes corporaciones pero no cuentan con experiencia en el manejo de negocios complejos. Cuando se gradúan son abogados que conocen los principios legales que rigen los acuerdos complejos en los cuales entran las corporaciones, pero nunca han redactado ninguno. Profesores que nunca han ejercido la profesión les enseñan en clase cómo pensar como abogados.

Durante mi segundo año en la escuela de derecho fui elegido en la junta editorial de Moot Court y me convertí en el mentor de 12 estudiantes de primer año. En lugar de utilizar un caso hipotético para ayudarles a desarrollar sus habilidades quería que mis alumnos adquirieran experiencia práctica trabajando con una situación legal real. Supe de un caso denominado *State versus Bamber*, el cual involucraba una situación importante de allanamiento y decomiso que debía ser atendida por la Corte Suprema de Florida.

Con la ayuda de mis estudiantes me ofrecí como voluntario para trabajar en la estructuración de la defensa. Sin embargo no me detuve allí. Llamé a la magistrada Rosemary Barkette, de la Corte Suprema de Florida, y le pregunté si podía obtener el video de las intervenciones verbales que se habían hacho en este caso. En esa época esta práctica era prohibida porque los videos eran sólo para uso interno, de manera que mis solicitudes iniciales fueron negadas. Finalmente ella aceptó prestarme el video, pero con la condición de que únicamente mis estudiantes pudieran verlo.

El abogado encargado del caso también lo discutió con mi clase. Los estudiantes pudieron expresarle sus pensamientos acerca de cuáles argumentos podían funcionar y cuáles no. Y también fueron capaces de brindar sugerencias acerca de otros razonamientos que él podría utilizar en el tribunal. Luego utilicé toda la información y trabajé durante varios meses en un artículo destinado a una revista especializada en derecho en el cual discutí el tema.[3] La Corte Suprema de Florida falló unánimemente a favor de la defensa y en su decisión citó mi artículo de la revista especializada.

# UN MENSAJE DE GARCÍA

La gente de éxito abandona la torre de marfil y sale a campo abierto. Mete sus manos en la masa. Sale de detrás de su escritorio y se percata con sus propios ojos de lo que las demás personas hacen en la organización. Esto le ayuda a obtener una visión de primera mano de cómo se hacen las cosas, le abre la posibilidad de explorar nuevas y mejores maneras de trabajar y crea una experiencia valiosa que genera credibilidad y unión entre los altos ejecutivos, la administración y los trabajadores. Es fácil criticar a los demás cuando uno está mirando desde lejos, pero el colocarse en el lugar de otros para ver las cosas desde su punto de vista le genera a uno una visión profunda.

Al poder observar las cosas desde distintos puntos de vista uno se coloca en mejor posición para tomar decisiones acertadas. Cada persona que uno conoce tiene potencialmente la posibilidad de hacer observaciones profundas y pertinentes que le ayudan a uno a resolver problemas tanto en el campo de los negocios como en la vida personal. Uno puede inclusive tropezarse así con una idea nueva para el negocio o encontrar la respuesta a una situación que lo ha estado molestando por años. La persona que uno menos espera que le pueda ayudar puede resultar capaz de decir algo que le cambie la vida a uno.

## CAPÍTULO 8
## Creencia de éxito No. 4:
## Trata a todas las personas que conozcas como si fueran héroes de guerra

CUANDO UNO CREE QUE TODO EL MUNDO tiene algo que enseñarle es mucho más probable que trate con respeto a todas las personas que conoce. Todo el mundo tiene algo que enseñarte con tal de que estés dispuesto a escuchar. "Todo el mundo" significa en realidad todo el mundo, independientemente del trabajo que tengan las personas o de si hablan con acento extranjero o regional. Henry David Thoreau decía: "Con frecuencia los héroes son los seres humanos más comunes".

En mi oficina hay un retrato al óleo de gran tamaño de William Crawford, un hombre que conocí cuando era cadete de la Academia de la Fuerza Aérea. Él les enseñó mucho a los cadetes, no sólo acerca del respeto sino también sobre el liderazgo. El señor Crawford era mozo de limpieza y trabajador de mantenimiento del escuadrón. Sí, no leíste mal: era mozo de limpieza. Durante muchos años nadie le puso particular atención.

Él le sacaba brillo a los pisos y limpiaba los sanitarios. A los ojos de los cadetes, ¿qué podía enseñar alguien así? Para algunos era algo menos que un ser y, para otros, objeto de burla. Todo eso cambió una tarde de otoño. James Moschgat, cadete de la promoción de 1977, estaba leyendo una historia increíble acerca de la durísima campaña que realizaron los aliados por tierra en Italia durante la Segunda Guerra Mundial. El libro mencionaba a alguien identificado como el soldado William Crawford, quien recibió la Medalla de Honor del Congreso por "coraje extraordinario demostrado a riesgo de su vida, más allá de los dictados del deber".

Los sucesos tuvieron lugar cuatro días después de la invasión de Salerno, en septiembre de 1943, durante algunos de los combates más sangrientos que tuvieron lugar en Italia. El soldado Crawford, un explorador de bajo rango del ejército, destacado en la 36ª división de infantería, salvó a su pelotón en tres oportunidades distintas mientras estaba acorralado por un fuerte ataque. No solamente corrió a través del intenso fuego enemigo para lanzar granadas de mano sobre los nidos de ametralladoras sino que también, a mano limpia, logró conseguir una de estas armas, la cual utilizó luego para abrir fuego sobre los comandos alemanes que se retiraban. El cadete Moschgat se preguntó si el mozo de limpieza del mismo nombre podría ser el individuo a quien se había dado por muerto en sus heroicas acciones en Italia y que había recibido a título póstumo la Medalla de Honor del Congreso en 1944.

Aunque el padre del señor Crawford había recibido la Medalla de Honor a nombre de su hijo en 1944, éste en realidad no había muerto en combate. Los soldados alemanes lo habían capturado y lo obligaron a marchar 500 millas en 52 días en las postrimerías del invierno hasta el límite del avance del ejército ruso. Fue a dar a un campo de prisioneros de guerra, en el cual pasó dos años, hasta que terminó el conflicto. Cuando el cadete le preguntó al mozo de limpieza qué relación tenía con la historia el señor Crawford le confirmó que –en efecto– él era el hombre que se mencionaba en el libro. ¡Era el galardonado con la Medalla de Honor del Congreso! El señor Crawford le dijo al cadete que después de que se había retirado como sargento maestro del ejército, en 1967, había solicitado el puesto como mozo de limpieza para poderles enseñar a los futuros oficiales de la Fuerza Aérea lo que había aprendido de su experiencia militar.

En mayo de 1984 el presidente Ronald Reagan pronunció el discurso inicial en la Academia de la Fuerza Aérea de Estados Unidos. Al concluir su intervención el Presidente le entregó la Medalla de Honor del Congreso a William Crawford, esta vez en forma personal, tal como acostumbran hacerlo los presidentes. Crawford murió en 2000 y es el único veterano del Ejército de Estados Unidos y el único titular de la Medalla de Honor que está enterrado en el cementerio de la Academia de la Fuerza Aérea.

El señor Crawford merecía respeto porque era parte del equipo de trabajo y realizó una labor que no era menos importante que la de nadie. Él tenía en su haber muchas y muy valiosas lecciones para impartirle a cualquier persona que se tomara el tiempo de escuchar. Mantengo el retrato grande del señor Crawford en mi oficina para recordarme que en el interior de toda persona existe un héroe en potencia. No todas las personas que uno conoce son héroes de guerra, pero si uno quiere ser exitoso debe tratar con respeto a todas las personas que conozca.

### El prisionero de guerra conoce al hombre que le empacó el paracaídas

Charles Plumb cuenta que estaba en un restaurante con su esposa, Cathy, cuando notó que un hombre de otra mesa lo miraba fijamente.[1] Como el rostro del hombre no le era familiar él lo ignoró. Después de transcurridos varios minutos más el hombre se acercó a su mesa y lo señaló con el dedo. "Usted es Plumb", dijo el extraño.

"Sí señor, soy Plumb", respondió el aludido, a pesar de que no tenía la menor idea de quién era aquel hombre.

"Usted piloteó *jets* de combate en Vietnam", declaró el desconocido. "Trabajaba en el portaaviones Kitty Hawk. Lo derribaron. Se lanzó en paracaídas, cayó en poder del enemigo y permaneció durante seis años como prisionero de guerra".

Plumb estaba intrigado e incluso un poco molesto. Todo eso era cierto. ¿Quién podía ser ese caballero? Después de graduarse de la Academia Naval de Anápolis, Plumb piloteó aviones Phantom F-4 en Vietnam. Luego de 74 misiones de combate exitosas fue derribado en el curso de la misión 75, tan sólo cinco días antes de la fecha que estaba prevista para su regreso a casa. Estuvo detenido en campos comunistas de prisioneros durante 2.103 días en una celda de ocho por ocho pies.

Plumb finalmente recuperó la voz: "¿Cómo diablos sabe usted eso?", preguntó.

"Yo empaqué su paracaídas", contestó el hombre mientras estrechaba vigorosamente la mano de Plumb. "Parece que funcionó".

"Por supuesto que funcionó", dijo Plumb. "Si el paracaídas que usted empacó no hubiera funcionado con toda seguridad yo no estaría aquí". El paracaídas había salvado, en efecto, la vida de Plumb. Un misil superficie-aire había hecho blanco en el avión aquel día obligándolos, a él y a su copiloto, a lanzarse del aparato a 500 millas por hora. Habían descendido a tierra ilesos, meciéndose en sus paracaídas, que habían respondido impecablemente por estar perfectamente empacados. Desafortunadamente los aviadores aterrizaron en territorio enemigo y fueron capturados tan pronto tocaron el suelo.

Cuando regresó del restaurante a su casa Plumb siguió visualizando en su mente al hombre del paracaídas y preguntándose cómo se vería antaño en su uniforme de la Marina, con su sombrero blanco de marinero y sus pantalones con bota de campaña. Pensó en cuántas veces se habrían cruzado a bordo del portaaviones. También se preguntó si nunca había notado al hombre porque él era un importante piloto de avión de combate y el otro un simple marinero. Sin embargo el esfuerzo de aquel hombre había salvado la vida de Plumb, aunque éste no lo hubiera tenido en cuenta.

Todos los días decenas de personas cruzan nuestro camino y puede ser que no estemos reconociendo su presencia de ningún modo. Es posible que no estén empacando nuestros paracaídas pero podrían estar empacando los rodamientos que hacen girar las ruedas de nuestros autos, empacando nuestra comida o vendiéndonos un paquete de goma de mascar. Independientemente del papel que estén jugando o no en nuestras vidas, merecen respeto.

### Hay una historia detrás de cada persona que conocemos

Tal vez esa persona sin hogar con quien evitamos tener contacto visual sea un veterano de guerra o alguien que sufre de enfermedad mental o de cualquier otro tipo de quebranto de salud. El empleado de pesado acento extranjero que encontramos en la tienda del barrio puede haber sido un médico, un abogado o un ingeniero antes de haber inmigrado a Estados Unidos.

Si mantienes tu mente abierta encontrarás que cualquiera puede enseñarte acerca de tu negocio o de tu vida. Por supuesto que lo anterior no significa que tengas que sentarte a escuchar a cuanto personaje te llama a venderte algo a la hora de la cena, pero sí que debes mantener la mente abierta a los diferentes puntos de vista y perspectivas de las personas que encuentres.

La gente de éxito siente que todo el mundo, independientemente de su posición en la jerarquía social, tiene algo que enseñarle. A todo lo largo de mi carrera les he dado asesoría a generales y a personas de alto rango en el gobierno. La mayoría de ellos escucharon mi análisis acerca de algún tema en particular y sintieron que tenía algo que aportar. También aprendí mucho de una gran cantidad de funcionarios más jóvenes, así como de hombres y mujeres de uniforme.

Siempre habrá personas que sienten que no tienen nada que aprender. Trata de no ser una de ellas.

## UN MENSAJE DE GARCÍA

Trata con respeto a todas las personas que conozcas. No tienes ni idea de quién es cada uno de esos hombres y mujeres, dónde han estado ni cómo influyen en tu vida. Tal vez esa persona que tienes frente a ti es un héroe de guerra, o un individuo altamente exitoso de otro país que se encuentra aquí sin que se note su pasado por una serie de razones. Hay lecciones que aprender de todo el mundo, bien sea de humildad o de humor, o alguna preciosa indicación de sabiduría de alguien que alguna vez lo tuvo todo y ya no tiene nada. Nunca sabes de dónde puede venir la próxima idea que cambie tu vida para bien.

Piensa acerca de cómo tratas a los demás. ¿Los saludas o los ignoras? Con demasiada frecuencia perdemos de vista las lecciones que podemos aprender de la gente que nos rodea. Tendemos a juzgar a las personas demasiado rápido, basándonos en la primera impresión y, la mayoría de las veces, sin contar con suficientes pruebas. Inclusive, aunque alguien pueda no quererte, ni hablar el mismo lenguaje que tú, ni tener mucho dinero, puede tener en su haber un enorme caudal de experiencia de la cual puedes aprender.

## CAPÍTULO 9
## Creencia de éxito No. 5:
## Las situaciones pueden pasar de lo peor
## a lo mejor en un abrir y cerrar de ojos

EL LÍDER ESPIRITUAL REBBE NACHMAN DIJO: "Recuerda, las situaciones pueden pasar de lo peor a lo mejor en un abrir y cerrar de ojos".[1] Creo que se puede encontrar ese optimismo en toda persona exitosa. Inclusive cuando las cosas marchan mal, él o ella saben que todo puede mejorar en cualquier momento. Una de mis historias favoritas es la de un par de niños de 8 años, uno de los cuales es el eterno optimista y el otro el eterno pesimista. Ellos tienen programada una cita con un famoso sicólogo. Este se especializa en tratar este tipo de niños, que son excesivamente optimistas o pesimistas. Como parte del tratamiento el sicólogo utiliza dos habitaciones. Una de ellas está llena de juegos de video y de juguetes, en tanto que la otra está repleta de estiércol de caballo hasta la altura de la rodilla.

El sicólogo pone a Juanito, el pesimista, en la habitación de los juguetes y al optimista en la otra. Dos horas después el sicólogo entra a la habitación de los juguetes y le pregunta a Juanito si se divirtió. "No", contesta Juanito. "No jugué con ninguno de ellos".

"¿Verdad? ¿Cómo así, Juanito? ¡Hay tantos juguetes aquí! ¿No encontraste ninguno con el cual te gustara jugar?", le preguntó al pequeño. Sin que mediara más de un instante, arrastrando los pies, Juanito respondió:

"Bueno, sabía que si me ponía a jugar con ellos simplemente se romperían, de modo que preferí no tocarlos".

El sicólogo sale de esa habitación y pasa a la otra, donde está el eterno optimista. Para su gran sorpresa el niño está ocupado: ha juntado sus manos a manera de pala improvisada y está paleando la estiércol por encima del hombro, aparentemente dichoso. Después de un instante le pregunta al niño: "¿Qué estás haciendo?".

El niño deja de palear, lo mira y le dice: "Es que, con toda esta caca de caballo, lo más seguro es que haya un pony por aquí en alguna parte".

### El éxito requiere algo más que suerte

Todos conocemos personas que ven el vaso medio vacío y creen que pronto se quedarán sin nada que beber. La gente exitosa espera y confía en que su suerte mejorará en cualquier momento. Estarían de acuerdo sin reserva con las palabras de Samuel Goldwyn, quien dijo: "Mientras más duro trabajo, más suerte acopio".

Hablando de suerte, Paul Newman comentó una valiosa observación que le hizo George Roy Hill, el director de *Butch Cassidy and the Sundance Kid*. Cuando el actor le dijo que su éxito se basaba en la suerte Hill le respondió: "Eso es basura: la suerte es un arte. La suerte pasa frente a la mayor parte de las personas pero sus mentes están demasiado distraidas para darse cuenta".[2] Gracias a esa opinión Newman se dio cuenta de que "es posible dañar la suerte, ponerla a andar a media marcha, fastidiarla e inclusive aplastarla".[3]

El éxito tiene que ver con más cosas que la simple suerte y el trabajo arduo. En todas las comunidades uno ve restaurantes que abren y cierran. Con frecuencia, en algún sitio específico, uno puede contar el número de restaurantes que fracasaron. Los dueños de todos trabajaron duro pero no lograron hacerlos despegar. ¿Quiere eso decir que no tuvieron suerte? No, significa que muy probablemente eligieron la ubicación inadecuada, o el cocinero que no era, o que su comida y servicio no eran distintos entre un millar de otros muchos restaurantes.

El trabajo arduo no sustituye una nueva idea. Si la gente no está llenando a raudales el nuevo restaurante que acabas de inaugurar intenta darle un enfoque diferente. La gente de éxito está buscando continuamente nuevas ideas y conceptos o una nueva orientación que permita mejorar su negocio, sus servicios o su producto. Alexander Graham Bell dijo que cuando una puerta se cierra otra se abre. Bell advirtió, sin embargo, que pasamos tanto tiempo mirando con nostalgia la puerta que se cerró que no vemos aquellas que se abrieron.[4]

Heather Wilson, ex oficial de la Fuerza Aérea y primera mujer veterana militar que sirvió en el Congreso, dijo: "Serás tocado por la tragedia y el triunfo y aparecerán puertas cuya proximidad jamás en tu vida has sospechado".[5] De modo que ¡nunca te rindas!

### Puedes ser a la vez optimista y realista

Aunque el optimismo y la esperanza son extremadamente importantes, también debes ser realista. James Stockdale le planteó eso a Jim Collins, autor de *De lo bueno a lo grandioso* (*Good to Great*). Stockdale le dijo a Collins que los optimistas eran aquellos que no habían sobrevivido al internamiento en el campo de prisioneros de guerra en el cual él estuvo encerrado por ocho largos años. Los optimistas se dijeron que estarían libres para Navidad o con ocasión de cualquier otra festividad. A medida que pasaban las fiestas y no se producía la liberación los optimistas fueron pereciendo de tristeza. Stockdale le dijo a Collins que, aunque uno no puede permitirse el lujo de perder la fe, tampoco debe ignorar la realidad de la situación presente.[6]

El presidente Ronald Reagan fue uno de los mayores optimistas del mundo. Según Colin Powell, el optimismo de Reagan tenía una influencia positiva en el gabinete. Hasta el propio George Schultz trabajó fuertemente para cambiar su imagen austera, rayana en la dureza, y adoptar el espíritu de optimismo de Reagan. Powell cree que el optimismo es un "multiplicador de fuerzas". Le infunde a la gente alrededor de uno la misma actitud. Inversamente, Powell siente que el cinismo y la negatividad son "reductores de fuerzas" que tienden a desmoralizar a todos los que nos rodean.[7]

Todos enfrentaremos momentos de nuestras vidas en los cuales el optimismo será drenado fuera de nuestro ser. Es posible que uno pierda su trabajo o que los negocios sufran un revés. Tal vez nos toque pasar por la experiencia de un divorcio o de la pérdida de un ser entrañable. La gente de éxito tiene tendencia a recuperarse rápidamente de esos momentos deprimentes y a salir adelante.

Ted Byram, de 82 años, residente de Vero Beach, Florida, es un hombre que logró justamente eso. Byram, fanático a jugar bolos, sufrió un derrame cerebral. ¿Sacó eso de las pistas al octogenario jugador? ¡De ningún modo! Tan sólo 17 días después de sufrir un derrame parcial, e incapacitado temporalmente para hablar o para levantar su brazo derecho, Byram regresó a su deporte; es más, hizo un juego perfecto el día de su retorno. ¡Nada malo para un hombre de 82 años! Su recuperación fue sorprendente y su juego de 12 chuzas espectacular, especialmente si se considera que su mejor puntaje cuando estaba en perfecta salud era de 280.[8]

Inclusive, aunque el futuro se vea oscuro, la buena fortuna puede estar a una llamada telefónica de distancia o a la vuelta de la esquina. Si estás mirando al suelo te puede pasar de largo. Si estás mirando al frente, con la cabeza en alto, estarás listo para abrazarla.

## UN MENSAJE DE GARCÍA

Demasiadas personas se rinden cuando se les cierra una puerta en la cara. La mayoría de las veces se muestran reacias a intentar girar una vez más la manija para ver si pueden abrir la puerta. La gente exitosa es optimista. La gente exitosa no se refugia en el pasado ni en la negatividad. Esa gente es positiva al considerar que las cosas van a mejorar y mantiene viva la esperanza. El optimismo es el nutriente que fertiliza las plantitas de las ideas, permitiéndole a uno tener la actitud correcta y la mentalización adecuada para cultivar dichas ideas, así como la motivación personal para cuidarlas y llevarlas hasta su fructificación.

❖ ❖ ❖

## CAPÍTULO 10
## Creencia de éxito No. 6:
## Honor, deber, patria

EL 12 DE MAYO DE 1962 EL GENERAL MACARTHUR hizo su última aparición pública en West Point, durante la cual se dirigió a los cadetes de la Academia Militar de Estados Unidos, comenzando con las siguientes palabras, en un homenaje memorable a los ideales que inspiraron a este gran soldado norteamericano:

> "Deber, honor, patria, estas tres palabras sagradas nos dictan austeramente lo que queremos ser, lo que podemos ser y lo que habremos de ser. Son nuestro punto de congregación, aquel que nos permite acopiar valor cuando el valor parece fallarnos, recuperar la fe cuando parece haber muy pocos motivos para tener fe y concebir esperanza cuando toda esperanza parece abandonada. Desafortunadamente carezco de la elocuencia y la dicción, de la poesía, de la imaginación, así como del brillo en el uso de la metáfora que serían necesarios para poderles decir todo cuanto esas palabras significan".[1]

El general profetizó que algún día, si los norteamericanos se olvidaban de vivir dentro de las normas del gran código moral al cual se estaba refiriendo, "un millón de espectros en uniformes verde oliva claro, en caqui marrón, azul o gris, se alzarían de debajo de sus cruces blancas, pronunciando con voces atronadoras esas palabras mágicas: deber, honor y patria".

Uno de los principios que aprendí en la Academia de la Fuerza Aérea fue "primero la integridad", luego el deber, luego la patria. Cuando se asiste a la Academia de la Fuerza Aérea, a la Academia Naval, a West Point o a cualquier otra institución de tipo militar, el Código de Honor se convierte en el modo de vida de uno. El general Norman Schwartzkopf dijo que el Código de Honor era la lección más importante que le habían hecho practicar durante su estadía en West Point.

Mike Krzyzewski, el entrenador principal del equipo de basquetbol de la Universidad de Duke, le da a West Point todo el crédito por sus fundamentos como entrenador, líder y persona. En 21 años sirviendo a Duke, Krzyzewski, 11 veces galardonado como Entrenador Nacional del Año, con tres campeonatos nacionales en su haber, ha construido una dinastía que pocos programas del juego han podido igualar en el curso de la historia. El entrenador "K", como se le conoce, dijo: "Antes de que entrara en la Academia creía saberlo todo. Vivía en mi pequeño mundo protegido. Mis padres me habían inculcado el respeto por la autoridad y la capacidad de aprender. Sin embargo West Point me llevó a otro nivel. Siento que tuve mucha suerte de poder estudiar allí y obtener una buena dosis de honestidad, honor y disciplina".[2]

### Desarrolle un código de honor personal

"No mentiremos, ni robaremos, ni haremos trampa, ni toleraremos entre nosotros a nadie que lo haga". Las palabras del Código de Honor del cadete están incrustadas en la piedra de granito que se halla sobre el portal oeste de la terraza adyacente a la capilla de los cadetes de la Academia de la Fuerza Aérea de Estados Unidos. De hecho, mientras servía como vicecomandante del Ala de Cadetes y como presidente de su Comité de Honor en la Academia de la Fuerza Aérea en 1983, desempeñé un papel decisivo para que se inscribieran esas palabras en la pared de granito de manera que cada cadete fuera estimulado inconscientemente para asimilar ese patrón mínimo de integridad personal.

Las decisiones y elecciones que uno hace en la vida pueden resultar mucho más sencillas si uno adopta y se ciñe a un código de honor propio. Si en la actualidad tú fueras un cadete de la Academia de la Fuerza Aérea serías llevado ante el muro del patio del honor y se te haría jurar fidelidad a un "juramento de honor". El juramento afirma simplemente: "No mentiremos, ni robaremos, ni haremos trampa, ni toleraremos entre nosotros a nadie que lo haga. Adicionalmente, decido cumplir con mi deber y vivir honorablemente, con la ayuda de Dios".

Este juramento reconoce que el honor posee un significado más amplio que los simples hechos de no mentir, no robar, ni hacer trampa. El verdadero honor requiere el cumplimiento de acciones rectas más que la simple abstención de hacer el mal. También creemos que tolerar las trampas, al igual que cualquier otra violación del Código de Honor, es exactamente tan malo como el hecho mismo de cometer la infracción. El cadete que tiene conocimiento de una violación y no la informa también lo ha roto y puede ser expulsado. El Código de Honor es un componente vital del desarrollo del carácter de los cadetes y el cimiento sobre el cual cada uno de ellos construye su noción personal de la ética profesional y el patrón mínimo de integridad. También le confiere a cada uno ciertos privilegios. La palabra de un cadete es aceptada como la verdad en todo momento. La adhesión al código promueve un sentimiento de mutua confianza que va creciendo a todo lo largo del tiempo pasado en la Academia. Se espera que les brinde una dimensión de madurez ética a los cadetes sobre la cual puedan apoyarse todas sus vidas.

El cargo de presidente del Comité de Honor de los cadetes es a la vez reverenciado y temido porque requiere la fortaleza necesaria para tomar decisiones muy duras acerca de la suerte de pares y amigos. Durante mi desempeño en ese puesto me concentré en tres áreas esenciales: la educación, el entorno y el cumplimiento.

— *Educación*. Este fue el principal punto de focalización de mis esfuerzos. Puse especial atención a las clases de educación que recibían los cadetes acerca de la importancia del Código de Honor a lo largo de sus carreras de estudiantes de la Academia. Dichas clases eran el equivalente de un curso académico y se sucedían todos los semestres durante los cuatro años. Cubrían el Código de Honor tal como se aplicaba a sus vidas en la Academia, a la calidad de oficial, a la Fuerza Aérea y al servicio del país. La actividad se centraba en presentaciones formales en el salón de clases, expositores invitados y discusiones informales dirigidas a la adquisición de los hábitos de comportamiento honorable como cimientos de la profesión militar.

— *Entorno*. El Código exige una absoluta integridad en las palabras de uno, así como en las acciones propias. Se espera que los cadetes se denuncien a sí mismos por cualquier infracción al Código de Honor y la obligación de no tolerancia les exige que confronten a cualquier compañero que ellos crean pueda haberlo violado y que informen del incidente si la situación no se resuelve. Aunque el código no constituye un patrón fácil de cumplir, el hecho de vivir en una comunidad que lo acepta crea un entorno con un nivel de confianza que no tiene parangón en otras instituciones académicas. Debido a que los líderes de la Academia de la Fuerza Aérea creen que el carácter puede ser enseñado y desarrollado, trabajamos con denuedo para crear un entorno de confianza y respeto. Durante mi paso por la presidencia les quitamos el seguro a todas las puertas del dormitorio de los cadetes. ¿Por qué habríamos de tenerlas cerradas con seguro cuando disponíamos de un Código de Honor que nos protegía? También convencimos a los dirigentes de la Academia de la Fuerza Aérea de que el Código de Honor debía ser exhibido con atrevimiento en el área de los cadetes, de manera que todos pudieran verlo, y se desarrollaron planes para colocarlo en un lugar adecuado sobre una pared.

— *Cumplimiento*. A pesar del énfasis que hacía la Academia en materia de integridad algunos cadetes se colocaron en situaciones en las cuales su honor era cuestionado. Si se sospecha una violación del Código de Honor un equipo investigativo es nombrado para reunir pruebas relevantes acerca de la violación sobre la cual hay sospechas. La investigación concluye con un repaso de toda la evidencia, que sirve para determinar si el caso debe ser trasladado ante la junta de honor del Ala de Cadetes. Si uno de ellos reporta por sí mismo una violación que él cometió o admite haber cometido una cuando se lo confronta, el caso es enviado ante un panel de recomendaciones para sancionar a los cadetes.

El Comité de Honor se reúne y desarrolla sus actividades en un ambiente similar al de un procedimiento legal pero las discusiones no son de índole contenciosa. El sospechoso está presente durante la toma de todos los testimonios y puede interrogar a cualquier testigo. No se exige que el cadete presente testimonio pero la mayoría sí deciden testificar por cuenta propia. Según los procedimientos actuales, un jurado de siete cadetes y un oficial, seleccionado completamente al azar, escucha y analiza las pruebas y los testimonios bajo la orientación de un presidente, quien no tiene voto. Después de las deliberaciones el Comité de Honor determina, mediante votación secreta, si hubo o no violación de las normas. Para que un cadete sea declarado culpable por lo menos seis de los ocho miembros votantes del jurado deben estar convencidos, más allá de la duda razonable, de que hubo un acto violatorio del Código de Honor y de que el acusado lo cometió en forma intencional.

La sanción para una violación del Código de Honor es la expulsión. Sin embargo, bajo ciertas circunstancias, dicha recomendación puede ser conmutada y el cadete queda colocado en período de prueba. Si el comandante recomienda la expulsión el caso se envía al superintendente. En cualquier momento del proceso el cadete puede preferir renunciar.

El Comité de Honor que presidí en 1982-83 condujo 250 investigaciones y realizó 108 sesiones. Personalmente participé en 72 sesiones, lo cual equivalía a ser juez, porque supervisaba el trabajo de ocho jurados seleccionados al azar entre el Ala de Cadetes. Se presentaban pruebas y se llamaba a testigos. En mi papel cuasi judicial participé en el interrogatorio de testigos. También ayudé en las deliberaciones de los jurados. Desafortunadamente 68 de los 108 cadetes fueron expulsados de la Academia.

Un cadete que era amigo mío se graduó y estaba esperando para participar en la ceremonia de grado. Mientras sus padres viajaban, atravesando el país, para poder asistir a la ceremonia, él recibió la visita de viejos amigos de la secundaria. Llevó a sus amigos a conocer la Academia y les mostró el dormitorio a pesar de que nadie que no pertenezca al cuerpo de cadetes o al personal de la Academia puede ser admitido en ellos.

Cuando el cadete llevó a sus amigos al dormitorio un subalterno los detuvo y les negó el derecho de entrada. El que iba a graduarse mostró su identificación y mintió, diciendo que los visitantes eran miembros de la Fuerza Aérea. El subalterno les permitió el acceso, basado en las afirmaciones del cadete de que eran visitantes autorizados, sin embargo llamó a un representante del Comité de Honor porque sospechó que había una mentira detrás de todo.

El cadete cometió una violación al Código de Honor por haberle mentido a un subalterno. Se convocó una reunión formal del comité y fue expulsado. Obtuvo su grado académico pero nunca llegó a convertirse en oficial. Sin embargo prestó sus cinco años de servicio convenidos en la Fuerza Aérea en condiciones de recluta normal.

Independientemente de que estuviéramos de acuerdo o no con el castigo, todos cumplimos con el Código de Honor y todos sabían cuán importante era hacerlo. Durante la formación previa al almuerzo presentábamos y leíamos las cartas en las cuáles se explicaba por qué tal o cual cadete había recibido una sanción, y lo hacíamos ante la totalidad de los integrantes 4.000 del Ala. Hacíamos la lectura por el altavoz antes del almuerzo de manera que todo el mundo comprendiera las consecuencias de violar el Código de Honor.

### La cualidad suprema de un líder

Desafortunadamente en el actual mundo de los negocios la palabra honor es apenas una convención hueca y muchos líderes no tienen palabra. Es totalmente imposible liderar un grupo si uno no tiene credibilidad entre la gente con la cual hace negocios y si sus subalternos no tienen fe en la integridad de uno. Si no piensas que es importante para un negocio actuar con integridad mira el caso de Merrill Lynch. La empresa aceptó pagar 100 millones de dólares en penalizaciones como compensación por acusaciones de que sus analistas habían orientado indebidamente a algunos inversionistas. Los analistas de Merrill Lynch calificaron algunas acciones como buenas adquisiciones con el fin de obtener mayor volumen de negocios para los banqueros de la empresa. Los banqueros de inversión de Merrill Lynch manejaron fusiones y ofertas iniciales de títulos valores al público para dichas empresas, lo cual constituyó una enorme fuente de ingresos.

Recientemente hemos presenciado la destrucción de numerosas empresas debido a la falta de integridad y de honor. Entre otros

pecados cometidos, los directivos de Enron traicionaron a sus empleados, a sus accionistas y al público. La reputación de Arthur Andersen
quedó definitivamente empañada por su manejo de los asuntos de
Enron. Como resultado, una de las empresas más grandes y de las
primeras
firmas de contabilidad del mundo quedó arruinada. Los ejecutivos de
WorldCom también engañaron a sus accionistas y empleados.
WorldCom falsificó sus informes, registrando indebidamente 3.800
millones de dólares en gastos. Las falsificaciones realizadas por
WorldCom y otras empresas causaron una crisis de confianza entre los
inversionistas.

Esas transgresiones de la integridad y la honestidad no sólo ocurrieron
en el sector privado sino también en el gobierno. Los líderes del FBI
perdieron la confianza de muchos empleados debido a que omitieron aceptar errores en la investigación del terrorismo. Inicialmente el FBI acalló
su omisión de seguir pistas significativas que pudieron haber prevenido
los ataques del 11 de septiembre de 2001. Muchos jefes del FBI pasaron
por alto hechos clave para evitar la vergüenza personal e institucional.

La integridad podría haber evitado el arresto de John J. Rigas, el fundador de Adelphia Communications, y de su familia. Según los fiscales
que atienden el caso, Rigas y su familia utilizaron la empresa como si
fuera su caja de ahorros particular. En determinado momento, supues-
tamente Rigas tomó avances de la empresa por 66 millones de dólares.
Él y ciertos miembros de la familia han sido acusados de numerosos
crímenes de cuello blanco.

El presidente Dwight D. Eisenhower dijo: "La cualidad suprema de
un líder es la integridad".[4] La integridad y el honor son cualidades
importantes para todos quienes quieren ser exitosos.

### La ética es más que palabras de relleno en el manual del empleado

Tanto en el sector privado como en el gobierno, o en cualquier organización jerárquica, los líderes deben demostrar con hechos a quienes los
observan que la ética es importante. Este es un caso sustancial de "haga
lo que hago" y no de "haga lo que digo". Los líderes deben reforzar los están-

dares éticos de sus empresas. No basta con escribirlos en los manuales de funciones de los empleados. Las sanciones por violar las normas deben ser reforzadas con más que una palmadita en la mano.

El entrenador de basquetbol Rick Pitino dio exactamente en el blanco cuando dijo: "Uno puede cometer errores y ser perdonado; pero la deshonestidad se queda para siempre en las mentes de las personas. Es mucho más fácil mantener una reputación que reconstruirla. La mentira coloca un problema en medio de tu futuro, en tanto que la verdad hace de un problema parte del pasado".[5]

Independientemente del cargo que ocupes en tu organización puedes actuar con un fuerte sentido de integridad. El cajero que actúa con integridad corregirá la operación del anciano que inadvertidamente paga de más por un artículo y se va sin llevarse su cambio.

¿Has jugado golf alguna vez con alguien que hace trampa? ¿Has jugado alguna vez tenis con alguien que declara que una bola cayó fuera cuando sabes perfectamente que cayó dentro de la cancha? ¡En ninguna circunstancia quisiera hacer negocios con alguien así! Si alguien está mintiendo o haciendo trampa durante un juego o un deporte social, ¿entonces qué puede esperar uno de la manera en que se portará en la "guerra" de los negocios?

Hay una historia acerca de la golfista Babe Zaharias que ilustra el tipo de persona que ella era. Accidentalmente jugó con la bola equivocada en un torneo de gran prestigio y se penalizó a sí misma por dos jugadas, incluso aunque nadie más se había dado cuenta. Le preguntaron por qué se había delatado si nadie más había reparado en el error. Pero para la honesta y talentosa jugadora no importaba lo más mínimo que nadie más estuviera enterado de su error. Todo lo que importaba era que ella sabía que inadvertidamente había violado las normas.[6]

### Enséñales a tus hijos el valor de la integridad

La paternidad responsable y de buena calidad es esencial si quieres que tus hijos crezcan como seres humanos decentes. Enséñales lo que son la cortesía, la empatía y la compasión. Enséñales esas lecciones y habrás hecho una buena labor. Déjales a los profesores el álgebra, la historia y la gramática. Las personas de buenos modales, buen comportamiento y actitud considerada llegan lejos, inclusive si están en el promedio o por debajo de él. ¿Por qué? Pues simplemente porque la gente las querrá y siempre preferirá hacer negocios con quienes quiere, en quienes confía, o que por lo menos considera buenas personas. ¿Qué lecciones les estás dando a tus hijos acerca de la integridad? ¿Te ven haciéndole trampas a tu trabajo? Cuando necesitan materiales para el colegio, ¿te ven haciendo adquisiciones en el armario de materiales de la oficina?

Antes de su muerte la popular columnista Ann Landers, quien impartía valiosos consejos desde su columna, publicó cartas acerca de personas que se quejaban de los clientes que consumen productos mientras están de compras. El gerente de una tienda contaba que encontraba latas de bebidas vacías sobre los escaparates, así como que faltaban pastelillos en los empaques.[7] En respuesta a las cartas Ann Landers se preguntó si las personas consideraban esos robos como algo insignificante. Los niños deberían estar recibiendo el mensaje de que cualquier robo importa y que eso incluye los artículos de comida y pasabocas que se encuentran en las estanterías de los supermercados mientras se camina entre los estantes. Simplemente no hay disculpa para ese tipo de comportamiento. Esas lecciones de buena conducta son impartidas en los hogares de la gente de éxito.

# UN MENSAJE DE GARCÍA

Integridad, honor, confianza. Estos son rasgos característicos que debes poseer si quieres que la gente te aprecie y haga negocios contigo. Si eres un gerente ejecutivo, tus empleados te lo exigirán y si estás sacando adelante una empresa tus clientes buscarán en ti esos rasgos. Actuando honorablemente y siendo directo, consistente y justo, tanto los empleados como los clientes respetarán tus decisiones.

Todos los líderes son responsables de la orientación moral de sus organizaciones. Cada empleado debería tener una comprensión clara de las conductas que son aceptables y de las que no lo son. Cualquiera que cruce la línea debe ser reprendido. Es importante que todo el mundo en la empresa esté consciente de que las faltas a la integridad o a la conducta moral no serán toleradas.

En tu vida personal también debes tener los rasgos de carácter que tus hijos admirarán, respetarán y utilizarán como base del aprendizaje. Actuando con honor e integridad construyes confianza. Tus acciones deben ser consistentes con tus palabras. Decir lo correcto no significa nada hasta cuando hagas lo correcto. El verdadero honor exige una actuación correcta más que la simple abstinencia de hacer el mal. Todos y cada uno de nosotros podemos actuar con base en esos conceptos y cumplir constantemente con los principios que los fundamentan. Si ves que alguien deja caer dinero o algún objeto personal, llámale la atención para que lo recupere. Tal vez le pediste prestado un libro a alguien y lo has tenido durante mucho tiempo. Independientemente de que lo hayas leído o no, devuélvelo. Te lo agradecerán y pensarán bien de ti. Hasta puede que esa persona te preste algún otro libro.

## CAPÍTULO 11
## Creencia de éxito No. 7:
## Haz siempre lo correcto y deja
## que las fichas caigan donde sea

CUANDO TENGO QUE EVALUAR un negocio o cualquier otra cosa primero investigo el tema a cabalidad, analizo los datos y presento mis hallazgos, independientemente del efecto que ello tenga sobre una persona en particular o sobre algún cargo o situación. Utilicé este procedimiento para analizar a los culpables de los ataques con ántrax ocurridos después del 11 de septiembre de 2001, para estudiar el apoyo cubano a los movimientos insurgentes de América Latina y el surgimiento de los narcotraficantes y sus vínculos con los movimientos guerrilleros. Utilizo este mismo enfoque en mi compañía, Sterling Financial Investment Group, la cual cuenta con una reputación excepcional como empresa de investigación especializada en las áreas de salud y biotecnología. Nos ufanamos de publicar investigaciones imparciales. Luego de realizar pesquisas y de investigar las empresas que cubrimos informamos la verdad, independientemente de las consecuencias.

Creo que esto es raro en el mundo de los servicios financieros y de la banca de inversión, ya que muchas empresas como la nuestra, que brindan cobertura de investigación acerca de otras empresas e informan sus resultados al público, tienen intereses creados que se reflejan en las recomendaciones que publican. En consecuencia, hay un crecido porcentaje de informes que se inclinan por la compra y que siempre son favorables para la empresa. Ese procedimiento asegura que las acciones se mantengan en el mismo nivel o, mejor aún, que suban gracias a los informes publicados por las firmas de banca de inversión. Cuando la investigación es parcial uno termina con evaluaciones favorables para empresas como Enron, WorldCom, ImClone y otras del mismo estilo. Como hemos visto, las acciones de esas empresas estaban sobrevaluadas e infladas. Como resultado, la verdad estaba oculta junto con los hechos reales relacionados con la posición de dichas compañías en el mercado. Finalmente, las consecuencias de estas falsedades en los informes contribuyeron directamente a su propia caída y a la pérdida de miles de millones de dólares por parte de consumidores, fondos de pensiones y pensionados. Literalmente se desvanecieron millones de dólares en ahorros norteamericanos y los fondos de pensiones perdieron parte de su capital.

Para las firmas de banca de inversión existe la alternativa de publicar recomendaciones de *venta*. Sin embargo estas firmas presentan una resistencia natural a publicar recomendaciones de *venta*. Tal como lo descubrió en carne propia el público norteamericano, la publicación de cualquier cosa distinta de recomendaciones de compra afecta negativamente el precio de las acciones de una compañía y eso, a su vez, afecta a los banqueros de inversión que cubren dicha empresa, cuyos salarios frecuentemente están ligados al desempeño financiero de la empresa misma –lo cual representa un conflicto de intereses por excelencia—. Todo esto, dicho sea de paso, ha sido corregido. Ahora todas las relaciones deben ser informadas públicamente, así como los datos acerca de quién gana qué. Sin duda todo esto aportará mucho a la solución de estos problemas.

En Wall Street las recomendaciones de venta constituyen tan sólo el 0,5 por ciento de todas las que se hacen derivadas de investigación. Nuestra firma ha estado dispuesta a publicar recomendaciones de venta, lo cual no la hace especialmente popular en algunos círculos. Nuestra trayectoria de los últimos cuatro años ha sido extraordinaria y en la actualidad tenemos como clientes a casi 300 de los mayores y más activos fondos mutuos y fondos de cobertura de todo el país. Gracias a esta cuantiosa lista de clientes, cuando iniciamos las investigaciones acerca de una empresa que ofrece sus acciones en el mercado y recomendamos una venta, eso a veces hace caer las acciones hasta 15 por ciento el día en que sale el informe. La compañía no solamente tiene que convocar una conferencia de analistas inmediatamente para que, el mismo día, refute nuestro análisis, sino que comienza a amenazar a nuestra empresa con demandas legales y acusaciones espurias de malos procedimientos ante la Asociación Nacional de Vendedores de Títulos Valores (NASD, National Association of Security Dealers), que es la entidad que regula nuestro sector. La Asociación con frecuencia se ve obligada a investigar y el proceso se convierte en una costosa batalla que coloca a nuestros analistas bajo el microscopio, en medio de un escrutinio al que rara vez son sometidos los analistas que publican recomendaciones de compra o de enfática recomendación de compra. De hecho, durante 2002 emitimos recomendaciones de venta sobre 50 por ciento de las empresas que investigamos.

Mucho tiempo antes de que Martha Stewart vendiera sus acciones de ImClone y fuera acusada de aprovechamiento indebido de información interna, Sterling Financial había revisado todos los informes de ImClone publicados, incluyendo aquellos producidos por su equipo de dirección, y había consultado a los mayores especialistas de cáncer. Produjimos un reporte con una visión bastante diferente acerca del futuro de la empresa. Nuestra firma fue el banco de inversiones más grande de Wall Street que emitió recomendación de venta de las acciones de dicha empresa.

### No temas dar malas noticias

Como lo mencioné antes, fui asistente de Bill Bennett, ex secretario de Educación y zar antidrogas, en la redacción de la primera estrategia de la nación para el control de la droga. La estrategia era un plan general para combatir la difusión de las drogas en Estados Unidos. El informe planteaba los hechos en toda su crudeza, sin efectuar ningún intento por minimizar la magnitud del problema del tráfico de drogas y sin importar a quién pudiera incomodar el proceso.

Disfruté mucho trabajando para Bill Bennett porque es la clase de persona que se remanga y trabaja sin formalismos. Le gusta ver cómo funcionan las cosas. Según él, uno tiene que aprender lo más que pueda acerca de cada tema en particular e ir luego a hablar frente a frente con quienes formulan posiciones distintas al respecto. Uno no debe tener miedo de plantear su punto de vista, aunque éste no sea popular. Bennett considera que el público norteamericano es inteligente y llegará a las conclusiones correctas si se le brindan todos los datos necesarios. También piensa que los norteamericanos son capaces de comprender la gravedad de los temas sin caer en el pánico.

Sin consideración por las implicaciones políticas Bennett tomó acciones. Al día siguiente de convertirse en zar antidrogas hizo un llamado para la prohibición de los rifles de asalto, un acto importante y muy controvertido que levantó muchas ampollas. Bennett también pensaba que era hipócrita declarar la guerra contra la droga desde Washington D.C., una ciudad donde hay vendedores de ésta en todas las esquinas. Lanzó, en consecuencia, una iniciativa fulminante de 150 millones de dólares para atacar el problema de las drogas en la capital.

Al igual que cualquiera de nosotros, Bennett no es perfecto. Aunque ha admitido públicamente desde hace mucho tiempo que le gusta el juego de apuestas no es ningún hipócrita. Cuando aceptó el cargo de zar antidrogas abandonó el hábito de fumar, ya que consumía dos paquetes y medio de cigarrillos al día. Cuando los medios de comunicación informaron recientemente que le gustaban las apuestas fuertes, él no trató de echarle tierra al tema sino que lo enfrentó abiertamente. Inclusive, aunque en estos momentos no es funcionario del gobierno y no ha violado ninguna ley, admitió que el hábito de apostar es malo, que tenía ese problema y prometió que iba a abandonarlo. Ciertamente, el esfuerzo de Bennett para promover patrones adecuados de comportamiento moral en la vida pública y para inculcar en nuestros hijos la diferencia entre lo bueno y lo malo no ha perdido ninguna validez.

❖

## UN MENSAJE DE GARCÍA

Di siempre la verdad. Sé vigilante y diligente al investigar o analizar cualquier tema o cuando estés recabando información para estudiar cualquier problema o situación. Tanto en los negocios como en las relaciones personales sé honesto con las personas, no importa que las noticias sean buenas o malas. El análisis final puede herir a algunas personas pero la gente te respetará por ser honesto, especialmente si tus observaciones son hechas con honradez y sin malicia. Al actuar de este modo contribuyes mucho con tu integridad, tu honor y la confianza que generas en las personas. Cuando las personas entienden la manera en que produces una decisión se muestran mucho más inclinadas a aceptarla, inclusive a pesar de que no les guste. Aplica este enfoque a toda tu toma de decisiones, en el trabajo y en la casa. Te sorprenderá ver cuán rápido la gente a tu alrededor comienza a valorar tus juicios y a buscar tu consejo.

# CAPÍTULO 12
## Creencia de éxito No. 8:
## La lectura es un imán que atrae el éxito

CUANDO ERA NIÑO, EN PANAMÁ, mi padre solía leernos libros de historia. Él era médico pero sabía más de política norteamericana y de los gobiernos de Estados Unidos que la mayoría de la gente nacida en ese país. El general Omar Torrijos, el líder que gobernó Panamá entre 1968 y 1981, buscó sus consejos debido a su enorme conocimiento de la política. De hecho, mi padre estuvo al lado de Torrijos cuando éste negoció con el presidente Jimmy Carter el regreso del Canal de Panamá a manos de los panameños.

Cuando trabajé para el general Galvin, en momentos en que él era comandante del Comando Sur de Estados Unidos, él leía uno o dos libros cada semana. El general prefería biografías de personas exitosas o libros que trataran temas que él necesitara entender. Por ejemplo, si teníamos que ir al Perú él leía libros escritos por los principales autores peruanos. Al hacerlo el general aprendía lo más posible acerca de la cultura local antes de que iniciáramos nuestras operaciones. También ayudaba el hecho de que él sabía hablar español.

El general Galvin también me enseñó a leer un libro de manera más efectiva. Decía que uno no debía leer una obra que no fuera de ficción sin tener un estilógrafo en la mano. Suponiendo que el libro es propio, debería tener al final las anotaciones manuscritas de las cosas que aprendió leyéndolo. Al disponer de ese resumen uno puede refrescar fácilmente la memoria. También ayuda el colocar la referencia de la página en cada punto de información esencial, de manera que uno pueda volver fácilmente al punto necesario dentro del texto.

### La lectura te ayuda a construir confianza en ti mismo y en tu autoestima

La lectura –y el conocimiento que de ella se deriva– te puede ayudar mucho a ganar confianza en ti mismo y a construir tu autoestima. La lectura es parte del núcleo de cualquiera de mis logros. Tomemos, por ejemplo, mi trabajo con los militares. Cuando era un teniente segundo de apenas 24 años los funcionarios del gobierno y un general de cuatro estrellas escuchaban lo que tenía que decir. Era un analista, es decir, que mi trabajo consistía en leer informes militares para extraer de ellos lo esencial y poder presentárselo todas las mañanas al general y a su equipo de trabajo. Para preparar el análisis militar no me limitaba a los informes militares, como hacían la mayoría de analistas. Me dedicaba a leer cuanto pedazo de papel que tuviera información relacionada con el tema reportado y, además, llamaba a los periodistas para obtener su punto de vista acerca de lo que estaba pasando. Mi auditorio ponía atención porque sabía que yo había leído acerca de ese tema en particular más que prácticamente cualquier otra persona y que haría un análisis completo basado en la información disponible. La lectura le brindaba credibilidad a mi consejo.

En 1983 preparé un análisis detallado acerca de las capacidades defensivas de China y recomendé medidas para contrarrestarlas. En 1984 conduje un análisis acerca de la crisis de la deuda del Tercer Mundo. En 1985 y 1986 analicé la guerra de guerrillas y el terrorismo en América Latina. Como becario en la Casa Blanca analicé las medidas norteamericanas para contrarrestar el contrabando de narcóticos. Durante la preparación de dichos análisis leí cualquier cosa que lograra encontrar acerca de los temas investigados. En la actualidad, cuando mi empresa analiza una inversión, leemos todos los documentos que podemos encontrar acerca de una compañía y utilizamos cuanta información esté disponible en Internet.

Otro comandante militar norteamericano, que llegó a la Presidencia de Estados Unidos, también era un creyente fervoroso de la lectura y el conocimiento. Abraham Lincoln utilizaba cualquier momento que tuviera disponible para leer. A pesar de su carencia de una educación formal Lincoln desarrolló buena parte de su autoestima leyendo. Le brindó confianza para enfrentar a Stephen Douglas en el gran debate que sostuvieron y el conocimiento que Lincoln necesitó para interactuar con los generales que comandó durante la Guerra Civil.[1] De acuerdo con el historiador William Lee Miller, Abraham Lincoln adquirió el hábito de cultivar su mente a lo largo de toda su vida. Creció en Little Pigeon Creek, una comunidad rural de Indiana en donde pocas personas aprendían a leer. Sin embargo él fue visto con frecuencia caminando con un libro en la mano mientras recorría los caminos polvorientos.[2]

Lincoln leía durante sus ratos de descanso en el trabajo: cuando estaba colocando rieles, atendiendo el almacén, trabajando como cartero o en la granja. Cuando fue Presidente leía historias militares para poder colocarse en plano de igualdad con sus generales. Durante mucho tiempo Lincoln trató con especial respeto a las personas que contaban con mayor educación formal que él. Comparaba su mente con un pedazo de acero. Decía que era "muy difícil grabar algo en ella y casi imposible borrarlo una vez grabado".[3]

### El aprendizaje permanente y vitalicio puede ayudarte en tu negocio

Cualquiera que sea tu negocio puedes aprender de todos y cada uno de quienes trabajan contigo. Sam Walton, fundador de Wal-Mart, dijo: "Nuestras mejores ideas provienen de los vendedores y almacenistas".[4] Escuchar sus consejos le ayudó a Walton a convertirse en uno de los hombres más adinerados de Estados Unidos y él ayudó a muchos de sus empleados a hacerse ricos mediante planes innovadores para compartir utilidades.

John P. Kotter, autor de *Liderando el cambio* (*Leading Change*) y profesor de la Harvard Business School, dice que la clave para la creación y el sostenimiento de la organización del siglo XXI es liderazgo en la cima de la jerarquía, así como liderazgo en toda la empresa.[5] Los líderes de la organización del siglo XXI desarrollarán sus habilidades mediante un entrenamiento vitalicio. Kotter dice que dichos líderes no comenzarán necesariamente la carrera con la mayor cantidad de dinero o de inteligencia, sino que crecerán más que sus rivales. Ellos aprenden a ser líderes.[6]

Herb Kelleher, ex presidente de Southwest Airlines, ha sido un fuerte proponente del aprendizaje vitalicio. Cada una de las áreas principales de trabajo en esta aerolínea fue su propio departamento de entrenamiento. En el "departamento de la gente" en Southwest se ofrecían numerosos cursos para ayudarles a los empleados a desarrollar sus habilidades. El programa se denominaba "La universidad para la gente".[7]

John P. Kotter dice que la gente que se esfuerza por aprender a todo lo largo de su existencia tiene valores elevados, metas ambiciosas y un auténtico sentido de la misión en su vida. Sus metas y aspiraciones los motivan. Visualizan sus logros con perspectiva humilde. Algunas veces su misión se desarrolla cuando están jóvenes. Algunas veces eso ocurre durante la etapa adulta de las personas. Sus aspiraciones les evitan el volverse complacientes.[8]

### *"Estoy demasiado ocupado" no es excusa para no aprender*

El aprendizaje vitalicio significa mantenerse mejor informado acerca de lo que está ocurriendo en el mundo y hacer mejor uso del tiempo del que se dispone. Puedes escuchar un libro en grabación mientras te diriges al trabajo. Sintoniza un noticiero, *CNN*, *MSNBC*, el Discovery Channel o la televisión pública o educativa por unos cuantos minutos en lugar de estar mirando por séptima vez esa repetición de *Seinfeld* o de ponerte a saltar de canal en canal con el control remoto. Aprende un nuevo idioma, utilizando algún sistema de grabaciones mientras estás haciendo ejercicio en el gimnasio.

En el trabajo, en lugar de quedarte chismoseando o quejándote al pie del dispensador de agua, utiliza el tiempo para aprender algo nuevo, interesante y valioso. Habla con un colega que viene de otro país y aprende algo interesante acerca de su cultura natal. Inclusive puedes intentar aprender algunas frases del idioma nativo de esa persona. Esas discusiones pueden aumentar tus conocimientos de geografía. Me sorprende lo poco que algunas personas saben acerca de la ubicación de ciertos países. Vivo en Florida y con frecuencia me sorprende ver cómo hay gente de mi vecindario que no sabe si Haití está en el Caribe o cerca de las Filipinas.

Al ir entrando en la edad madura puedes continuar aprendiendo. Los expertos en pensionados han observado que muchos de ellos optan por instalarse en ciudades universitarias. Una de las razones para ello es que les interesa la posibilidad de tomar cursos en los colegios y universidades que allí hay. Su sed de conocimientos los acompaña a medida que envejecen y ayuda a mantenerlos en forma y con deseos de vivir. Un estudio realizado para *Mi generación* (*My Generation*), una publicación de la AARP, encontró que seis de cada 10 miembros del Baby Boom siempre están tratando de aprender algo nuevo.[9]

# UN MENSAJE DE GARCÍA

Todos los grandes líderes son lectores –mantienen un gran amor por el aprendizaje y una profunda curiosidad que se esfuerzan por satisfacer constantemente–. La lectura le puede brindar a cualquier persona una enorme ventaja en la actividad que se proponga. Independientemente de quién seas y qué hagas, la lectura puede ayudarte a ganar confianza y construir y reforzar tu autoestima ya que te brindará la capacidad de conversar con cualquiera en cualquier situación, bien sea que leas el periódico todos los días o que te dediques a los libros. Puedes encontrar maneras de expandir tu conocimiento, utilizando tu tiempo de manera más creativa. Por ejemplo, puedes escuchar un libro en grabación cuando estás largo tiempo en el auto en lugar de sintonizar cualquier cosa en la radio. La gente que ama aprender está abierta a nuevas ideas. Rara vez alguien así rechaza la noción de cambio por haber estado "haciendo siempre algo de cierta manera". La curiosidad intelectual de Benjamin Franklin lo ayudó a convertirse en inventor, editor y estadista. Franklin dijo: "Una inversión en conocimiento siempre paga el mejor interés".[10] Sin duda alguna la gente más exitosa que conozco posee una auténtica curiosidad intelectual. Tienen lo que Jaime Escalante llamaría *ganas* de aprender.

## CAPÍTULO 13
## Creencia de éxito No. 9:
## Uno no fracasa si aprende
## una lección y persevera

Durante mucho tiempo, y a pesar de ser multimillonario, Steve Fossett fue visto como un fracasado. El invirtió muchos años intentando convertirse en la primera persona en volar en solitario alrededor del mundo en un globo de aire caliente. El multimillonario de 58 años fracasó cinco veces y casi pierde la vida. Durante su primer vuelo, en 1998, su globo se rasgó en medio de una tormenta que lo envió a pique en pleno Mar de Coral, a 500 millas de la costa australiana.

Sin embargo su sexto intento fue coronado por el éxito y Fossett se convirtió en el primer piloto de aerostato que le dio la vuelta al globo terrestre sin acompañante. La travesía de 19.000 millas duró 13 días y medio. Fossett sobrevivió a violentas tormentas eléctricas y a temperaturas externas de −50 grados Fahrenheit. Durmió en un habitáculo del tamaño de una celda carcelaria, se alimentó con comida para náufragos llamada MRE y utilizó un balde como sanitario.

Fossett fue capaz de lograr sus metas porque había aprendido de sus fracasos anteriores. Cada uno de sus intentos infructuosos le enseñó algo nuevo acerca de lo que tenía que hacer de manera diferente. Mejoró el diseño del globo y se benefició con mejoras en la predicción del tiempo. Fossett tampoco se está durmiendo sobre sus laureles. Su nuevo objetivo consiste en volar un planeador por la estratosfera. El aparato lo llevará a 60.000 pies sobre la porción meridional de Nueva Zelanda.[1]

John C. Maxwell, autor de *Fracasando con futuro: el arte de convertir errores en medios de triunfar (Failing Forward: Turning Mistakes Into Stepping Stones)*, dice: "La diferencia entre la gente promedio y las personas que obtienen logros consiste en su percepción del fracaso y su respuesta a él".[2]

### El fracaso depende de los ojos con que se mire

Como lo sugirió Maxwell en su obra, el fracaso depende de los ojos con que se mire. Digamos que la última película de Steven Spielberg escasamente recupera la inversión. ¿Lo convierte eso en un fracasado? Difícilmente.

La percepción de cada uno de lo que constituye el éxito y el fracaso es diferente. Un director de cine puede percibir su última película como un fracaso porque solamente obtuvo ingresos de taquilla por 100 millones de dólares. En cambio otro director, cuyas películas escasamente alcanzan el punto de equilibrio financiero, puede estar deseando "fracasar" con esas mismas cifras. ¿Y qué pensar de un actor que sólo obtiene participación en comerciales? ¿Resulta un fracasado porque nunca obtiene un papel en una película? Para muchos actores y actrices en ciernes él es un rostro reconocible en la televisión, está trabajando y ganando dinero y, por consiguiente, resulta ser muy exitoso. ¿Quién decide si un libro es un éxito o un fracaso, los críticos o el público? Inclusive si el libro no se vende muy bien, pensemos en los numerosos escritores que estarían dichosos con tan sólo ver publicados sus manuscritos.

Examinemos ahora el caso de una mujer ejecutiva que trabaja en una empresa grande. Está muy cerca de la cumbre pero nunca llega a ser Directora Ejecutiva, cargo al cual aspira desde que se vinculó a la empresa 20 años antes. ¿La convierte eso en una fracasada? Todos estos aspectos forman parte de la percepción que uno tiene de lo que es el fracaso y cómo responder ante él. Maxwell distingue entre fracasar hacia adelante (es decir, fracasar con futuro) y fracasar hacia atrás. Hacerlo hacia atrás es negativo; hacia adelante es la manera en que los triunfadores avanzan para conseguir sus metas. El legendario jugador de béisbol Babe Ruth decía: "Nunca dejes que el temor de no darle a la bola se atraviese en tu camino".

### La gente exitosa no comete dos veces el mismo error

Independientemente de que se trate de matrimonio, negocios, o de la vida en general, las personas exitosas no repiten sus errores. Aprenden de dichos errores y toman mejores decisiones, basándose en lo que han aprendido.

He visto empresas que vuelven a contratar a un empleado mediocre porque están desesperadas por llenar una vacante o porque no quieren entrenar a una persona nueva. Esas compañías se contentan con una persona inferior al óptimo porque carecen de la energía o de la confianza para buscar a alguien mejor.

En su libro *El éxito es un viaje* (*Success is a Journey*) Jeffrey J. Mayer señala que las personas exitosas tienen el valor de admitir los errores que cometen. No pierden tiempo, energía, ni recursos defendiendo un error o una decisión equivocada.[3] El almirante Stockdale cree firmemente que la gente exitosa no comete el mismo error dos veces porque siempre está en plan de mejorar. Avanza, armada con el conocimiento ganado a través de su mejoramiento continuo.

John Maxwell dijo, "Si a la primera lo logras, intenta algo más difícil".[4]

❖

# UN MENSAJE DE GARCÍA

Independientemente de que estés tratando de plantar la bandera de tu país en la cima de una montaña, de volar alrededor del mundo en un globo o en un avión, o de que estés tratando de guiar a tu empresa hacia la primera posición de una lista de negocios, no serás capaz de lograr un éxito excepcional si estás asustado por el fracaso. Nunca le temas al fracaso. De hecho, la palabra fracaso ni siquiera debe hallarse en tu vocabulario y debes equipararlo con un error, un retroceso temporal en tu camino al éxito. Mientras te mantengas aprendiendo de tus errores las dificultades se pueden capitalizar como experiencias de aprendizaje. Las personas tropiezan constantemente en su camino hacia el éxito pero solamente las que pueden ponerse nuevamente de pie, sacudirse el polvo y perseverar son las que terminan triunfando.

La gente exitosa comete errores todo el tiempo. Los errores vienen por el hecho mismo de proponerse metas excepcionales o logros sensacionales. La diferencia es que las personas exitosas logran triunfar aprendiendo de sus errores. Miran el fracaso como una oportunidad de aprender de aquello que salió mal y de ver cómo pueden hacer algo mejor o de manera diferente, y esa oportunidad forma parte del camino hacia el logro de su meta o su sueño.

La clave para controlar el fracaso es procurar no cometer dos veces el mismo error. Demasiadas personas se castigan a sí mismas por cometer errores y se vuelven menos decididas o, lo que es peor, se descorazonan y eligen abandonar la búsqueda de sus metas. Lo que cuenta es dónde te encuentras ahora y qué has ganado con tu experiencia. La gente exitosa se concentra en alcanzar su punto de destino, aunque estén un poco atrasados en el cronograma.

❖   ❖   ❖

## CAPÍTULO 14
## Creencia de éxito No. 10:
## Sirve a tu comunidad y
## cosecha las recompensas

EN 2001 EL GOBERNADOR JEB BUSH ME PIDIÓ que prestara mis servicios en la recién creada Junta de Educación de Florida, que es la entidad responsable de establecer las políticas del estado de Florida en materia de educación pública y de relaciones con la educación privada. Desde el primer instante supe que dicha actividad me tomaría una enorme cantidad de tiempo. Sin embargo lo que estaba en juego era demasiado importante para mí y no podía negarme. Me estaban brindando una tremenda oportunidad de lograr una diferencia real en las vidas de los niños y los estudiantes de Florida.

Mi deseo de retribuirle a la comunidad lo mucho que le debo se origina en mi educación. Mi abuelo, el doctor A. M. McCarthy, fue comisionado de la ciudad de Daytona Beach y del condado de Volusia, y en dicha calidad ayudó a construir el primer hospital integrado de Daytona Beach. Él me decía con frecuencia: "Retribuye siempre. Nunca pidas nada. Sólo hazlo así. Siempre se te devuelve decuplicado".

El general Torrijos siempre le preguntó a su esposa qué era lo que mi padre, el doctor Carlos García, quería del servicio público. Lo que él más disfrutaba era el honor y el privilegio de poder susurrar consejos al oído del general. Mediante la ayuda que aportó en la proyección del país hacia el futuro él fue recompensado en formas que son mucho más importantes que el dinero.

Como resultado de esa crianza creo actualmente en la importancia de aportar a la comunidad, independientemente de dónde me encuentre viviendo. En 1984 y 1985 me hallaba en una misión temporal en Honduras para el Comando Estratégico Aéreo. Mi principal responsabilidad como oficial superior de guardia en inteligencia consistía en analizar las actividades del momento en Nicaragua, Honduras y El Salvador. Puesto que trabajaba en el turno de tarde en la noche y tenía el día libre me ofrecí como voluntario y me convertí en miembro permanente del Medrete –Medical Readiness Team–, equipo de atención médica. El Medrete viajaba por todo Honduras para brindarles servicios médicos a las comunidades remotas. Tres veces por semana un grupo de médicos, enfermeras, paramédicos, dentistas, intérpretes e, inclusive, veterinarios, salían de la base aérea de Palmerola, en el área central de Honduras, a bordo de helicópteros UH-60 Black Hawk y CH-47 Chinook.

Cada viaje a uno de esos pueblitos aislados de ese país era una verdadera aventura. Un miembro de la policía militar, armado con una ametralladora M-60, montaba guardia para prevenir problemas mientras que el convoy de helicópteros se internaba en un territorio cada vez más remoto. Luego de un vuelo, que podía durar entre una y dos horas, llegábamos a nuestro destino, el cual podía ser –por ejemplo– el diminuto pueblo de El Triunfo, anidado en la montaña y que no figura siquiera en los mapas al lado de la frontera con Nicaragua. Dondequiera que llegáramos en estos enormes helicópteros militares una crecida multitud siempre nos esperaba. La gente acudía de millas a la redonda para ver a los médicos.

A eso de las 9:00 de la mañana el calor era ya insoportable. Tampoco ayudaba para el efecto el hecho de que cientos de caballos, mulas, burros, cerdos y perros acudieran en busca de la atención de nuestra clínica móvil. La miseria humana era la más difícil de presenciar. Numerosos niños hondureños sufrían de desnutrición y la mayoría de ellos estaban afectados por gusanos y parásitos producidos por la ingestión de agua sucia y por bañarse en corrientes que eran poco menos que cañerías a cielo abierto. Los defectos de nacimiento no recibían atención. Recuerdo a un niño pequeño que sólo tenía un brazo, las piernas arqueadas y los pies volteados. Incapaz de sostenerse de pie, se arrastraba por el suelo apoyándose sobre su única mano y jalando sus pies tras de sí. Los adultos tampoco estaban en mejores condiciones. Las fracturas de huesos se soldaban sin haber sido previamente tratadas, las cortadas pequeñas con frecuencia se infectaban, agravándose absurdamente, y la malaria era endémica.

Debido a que hablaba español fluidamente mi trabajo consistía en actuar como farmaceuta. En cada misión despachaba más de 400 recetas médicas. Asegurarse de que dichas prescripciones fueran administradas adecuadamente no era tarea fácil. Para comprenderlo hay que imaginar a una mujer analfabeta, madre de cinco niños, a quien se le habían entregado una serie de medicamentos diferentes para cada uno de sus pequeños cuando ni ella ni nadie en su comunidad puede leer la receta. Puesto que el 90 por ciento de los pacientes eran analfabetos, inventé tarjetas ilustradas para explicar las dosis requeridas. Estos viajes de atención médica fueron especialmente significativos para mí, debido a que estos actos con frecuencia marcan la diferencia entre la vida y la muerte. Para la gente que ayudábamos nuestros uniformes militares simbolizaban la vida y la buena voluntad.

### De Honduras al condado de Palm Beach

En la actualidad la mayor parte de mi servicio público se desarrolla en el área educativa. Me involucré por primera vez con la comunidad en la que vivo ahora cuando el superintendente del sistema escolar de Palm Beach obligó a renunciar a su cargo administrativo al doctor Art Johnson, educador y director escolar galardonado con un premio por su actividad de primer orden. Corría el año de 1997. El momento no podía ser peor. Acababa de fundar mi empresa y realmente no podía permitirme ninguna distracción. Sin embargo, luego de conocer las circunstancias que habían rodeado el despido del doctor Johnson, no podía quedarme con los brazos cruzados. Ayudé a impulsar una enérgica campaña para que lo reinstalaran en su puesto. Sentía que el doctor Johnson había sido objeto de una grave injusticia y que, como resultado de ello, la educación en el condado de Palm Beach podía resentirse grandemente.

Junto con todas las maniobras de carácter legal que se requerían para apoyarlo, más tarde decidí ayudar a administrar lo que se convertiría en una exitosa campaña para su nombramiento como miembro de la junta escolar. Pasé incontables horas trabajando para él, invirtiendo allí un tiempo que hubiera sido mejor empleado en mi propia empresa. Finalmente, varios años más tarde, Johnson votó exitosamente por el despido del funcionario que lo había sacado a él y poco después se convirtió en superintendente del sistema escolar de Palm Beach.

Cuando tomé la decisión de apoyar a Johnson sabía que eso iba a quitarle tiempo a mi negocio en un momento crucial. Finalmente me beneficié profesionalmente y a nivel personal por haber luchado a favor del doctor Johnson. Mis esfuerzos *por el bien* me ayudaron a construir relaciones con importantes miembros de la comunidad y así me gané la amistad y la confianza de muchas personas buenas. También sé que nuestro sistema educativo está mejorando porque Johnson, el mejor educador que conozco, lo está dirigiendo ahora.

Recuerda, el dar a la comunidad es algo que siempre se te devuelve benéficamente a ti. Puedes encontrar otro voluntario y desarrollar una relación de amistad de por vida o una maravillosa relación de negocios a partir de allí. En todo caso estás haciendo con tu esfuerzo que la comunidad funcione mejor, tanto para ti como para tus hijos.

### La comunidad hispana

He enfocado buena parte de mi participación comunitaria en brindarles ayuda a los hispano-norteamericanos. Los datos del censo 2000 muestran que son la minoría de más rápido crecimiento. En 2020 uno de cada cinco residentes en Estados Unidos será hispano. Para el año 2050 uno de cada cuatro norteamericanos será de ascendencia hispana. Ésta comunidad creció cerca de 60 por ciento durante la última década. Dichas cifras son demasiado grandes para que un líder o empresa las ignore.

En 2002 los hispanos constituían ya el mayor grupo minoritario del país, con una población cercana a los 43,8 millones. Desafortunadamente, aunque ellos han realizado grandes avances, aún no cuentan con poder. No están encumbrados porque carecen de adecuada representación en el gobierno federal, en los gobiernos de los estados, en el Congreso y también en el sector privado, específicamente en calidad de miembros de las juntas directivas de las principales corporaciones de este país. Por ejemplo, los hispanos solamente cuentan con el 1,4 por ciento de los 1.000 puestos en juntas directivas censados por *Fortune*. Sin embargo representan el 10 por ciento de la fuerza laboral del sector privado.

Por eso resulta esencial el mejoramiento de la educación para ellos. Lamentablemente los jóvenes hispanos presentan una tasa extremadamente baja de graduación ya que más de 30 por ciento desertan de la secundaria. En mi calidad de único miembro hispano de la Junta de Educación de Florida me he fijado la meta de mejorar esas desalentadoras estadísticas, no solamente para los hispanos sino para todas las minorías. Del mismo modo, y a nivel nacional, mi trabajo para el presidente George W. Bush en la Comisión para la Excelencia Educativa de los Hispano-Norteamericanos me brinda una oportunidad importante para colaborar en el mejoramiento de las condiciones educativas de los niños hispanos en las escuelas de todo el país.

## *Deja de fabricar excusas*

Según un estudio aparecido en *Mi generación* (*My Generation*), publicación editada por la AARP, 83 por ciento de los miembros de la generación del *baby boom* dicen que les gustaría realizar obras benéficas para los demás. Bueno, ya es tiempo de dejar de hablar y pasar a los hechos inspirados en el deseo de ayudar.[1]

El mismo estudio encontró que seis de cada 10 miembros de dicha generación quisieran que su vida tuviera más significado. Cuando uno finalmente logra realizar esa acción benéfica, automáticamente encuentra mucho más significado en su vida. En vez de posponerla o de hablar en términos abstractos de ayudar a los demás, ingresa en una obra de beneficencia o vincúlate con alguna causa en la cual creas firmemente. Tu ayuda podría estar siendo necesitada inclusive en tu propio vecindario.

El actor Paul Newman ha estado aportándole a su comunidad por más de 20 años. En 1982 él y el escritor A.E. Hotchner crearon una empresa para comercializar la salsa casera para ensaladas de Newman. Las utilidades fueron entregadas a una obra de beneficencia. Con los años esta empresa ha expandido su línea de productos y en la actualidad vende salsa para espaguetis, palomitas de maíz, salsa para bistec, salsa y limonada. Hasta ahora cada centavo de los 125 millones de dólares ganados por la empresa han ido a financiar obras de caridad como el Hole in the Wall Gang Camp, en Ashford, Connecticut.[2]

Dicho campo, que tomó su nombre de la película *Butch Cassidy and the Sundance Kid*, en la cual actuó Newman, le brinda un lugar de descanso a niños con cáncer y otras enfermedades graves. El actor dice que las visitas que hace a este sitio le brindan fortaleza. La excelente labor que se realiza allí ciertamente nos debería motivar a todos quienes contamos con la bendición de tener hijos en buena salud.

Puede que tú no tengas el tiempo, la energía o los recursos de un Paul Newman, pero sí puedes hacer la diferencia en muchas circunstancias. En Boca Ratón, Florida, un hombre que técnicamente está ciego ha sido honrado por sus actividades caritativas. Thomas Ciulla es voluntario en la Escuela de Enseñanza Intermedia de Boca Ratón para darles tutorías a los niños y realizar trabajo de oficina. A pesar de su impedimento físico él está haciendo más por sus semejantes que muchos otros que no tienen dificultades en la vista.[3]

Los maestros y los profesores frecuentemente están aportando a nivel comunitario de manera continua. Con frecuencia observo profesores muy dedicados, brindándoles a estudiantes complementos de tutoría fuera de horas de clase para que no se atrasen. Muchos de ellos con frecuencia recurren a su propio dinero para comprar insumos que hacen falta en sus clases. Parece ser que el IRS, el órgano fiscal del gobierno norteamericano, finalmente les va a dar algo de compensación a aquellos profesores que sacan de sus propios bolsillos los recursos para apoyar a sus colegios. Existe ahora una deducción de impuestos de 250 dólares anuales para cubrir elementos no reembolsados como tiza, papel, libros e insumos para computadores. Se trata de una deducción que los profesores pueden utilizar aunque hayan usado ya la deducción estándar. Aplica para los maestros hasta el bachillerato, así como para los ayudantes, consejeros y rectores.[4]

Inclusive, aunque no seas beneficiario de ninguna deducción tributaria, nada te impide ayudar a otros. Martin Luther King Jr. decía: "No necesitas un diploma universitario para poder servir". El reverendo King también dijo: "No necesitas conocer la teoría de la relatividad de Einstein para servir; te basta con un corazón lleno de gracia y un alma engendrada por el amor".[5]

# UN MENSAJE DE GARCÍA

Sirve a tu comunidad. Ofrece como voluntarios tu tiempo, tu energía y tus recursos para obras de caridad y para otras organizaciones que abogan por buenas causas. Da de ti mismo sin egoísmo y nunca esperes nada a cambio. Sacarás grandes satisfacciones personales de ayudar a otros en esa forma. Cuando das de ti sin esperar nada a cambio, sorpresivamente las cosas buenas parecen ponerse de acuerdo para llegar a ti.

El servicio público y la participación en la comunidad te ayudan a apreciar tu propia buena fortuna, a darte cuenta de que lo que para ti es un "día difícil" o "mala suerte" resulta pequeño en comparación con las circunstancias que enfrentan otras personas.

Invertir tiempo y energía en ayudar a otros mejora a tu comunidad y sienta las bases para el bienestar de futuras generaciones. La buena voluntad es contagiosa. Tú inspirarás a tus hijos y a tus amigos a hacer lo mismo y todos contribuirán a convertir el mundo en un mejor lugar para todos.

## CAPÍTULO 15
# Creencia de éxito No. 11:
# Permanece abierto
# al cambio

CUANDO ERA UN JOVEN TENIENTE EN OMAHA, NEBRASKA, presté servicio como analista de inteligencia en una unidad que localizaba señales a través de todo el planeta para rastrear 10.000 sitios de lanzamiento de misiles tierra-aire en países como China y lo que entonces era la Unión Soviética. La ubicación de dichos sitios era de importancia vital puesto que determinaba la manera en que debíamos desplegar nuestros bombarderos B-52 de modo que no fueran alcanzados.

Nuestra misión consistía en dar cuenta de cada uno de estos sitios y de todas y cada una de las señales que de ellos se emitieran. Cada nueva señal podía indicar la presencia de una base de lanzamiento, lo cual planteaba una amenaza adicional para nuestro país y sus aliados. Cuando fui asignado por primera vez a esta unidad me senté con hombres y mujeres que efectivamente rastreaban las señales. Quería aprender a desempeñar su labor igual de bien o mejor de lo que ellos mismos lo hacían. Nunca he estado de acuerdo con la teoría de que un líder o un gerente no necesita saber hacer el trabajo que está supervisando o dirigiendo. Siempre comprendí la importancia de saberlo hacer efectivamente. Durante los primeros 60 días de mi período en Omaha trabajé codo a codo con hombres y mujeres rasos para comprender y valorar la complejidad de sus tareas.

El trabajo desempeñado por estas personas tan dedicadas era bastante tedioso. Cuando llegué por primera vez la música estaba prohibida porque la jerarquía militar no quería que hubiera aparatos de grabación en cercanía de esa información tan delicada. Convencí al personal de seguridad para que permitiera la entrada de un aparato de reproducción de cinta magnética que no pudiera grabar para que mi gente escuchara algo de música durante sus prolongadas jornadas de trabajo.

Utilicé la música para motivar a la gente de mi unidad. Establecimos una competencia para ver quién lograba detectar la mayor cantidad de señales durante la semana. La persona que descubriera la mayor cantidad de señales era la encargada de elegir la música durante la semana siguiente. Con el fin de escuchar la música que les encantaba y de evitar la que detestaban los miembros de mi unidad comenzaron a detectar más señales que nunca.

Antes de que yo llegara nadie sabía cuántas señales detectaba la unidad. Todo lo que importaba era que el grupo trabajaba un turno completo, el cual duraba desde las 5:00 de la tarde hasta la medianoche. La introducción de música en el ambiente ayudó a subir la moral y a vigorizar el espíritu de competencia de todos. Redujimos la lista de señales pendientes de descubrir de 10.000 a 5.000.

También ofrecí otro incentivo. Cuando todas las señales "nuevas" que se esperaba ingresaran cada día eran localizadas el personal podía retirarse independientemente del tiempo nominal de trabajo que quedara del turno. Poco después de que se implantara este incentivo todos estos hombres y mujeres dejaron de tomar descansos para poder terminar más temprano con su trabajo. Muchos comenzaron a llegar inclusive a las 2:00 de la tarde. Después de un período inicial de 30 días inclusive lograron dar cuenta de la lista de 5.000 señales restantes.

Recibí varias cartas de felicitación por haber terminado con el trabajo pendiente. Un general de tres estrellas inclusive nos hizo una visita para agradecernos por nuestros esfuerzos. Lamentablemente el general decidió llegar a las 7:00 de la noche. Puesto que todas las señales habían sido detectadas nosotros nos habíamos retirado por el resto del día. La única persona presente era un desafortunado sargento que estaba "cuidando el fuerte", ¡un fuerte abandonado por sus trabajadores y repleto de equipo electrónico! El pobre sargento tuvo que decirle al general que el teniente García había dejado ir a todo el mundo a las 6:00 de la tarde.

Por decir lo menos, el general no estaba contento con mi iniciativa. No tomó en cuenta que muchas de las personas bajo mi mando habían entrado a trabajar cuatro horas más temprano y terminado con su trabajo programado para el día. Me llamó mi oficial superior, quien me dio un regaño integral y me amenazó con una corte marcial. Inmediatamente después del incidente todo el mundo volvió a trabajar la cantidad de minutos completos de cada turno y el número de señales no detectadas gradualmente comenzó a subir.

El general de tres estrellas no creyó que un teniente tuviera nada que enseñarle acerca de cómo manejar a la gente. No estaba listo para la versión García del tiempo flexible. En ese momento me di cuenta de que no estaba hecho para el lado burocrático de la vida militar. Añoraba la empresa privada, en la que uno es responsable por un desempeño y puede recompensar a la gente por lograr metas comunes. Si iba a quedarme entre los militares sabía que necesitaría un cargo en el cual pudiera ser innovador en el trabajo y gente que fuera abierta al cambio.

109

### Concéntrate en mejorar tu negocio y a ti mismo

Inclusive en las empresas relativamente nuevas ciertas prácticas se vuelven habituales. En vez de explorar en busca de nuevas oportunidades los empleados retoman los mismos conceptos ya existentes hasta agotarlos, independientemente de que funcionen o no. Un estudio sicológico realizado en un hipódromo trae una observación interesante acerca de los procesos de toma de decisiones. En el estudio se les pidió a los apostadores que midieran su nivel de confianza en el camino a la ventanilla de las apuestas. Los investigadores hallaron que los apostadores solamente sentían un nivel moderado de confianza en su apuesta cuando estaban en camino a la ventanilla. Sin embargo, tan pronto realizaban la apuesta, expresaban un alto nivel de confianza en la validez de su elección.[1]

El estudio concluía que a partir de cierto punto todos nos apegamos sicológicamente a las decisiones que hemos tomado. Tan pronto nuestra determinación queda en firme la mente quiere sentir que es correcta. Sin embargo, en materia de carreras de caballos, el animal favorito puede terminar de último. Cuando se trata de otro tipo de decisiones la gente tiene la tendencia a resistir ante los esfuerzos para cambiar su parecer.

Tanto en los negocios como en la vida el cambio debe ser acogido con los brazos abiertos, especialmente cuando el *statu quo* no está funcionando. Sin embargo esto con frecuencia es difícil de lograr luego de que uno se ha apegado a las decisiones que ha tomado. La teoría de la disonancia cognitiva sugiere que confiamos en datos que apoyan nuestro razonamiento y defienden nuestra posición, en tanto que elegimos ignorar los hechos que no concuerdan con nuestras creencias y que podrían conducirnos a replantear nuestros razonamientos o a cambiar.

En su libro *Los secretos del liderazgo de Colin Powell* (*The Leadership Secrets of Colin Powell*), Oren Harari observó que la carrera de Colin Powell se había centrado en el cambio constante y que el cambiar las cosas molesta a muchos. Los buenos líderes se están preguntando constantemente "¿Qué pasa si...?" y "¿Por qué no...?". Ellos crean una cultura que exige iniciativa y experimentación.[2]

Los expertos en pequeñas empresas Paul y Sarah Edwards han ofrecido tres sugerencias para expandir un negocio.[3] Primero hay que determinar cuál es nuestro objetivo. Tenemos que saber qué queremos lograr y cuándo hay que llegar a eso. Si no sabemos cuál es nuestro objetivo no podremos desarrollar una estrategia de crecimiento.

El segundo paso consiste en asegurarse de que uno está listo para crecer. Antes de expandirse cada negocio requiere tener lista la infraestructura requerida para manejar un volumen mayor de operaciones. Lo más seguro es que se necesite una línea telefónica para llamar sin costo, un sitio web y la capacidad de aceptar todas las tarjetas de crédito existentes. Probablemente se necesiten también más empleados.

Finalmente los Edwards recomiendan que uno defina cuál es su ventaja. ¿Qué es aquello que distingue el negocio de uno de todos los demás? ¿Cuáles son los activos con que uno cuenta y que no tiene la competencia? Esos activos van a constituir el núcleo de la estrategia de crecimiento. Uno debe enfocarse cada día de la semana en la estrategia de crecimiento que ha adoptado. Uno debe revisar esa estrategia y mejorarla si no está funcionando tan bien como se había pensado.

En nuestras vidas personales encontramos con frecuencia personas que serían capaces de cualquier cosa menos de cambiar. Permanecen en una mala relación aunque las haga infelices. Se quedan en un trabajo malo porque eso es más fácil que tratar de mejorar sus condiciones. Esos tipos de personas rara vez se proponen mejorarse a sí mismas o su situación. Se resisten a cualquier tipo de cambio, independientemente de cuán mal se puedan poner las cosas en el momento actual.

### No temas cambiar tus creencias personales

En una reunión de becarios de la Casa Blanca comencé a conversar con el señor que se había sentado a mi lado en el bus rentado para el evento. Rápidamente entramos en una animada charla acerca de religión. En ese momento de mi vida ya había tomado algunos cursos acerca de religión y por diversas razones estaba sintiéndome cada vez más desencantado con el catolicismo. A medida que el bus avanzaba por la ciudad fui dándome cuenta de que estaba de acuerdo ciento por ciento con la filosofía religiosa de mi nuevo amigo. Resultó que este hombre era un rabino que había trabajado como asociado en la Casa Blanca durante otro gobierno. Comenzamos a hablar acerca del judaísmo y encontré que su explicación de la ley judaica y de la filosofía asociada con ella eran muy refrescantes. Me habló del reconstruccionismo, una de las vertientes del judaísmo.

La conversación disparó mi interés por aprender más acerca del judaísmo. Rápidamente me encontré leyendo cualquier cosa que pudiera encontrar acerca de dicha religión. No mucho después supe que mi abuela materna era judía. Más tarde, inclusive antes de conocer a mi esposa, Allison, que es judía, me encontré gravitando hacia esa religión y varios años después, cuando ya nos habíamos casado, me convertí.

Realmente no importa que la persona que estuviera a mi lado en aquel día fuera un antiguo asociado a la Casa Blanca. Hubiera podido entrar en conversación con esa persona inclusive aunque me la hubiera encontrado en el metro en Nueva York o en un bus en un país del Tercer Mundo. Independientemente de la persona con quien me haya encontrado: un rabino, un ex asociado a la Casa Blanca, un vendedor de cortinas debaño, creo que vale la pena abrir una conversación y empezar a aprender. Cada encuentro es una oportunidad de crecer.

*Sincronización*

Pienso que estamos destinados a encontrar a ciertas personas que influenciarán nuestras vidas, por un breve instante o por el resto de ellas. Deepak Chopra define la sincronicidad como "la coincidencia de eventos aparentemente desconectados". De acuerdo con Chopra nuestra vida está compuesta por esos momentos de coincidencias significativas. Mientras más aumentamos nuestra conciencia de aquellos momentos con más frecuencia ocurren.[4] También dice que "cuando intentamos crear sincronicidad en nuestras vidas podemos potenciar el resultado".[5] Mediante el cultivo de una actitud de atención relajada y de intencionalidad cumplimos con lo que Chopra denomina nuestro "SincroDestino".

Todo encuentro casual puede tener un significado. Aprendemos de las personas que conocemos y nuestra vida comienza a girar en una dirección diferente. Todas esas experiencias tienen el potencial de ayudarnos a perseguir nuestros sueños. Para que ello suceda debemos trabajar conscientemente para permanecer abiertos a transmitir y recibir nueva información.

## Pasa el cambio de velocidad antes de que sea demasiado tarde

Si estás abierto al cambio debes estar dispuesto a variar de velocidad tal como se hace al conducir un automóvil y pasar al cambio siguiente. Debes hacerlo antes de que sea demasiado tarde. Cuando iniciamos nuestro negocio de Sterling Financial contraté un "guru" de los computadores para que me diseñara una plataforma para las transacciones diurnas. Invertí mucho dinero en esa tecnología. Esperábamos asociarnos con una de las grandes firmas de servicios financieros del mundo. Cuando estábamos listos para arrancar, al cabo de siete meses, la firma grande dijo que no estaba interesada en la plataforma. Era una situación potencialmente devastadora para nuestro negocio. Estábamos gastando entre 30.000 y 40.000 dólares por mes sin que hubiera ingresos a la vista. Tampoco ayudaba el hecho de que en aquella época surgían firmas de servicios financieros por doquier.

En consecuencia, me vi obligado a "pasar el cambio". Contraté mi primera corredora de valores, la cual trajo consigo su cartera de clientes, es decir, que contaba con una clientela que generaba ingresos tanto para ella como para la firma que la empleaba. También cambié mi estrategia y comencé a enfocarme en la apertura de oficinas en América Latina. El manejo adecuado de la palanca de cambios me ayudó a salvar un negocio que no iba para ningún lado. Finalmente ese cambio condujo a una nueva estrategia, la cual a su vez llevó a que fuéramos citados por dos años consecutivos (2000 y 2001) como la empresa privada de más rápido crecimiento de Florida.

### Pasando los cambios en la vida personal

En nuestras vidas personales a veces nos rehusamos a efectuar los cambios de velocidad, inclusive a pesar de que en ocasiones resulta obvio que no estamos yendo a ninguna parte. Un niño, por ejemplo, sigue teniendo un mal desempeño en el colegio pero los padres no hacen nada al respecto. No contratan un tutor ni pasan más tiempo estudiando con el niño y la situación continúa empeorando.

Cada uno de nosotros tiene un amigo o un pariente que va dando tumbos de un empleo a otro sin encontrar nunca el éxito. Aunque la persona sea brillante y competente a cualquier parte donde va hay problemas. Aconsejamos a ese amigo acerca de cómo enfrentar las situaciones de trabajo pero él o ella nunca se decide a proceder al cambio de velocidades. Dichas personas parecen incapaces de variar de rumbo en sus vidas, aunque está claro de que consistentemente arrancan en la dirección equivocada. Lo más probable es que esas personas atraviesen su vida creyendo que la ausencia del éxito es culpa de los demás y no de ellos mismos.

❖

# UN MENSAJE DE GARCÍA

La gente exitosa no se limita a *aceptar* el cambio, lo acoge con los brazos abiertos y busca las maneras de hacer las cosas mejor. El lugar de trabajo debe ser un entorno que fomente la creatividad y la innovación. Para aumentar la eficiencia, la productividad y las utilidades debemos estimular las nuevas ideas y recompensar las soluciones innovadoras.

El cambio puede ayudarte a crecer, mantenerte entusiasmado y contento con la vida y puede prevenir el agotamiento. Si eres el Director Ejecutivo de una empresa, mediante una actitud de apertura constante al cambio podrás atraer gente brillante y creativa hacia tu compañía y mantenerla contigo. Cuando hay muchas empresas que prosperan se resisten al cambio y no modifican sus estrategias de negocios sino hasta cuando un competidor comienza a quitarles participación en el mercado. Dichas empresas no son proactivas sino que esperan a que otras tomen la iniciativa antes de reconocer que deben operar de manera diferente con el fin de mantenerse competitivas.

La gente que queda atrapada en alguna rutina negativa en su vida o en algún condicionamiento que tiene con frecuencia se resiste a cualquier posibilidad o sugerencia de cambio. Continúa golpeándose la cabeza contra la misma pared y luego se pregunta por qué será que sigue obteniendo los mismos resultados. Si no estás logrando el éxito que crees merecer es tiempo de que cambies más bien que de esperar que el mundo lo haga. Nunca es demasiado tarde para manejar mejor usando la palanca de cambios y con frecuencia es el cambio que pasas a tiempo el que logra que tu carrera y tu vida personal se muevan en la dirección adecuada.

## CAPÍTULO 16
## Creencia de éxito No. 12:
## Hay muchos caminos
## hacia el éxito

CUANDO CURSABA ESTUDIOS DE DERECHO en la Universidad de Columbia quedé extremadamente desilusionado por no haber logrado entrar como editor de la *Revista de Derecho de Columbia*. Solamente 40 estudiantes son invitados a participar en la "revista de derecho" y no fui seleccionado. Los estudiantes que se unen a la publicación generalmente logran trabajar en cargos de asistentes de jueces muy prestigiosos.

Para superar mi desilusión dirigí mis energías hacia Moot Court, que es lo más cercano que los estudiantes pueden lograr a lo que es la práctica del derecho en la vida real. Moot Court es una competencia en la cual uno analiza un caso, redacta un documento en el cual defiende su punto de vista al respecto y presenta una sustentación oral frente a varios jueces, quienes dan de su tiempo para el efecto. En el largo plazo terminé convirtiendo el documento de sustentación en un artículo para la revista de derecho. Luego de incontables reformas a la redacción del artículo la junta editorial decidió publicarlo. No logré entrar a la revista pero conseguí que incluyeran mi artículo antes de que mis compañeros elegidos para ingresar en ella tuvieran algo de ellos publicado. Tomé un camino diferente, no por elección sino por necesidad, para lograr mi objetivo.

Mientras que las personas exitosas buscan diferentes rutas alternativas la gente sin éxito guarda el mapa en la guantera o da media vuelta cuando piensa que llegó al final del camino. En vez de ello deberían buscar diferentes caminos y seguir las rutas no trilladas, que con frecuencia conducen al destino final que persiguen.

**_Busca el éxito en todo lo que hagas,_**
**_inclusive aunque parezca que podrías fracasar_**

Hay diferentes caminos al éxito y el primero que tomas no siempre es aquel que te conduce a donde quieres ir. Michael Jordan fue sacado de su equipo de basquetbol a comienzos de la secundaria. Sin embargo, para permanecer vinculado con su deporte, se convirtió en administrador del equipo para poder seguir practicando con los demás muchachos y desarrollar sus habilidades.[1] Todos sabemos cómo le fue después.

Tom Clancy, quien en la actualidad es un autor famoso, fue un excelente agente de seguros antes de que se dedicara a cultivar su pasión por la escritura. Él optó por abandonar su sólida y segura carrera en el campo de los seguros y comenzó a escribir libros de suspenso sobre temas de alta tecnología. Clancy es ahora un autor con numerosos _best seller_ en su haber y ha logrado en este campo una celebridad que jamás imaginó.

La doctora Carole Kanchier explica que uno puede cambiar su actitud hacia el éxito. Sugiere que uno adquiera y mantenga una armonía mínima entre lo que uno es con lo que uno hace. A medida que la personalidad de uno evoluciona su carrera debe ir cambiando también. Las recompensas del trabajo deben ser juzgadas en términos de la satisfacción personal obtenida y no de la cantidad de dinero o de prestigio.[2]

El legendario entrenador de basquetbol de la UCLA John Wooden define el éxito como la paz mental obtenida al saber que se está haciendo el esfuerzo para lograr lo mejor de lo que se es capaz. Él reconoce que no somos iguales en materia de talento pero que podemos explotar a fondo aquello que tenemos y mejorar en todo momento lo que hacemos.[3]

116

### *Los largos y difíciles caminos hacia el éxito*

No es raro que los empresarios utilicen la fortuna que han logrado en un campo de actividad para desarrollar su pasión en otro sector. El multimillonario de Internet Mark Cuban compró el equipo de los Mavericks de Dallas y gasta millones cada año tratando de conquistar un campeonato de la Asociación Nacional de Baloncesto (NBA). El excéntrico propietario trabajó en una confitería cuando era adolescente y soñaba con jugar baloncesto profesional.

Numerosos empresarios encuentran la industria cinematográfica mucho más apasionante que sus propios negocios, de modo que financian la producción de películas para satisfacer su interés. Paul Allen, cofundador de Microsoft, invirtió 500 millones de dólares en el estudio de Dream Works de Steven Spielberg. Empresarios tales como Michael Bloomberg, de Bloomberg; Frederick Smith, de Fedec, y Norman Watt, de Gateway Computers, han hecho intentos en el negocio de la producción de películas.[4]

Napoleón Hill dijo en *Piensa y hazte rico* (*Think and Grow Rich*) que una de las causas más comunes del fracaso consiste en abandonar cuando sobreviene una derrota temporal. Quinientas de las personas más exitosas del mundo le dijeron a Hill que sus logros habían llegado un paso después de que se sintieran derrotadas. Según Hill, "el éxito es un ser lleno de trucos y con un gran sentido de la ironía y las tretas. Se deleita haciéndolo tropezar a uno justo en el momento en que el triunfo está al alcance de la mano".[5]

¿Qué tal que sir Laurence Olivier hubiera abandonado su sueño de convertirse en actor? Greta Garbo exigió que Olivier fuera despedido de la película en la cual estaban actuando ambos. Poco después una obra de teatro en la cual actuaba Olivier cerró después de tan sólo una semana de presentaciones. Según Donald Soto, autor de *Laurence Olivier, una biografía*, el actor llegó a pensar que estaba acabado. Sin embargo persistió hasta que ganó tres Oscares.[6] Un cazador de talentos de Goldwyn no tuvo buena opinión de Fred Astaire. Luego de presenciar su actuación observó: "No sabe actuar. No sabe cantar. Es ligeramente calvo. Escasamente sabe bailar un poco". Afortunadamente ni Olivier ni Astaire abandonaron prematuramente sus sueños.

### El éxito es mucho más que dinero y fama

El éxito significa mucho más que hacer dinero y es un concepto que tiene sentidos diferentes para distintas personas. Mike Krzyzewski, el entrenador principal del muy exitoso equipo de baloncesto de la Universidad de Duke, escribió lo siguiente acerca de su madre: "Pienso en mamá todos los días de mi vida. Era la persona más feliz que he conocido. Se burlaba de sí misma con gran sentido del humor y siguió contando chistes hasta el día de su muerte –y lo digo literalmente–. Nunca tuvo mucho dinero. No tuvo auto. No tuvo casa propia. Sin embargo fue feliz. Llevó una vida magnífica. Era orgullosa y la gente la quería. Dígame que eso no es éxito".[8]

Mi propia madre fue un caso de éxito increíble. Abandonó una prometedora carrera de medicina para casarse con mi padre. Se ajustó a la vida en un país extranjero y emprendió una nueva carrera, enseñándoles ciencias a los chicos de séptimo grado. Mi madre era amada por sus estudiantes y tuvo un impacto enormemente positivo en sus vidas.

# UN MENSAJE DE GARCÍA

Una vez que hayas comprendido cuáles son tus mayores fortalezas y tus metas en la vida, entonces deberás concentrar todas tus energías en convertirlas en realidad. Durante tu camino hacia el éxito considera seriamente la posibilidad de adoptar las 14 *Creencias de éxito* como lentes a través de los cuales mirar el mundo. Una vez sepas hacia dónde vas y tengas la necesaria estructura de creencias para atraer el éxito necesitarás una estrategia clara y bien definida para alcanzarlo. Las *Cuatro estrategias de éxito*, que se analizan más adelante en el libro, te brindarán un plano paso a paso de las acciones que deberás emprender para alcanzar tus sueños.

Las personas que han alcanzado el éxito saben, a través de intentos y errores, a través de fracasos y perseverancia, que existe más de un camino hacia el éxito. No importa cuántas veces te derribe el caballo, levántate y sube de nuevo a la silla. Si sigues aprendiendo de cada uno de los golpes recibidos terminarás por alcanzar tu meta. Mantén tu mirada en el premio que quieres lograr y mantente listo a cambiar de procedimiento o de planes si es necesario. Sé flexible y adáptate a las situaciones. Prepárate para modificar tu enfoque cuando sea necesario. Mantente encaminado hacia tu meta, conserva la capacidad de recuperarte y permanece vigilante para mantenerte en la búsqueda de tu objetivo final. Adáptate a cualquier situación que surja. Sé ingenioso y descubre los múltiples caminos ocultos que conducen hacia tu meta. Y si no parece haber alguno, ¡invéntatelo!

## CAPÍTULO 17
## Creencia de éxito No. 13:
## La gente de éxito es tenaz

EN LA PELÍCULA DE TELEVISIÓN *PUERTA A PUERTA* (*DOOR TO DOOR*) el actor William H. Macy actúa en el papel de Bill Porter, una víctima de la parálisis cerebral. Porter no dejó que su condición de salud le impidiera convertirse en uno de los mejores vendedores puerta a puerta. Inclusive después de que le repitieran que no era alguien que pudiera emplearse nunca abandonó su sueño de hallar trabajo. Porter convenció finalmente a la Watkins Company de que le dieran la oportunidad de vender mercancías domésticas de puerta en puerta. Aunque su impedimento físico le dificultaba hablar y caminar, Porter trabajó más duro que ninguno otro para convertirse en un vendedor exitoso. A pesar de un dolor crónico de espalda que lo debilitaba, de sufrir de migrañas y artritis, él se convirtió en el vendedor estrella de Watkins en esa área durante más de 10 años.

Con frecuencia le dijeron que abandonara su sueño y que aceptara los subsidios de invalidez, pero él no quería saber nada de ello. A instancias de su madre siguió los pasos de su difunto padre, quien había sido un vendedor excepcional. Porter se convirtió en un personaje único de su vecindario de Portland, Oregon. Para mantenerlo con ánimo frente al ridículo y el rechazo su madre le dejaba mensajes reconfortantes en los lugares más inesperados, incluyendo los bocadillos que le preparaba para el almuerzo. En un lado de un bocadillo le dejó una nota que decía "paciencia". Cuando uno lo volteaba aparecía un letrero que decía "perseverancia". Bill Porter se alimentó con los bocadillos y los principios que traían escritos los convirtió en parte de su ser. Él se convirtió en el vendedor más exitoso de California, Idaho, Oregon y Washington.[1]

De manera muy semejante a Bill Porter, un muchacho llamado Jaime González ha tenido que enfrentar difíciles circunstancias desde su nacimiento y, no obstante, sigue acercándose cada vez más a la realización de su sueño de ser médico. González, un joven hispano, no contaba con mayores probabilidades de sobrevivir siquiera hasta su primer cumpleaños. Tampoco se pensó que llegara a caminar debido a la severidad de sus defectos de nacimiento. Su madre estuvo en desacuerdo con los conceptos médicos y lo llevó a sesiones de terapia diarias, rehusándose a confinarlo a una silla de ruedas. Durante años tomó un bus especial para minusválidos con el fin de poder asistir a clases. Llegaba de vuelta a la casa a las 4:00 de la tarde y de allí salía a atender su trabajo de tiempo parcial, de 5:00 a 9:00 p.m., en el centro comunitario local. Su puntaje promedio era de 4,2 y fue recibido por casi todas las principales universidades del país.

El padre de González, un cortador de muestras del departamento de confecciones, quería darle a su hijo la mejor educación, aunque él personalmente no había podido alcanzar más del cuarto grado. Su madre, empleada de tiempo parcial en una cafetería, le enseñó que él podía lograr lo que se propusiera y que no había obstáculos que no pudieran superarse. Nunca lo dejaron autocompadecerse. Sus padres lo motivaron y lo trataron en pie de igualdad con su hermano menor. Los años de duro trabajo están comenzando a reportarle beneficios. Su sueño de convertirse en médico está al alcance de sus manos pues ganó una beca de cuatro años para un programa de estudios introductorios a medicina en la Universidad del Sur de California y otra de cuatro años para cursar los estudios propiamente dichos de la escuela de medicina.[2]

Un tumultuoso viaje por el sureste asiático casi termina el sueño de Rocky Bleier de ser jugador profesional de fútbol americano. Debido a su corta estatura fue reclutado en última instancia por los Steelers de Pittsburg en 1968. Aunque había sido un gran jugador universitario en Notre Dame, Bleier no parecía contar con los atributos óptimos para jugar fútbol como profesional. Antes de comenzar su carrera con los Steelers,

Bleier fue reclutado nuevamente, sólo que esta vez fue por el ejército. Pocos meses después, muy lejos de las canchas de la Liga Nacional de Fútbol de Estados Unidos, fue herido en Vietnam. Regresó a su país en condiciones en que era escasamente capaz de caminar. Durante dos años luchó por recuperar las capacidades necesarias para jugar fútbol profesional. Cuatro años más tarde corrió las 40 yardas más veloces de su vida. Gracias a su tenacidad y a su valor Bleier regresó a su profesión original. Jugó con el grupo titular de los Steelers en los cuatro juegos de Super Bowl (finales de campeonato) que éstos disputaron y durante una de las temporadas sobrepasó la marca de las 1.000 yardas.

Jim Abbott se convirtió en un exitoso lanzador de las ligas mayores de béisbol a pesar de haber nacido sin la mano derecha. De niño aprendió a lanzar y a atrapar la bola de béisbol con una sola mano, haciéndola rebotar contra un muro durante horas. Fue el lanzador que condujo al equipo norteamericano a la victoria en los Juegos Olímpicos de 1988 cuando Estados Unidos tuvo que derrotar a Japón para poder quedarse con la medalla de oro. Como jugador profesional de béisbol Abbott realizó un juego impecable para los Yankees, sin que ningún contrincante lograra batearle una bola, en el juego contra los Indios de Cleveland en 1993.

Las personas con limitaciones físicas con frecuencia son las más tenaces porque por lo general tienen que trabajar más para lograr el éxito. Dan Andrews, estudiante de la Universidad de Miami, es la única persona amputada que compite en los deportes de pista de la primera división de la NCAA. No se trata de las olimpíadas para minusválidos sino de las competencias para personas sin incapacidades, que Andrews logra ganar con regularidad. Él corre contra otros atletas universitarios que no sufren limitaciones. Sus dificultades comenzaron cuando se rompió la tibia en un accidente, jugando fútbol en 1996, cuyas complicaciones condujeron a la insuficiencia de oxigenación de la parte inferior de la pierna. Los médicos se vieron obligados a amputarle la pierna justo debajo de la rodilla. Seis meses después Andrews estaba de vuelta en el campo de fútbol como arquero y después de otros seis meses estaba corriendo gracias a una pierna artificial de fibra de carbono.[3]

En agosto de 2002 una jugadora de fútbol americano presentó pruebas de ingreso en el equipo de Penn State. Se le aconsejó que abandonara el deporte debido a una cirugía reconstructiva de la rodilla que hubo que practicarle. Ella aún está intentando ingresar al equipo a pesar de que le han dicho que no es lo suficientemente buena para patear en un equipo masculino. Stephanie Weimer les ha demostrado en el pasado a los escépticos que están equivocados. Durante su último año de universidad pateó más goles de cancha que cualquier otro jugador universitario de su división. Los triunfos de su carrera de futbolista universitaria incluyen un gol disparado desde una distancia de 36 yardas, así como una tacleada que impidió un gol del adversario. Es posible que nunca llegue a jugar en el equipo de Penn State de Joe Paterno, pero no ha dejado que ni su sexo ni su herida le impidan el logro de sus sueños.[4]

## UN MENSAJE DE GARCÍA

La determinación y la tenacidad son rasgos de carácter esenciales para ayudarte a alcanzar tus metas. Contar con las habilidades, el conocimiento y el talento es importante, pero el logro de tus sueños sólo es posible cuando eres tenaz. Independientemente de lo que piensen los demás, demuéstrales que se equivocan, manteniéndote en tu curso y haciendo lo que sea preciso para realizar cualquier cosa que te hayas propuesto.

Desarrolla las herramientas y el carácter necesarios para superar las tretas que te pueda jugar la vida. Rocky Bleier y Jim Abbott recibieron golpes bajos de la vida y lograron reponerse con lo que les quedaba. Al igual que otras personas de éxito, ellos hicieron gala de la tenacidad necesaria y del carácter para jugar con las cartas que les tocaron en el reparto. No solamente hicieron lo máximo posible con ello, sino que también lograron tremendo éxito a pesar de los retos especiales que debieron enfrentar.

Es bueno tener un sueño, pero es mucho mejor tener el sueño y ponerse en marcha para realizarlo. Sé creativo y perserverante en tus esfuerzos por lograr tus metas. Antes que cualquier otra cosa, empieza a actuar de inmediato en vez de comenzar a darles largas a las cosas. La gente pierde enormes cantidades de tiempo y energía limitándose a hablar acerca de lo que quieren o de lo que piensan hacer. Si tú quieres lograr algo pon manos a la obra según lo que dice el comercial de Nike en televisión: "Simplemente hazlo".

CAPÍTULO 18
Creencia de éxito No. 14:
Cultiva las relaciones de
negocios y personales

UNA EXCELENTE MANERA DE LOGRAR EL EQUILIBRIO en la vida es mediante las amistades. Siempre aprecié la camaradería de la escuela de derecho. Descubrí que demasiados estudiantes eran excesivamente competitivos y perdían por ello la oportunidad de establecer las numerosas amistades de las cuales podían disfrutar. Aún conservo amigos de mis días en la Academia de la Fuerza Aérea, de la escuela de derecho, de mi época de servicio en la Casa Blanca y de mi servicio militar. Las relaciones establecidas en las fuerzas militares son particularmente fuertes. Son personas con las que uno va a la guerra y el vínculo que se desarrolla puede ser puesto a prueba en el campo de batalla.

El construir y mantener una gran relación con alguien es uno de los aspectos más importantes y agradecidos de la vida.

### Relaciones que pueden cambiar tu vida

Todos hemos oído alguna vez la expresión: "No se trata de qué sabes, sino de a quién conoces". Francamente debo decir que hay una gran cantidad de verdad en ella. Tal como lo enseña la sabiduría oriental (y que en mi caso descubrí leyendo hace años el mensaje de una galleta de la suerte): un hombre sabio lo conoce todo; un hombre astuto conoce a todo el mundo. Por supuesto que es importante también tener habilidades, bien sean académicas o callejeras, combinadas con una mente ágil e inquieta. Sin embargo, independientemente de la inteligencia que uno posea y de cómo llegó a cultivarla, Keith Ferrazzi ha elevado a nuevos niveles la expresión que valora las relaciones.

Keith Ferrazzi, el Director Ejecutivo de 36 años de YaYa, una firma que crea juegos de video, ha convertido en la piedra angular de su ser el arte de conocer a la gente correcta y de crear relaciones a través de la maestría en la creación de redes. Ferrazzi ha logrado un éxito excepcional mediante su pasión por el cultivo de las relaciones. En otras palabras, él es tan apasionado por las redes que uno podría decir que vive con *ganas* de crearlas. Decidí que conocería a Ferrazzi luego de que leí acerca de sus habilidades de construcción de redes en el artículo central del número de diciembre de 2002 de la revista *Inc.*

Al igual que todas las personas que logran éxito extraordinario en un área específica, llegando a la cumbre de su actividad gracias a un talento natural innato, Ferrazzi parecía haber nacido con la capacidad de crear redes y construir relaciones personales. Estaba tan intrigado por la maestría que ostentaba en estas cosas que lo busqué para discutir sus puntos de vista acerca de dichos temas.

Luego de haberlo localizado en el Yale Club de Nueva York, donde almuerza regularmente, le pregunté cuándo había empezado a desarrollar sus técnicas y él me contó que recordaba su primera experiencia de verdadera construcción de redes cuando estaba en cuarto grado: "El padre de uno de mis amigos era un abogado que estaba empezando a adentrarse en la política", dijo Ferrazzi, "y yo recuerdo que quise conocerlo. Él era abogado y yo no conocía ningún abogado. Mi padre era de cuello azul, mi familia estaba toda formada por gente de cuello azul y todos nuestros amigos eran de cuello azul". Cuando le pregunté por qué consideraba importante conocerlo, Ferrazzi dijo que él quería ascender, que quería "estar en la pantalla de radar de este hombre que yo pensaba iba a adquirir importancia, y quería que él supiera que había alguien llamado Ferrazzi que era un joven brillante".

Eso fue entonces. En la actualidad Ferrazzi ya logró alcanzar la cima. A la edad de 36 años está en contacto con los más altos niveles de las empresas, del gobierno, de la política y de los medios de comunicación. Por ejemplo, conoce personalmente a Michael Milken, Barry Diller y al ex presidente Bill Clinton.

Ferrazzi considera que los negocios son parte de un juego y llegó a la convicción de que la principal regla de dicho juego es que sólo llegan a ser miembros del club de los grandes empresarios quienes combinan el trabajo arduo, la visión profunda y acertada y una extensa red de relaciones sólidas. El cadi, en cambio, no entra a participar. Ferrazzi no llegó a esta teoría por azar sino a punta de observación cuando era un muchacho que cargaba los palos de golf de la gente rica y poderosa en un club en el cual trabajaba, precisamente, como cadi. Ya hace mucho tiempo que no carga los palos de golf de nadie y ahora es la demás gente la que quiere conocerlo a él. Su empresa, YaYa, ha captado ampliamente la atención del público debido en parte a las valiosas relaciones de Ferrazzi en los medios de comunicación y con algunos de los periodistas más poderosos del mundo.

Sin embargo, antes de llegar a la presidencia de YaYa gracias a sus conexiones, las buenas relaciones de Ferrazzi le permitieron construir una hoja de vida que podría servir de ejemplo de la clásica historia de ascenso social norteamericano desde el subsuelo hasta la cumbre. Nacido en el humilde hogar de un obrero de las acerías y una mozo de limpieza, el padre de Ferrazzi tuvo la osadía de pedirle al jefe de su jefe que conociera al joven. "Mi padre quería darme una vida mejor y sabía que eso pasaba por lograr una mejor educación". Su padre tuvo éxito al lograr esa conexión y el joven Ferrazzi supo, a su vez, causar la impresión adecuada y dar los pasos correctos con la gente pertinente, de modo que ingresó a una prestigiosa escuela elemental. A través de las relaciones que fue construyendo Ferrazzi recibió la mejor educación posible en Estados Unidos. Luego de graduarse de una escuela preparatoria de élite, y después de Yale, fue estudiante de la Escuela de Negocios de Harvard. Después se convirtió en el socio más joven de la historia en Deloitte Consulting y, más tarde, en el funcionario en jefe de mercadeo más joven de la lista de *Fortune 500* cuando trabajaba en Starwood Hotels. Fue entonces cuando lo llamó el famoso financista Michael Milken para que se convirtiera en Director Ejecutivo de YaYa, una empresa pionera en la creación de juegos en línea y de vehículos de mercadeo.

Luego de que el reportero que escribió el artículo para la revista *Inc.* lo observara estrechamente durante seis meses las teorías de Ferrazzi acerca de la creación de redes pudieron resumirse en 10 secretos esenciales:

**Regla 1.** No establezcas conexiones por el gusto de hacerlas. Averigua primero qué es lo que quieres de una relación y lógralo.

**Regla 2.** Anota nombres. Si ves el nombre de alguien que quieras conocer, o que pienses que quieres conocer, regístralo en algún lado y encuentra un motivo y una manera de entrar en contacto con esa persona en un momento dado.

**Regla 3.** Construye la red antes de que la necesites. Manténla en buen estado, cultívala y cerciórate de que tus relaciones estén seguras y que les hayan brindado aportes a los demás con quienes estás relacionado antes de que tú les pidas algo.

**Regla 4.** Nunca comas solo. Mantén un perfil público alto, mantén llena tu agenda social.

**Regla 5.** Sé interesante. Muéstrate diferente, sé diferente, ten algo inteligente que decir, lee el periódico y haz que la gente quiera hablar contigo y conocerte.

**Regla 6.** Trata con fineza y arte a quienes tienen las llaves de las puertas. Aprende las sutilezas de manejar o de influenciar a las secretarias. Ellas controlan el acceso a esas personas con quienes necesitas o quieres hablar.

**Regla 7.** Pide siempre. Pide lo que quieres. No hace daño pedir; lo peor que alguien puede hacer es decirte que no. No son muchas las personas que creen en la bondad de pedir y, en cambio, la vergüenza y el miedo sí debilitan.

**Regla 8.** No lleves libro de cuentas en materia de favores. El manejo exitoso de las relaciones personales no se centra simplemente en obtener lo que necesitas sino que, ante todo, consiste en asegurarte de que la gente que es importante para ti obtiene aquello que necesita o quiere.

**Regla 9.** Haz contacto constantemente: 80 por ciento del mantenimiento de la red consiste en mantenerte presente. Encuentra todas las razones posibles para estar disponible y en contacto con la gente.

**Regla 10.** Consíguete protagonistas y nútrelos. Debes estar pendiente de hallar personas uno o dos peldaños por arriba de ti y encuentra motivos para invitarlas a un evento, como una comida, un almuerzo, un desayuno, en donde se integren a alguna actividad o conversación y tengan la oportunidad de convertirse en el punto de atracción que intriga e interesa a los demás.

Le pregunté a Ferrazzi qué consejo le daría a alguien que estuviera apenas iniciando el desarrollo de su red y de sus habilidades para construirla. Sugirió que se comenzara en pequeña escala. Sólo trata de conectarte en todas las direcciones. Esparce la noticia entre todos los que conoces y trata de crear un grupo de gente interesante que pueda ser de interés para otra gente interesante que se encuentre por encima de tu actual estatus económico y social.

Como nota final Ferrazzi señala que la esencia de la creación de redes consiste en dar y que el primer y principal beneficio de construirlas se encuentra en la alegría de dar. "Mi objetivo, cuando reúno a la gente, no consiste en sacar algo de lo que se crea cuando las personas se reúnen, sino en vivir la alegría que me da cuando logro que la gente se encuentre". Ese es el *quid pro quo*, es decir, la sustancia del intercambio.

### Encuentra un mentor

Ya he hecho énfasis en que para hacer fructificar los temas que te apasionan necesitas encontrar un mentor que ya se encuentre en el área de actividad que te interesa. Gracias a esa relación puedes armar una carrera en un campo que te interese en lugar de limitarte a trabajar todos los días en un empleo que no te brinde ninguna satisfacción personal.

Esta lección me fue impartida por uno de mis mentores más cercanos, Seymour Holtzman, quien adquirió el hábito de resolver problemas difíciles llamando a gente de negocios con quien mantenía relaciones estrechas. Holtzman llamaba a amigos que tuvieran tanto conocimiento sobre el tema en cuestión como él, y también amigos que fueran expertos en el área sobre la cual necesitaba consejo. Él llamaba a esas personas si se le presentaba un problema difícil y ellas lo asesoraban.

Holtzman ponía ideas a prueba y reflexionaba con base en ellas. Recíprocamente, si cualquiera de esas personas necesitaba consejos acerca de situaciones específicas, Holtzman estaba disponible y a sólo una llamada telefónica de distancia. Los consejos de todos eran imparciales y objetivos por cuanto miraban la situación desde lejos. No importaba qué día de la semana fuera, si él tenía un problema y necesitaba resolverlo, llamaba –de día o de noche– a sus relaciones para buscar sus consejos. Tan pronto tenía todos los elementos de reflexión necesarios tomaba la mejor decisión posible a la luz de toda la información. Avanzaba con una confianza que animaba a todas las personas que lo rodeaban. Alguien describió alguna vez a Seymour así: "Equivocado a veces; pero jamás plagado de dudas". Los empresarios no siempre aciertan, pero a veces el éxito se logra avanzando con confianza y sin miedo a lo largo de un sendero.

### Utiliza tus relaciones personales para obtener consejos sabios

Aprendí de mi experiencia con Holtzman y por eso cada vez que hay asuntos importantes que me preocupan tomo el teléfono. Les planteo la situación y mis ideas para resolverla a una serie de personas que son mucho más inteligentes o hábiles que yo. Respeto las opiniones de esas personas y ellas siempre parecen guiarme en la dirección correcta. Del mismo modo, yo estoy aquí disponible para esas personas cuando me necesitan.

Es importante, tanto para los empresarios como para los empleados, cultivar relaciones con personas que puedan llamar para pedir conceptos inteligentes e imparciales formulados por terceros. Trabajo con un grupo de Florida llamado el TEC, es decir, El Comité Ejecutivo (The Executive Committee). Es un grupo de antiguos ejecutivos de las 1.000 principales empresas de la lista de *Fortune,* los cuales le brindan consejos a empresarios, y a un grupo de entre 10 y 14 Directores Ejecutivos que se reúnen una vez al mes para discutir problemas y buscar soluciones. También me he unido a un programa patrocinado por la Cámara de Comercio de Florida denominado Liderazgo Florida, el cual brinda acceso a un grupo de líderes inteligentes y experimentados de todo el estado, quienes pueden ofrecerles valiosos consejos a miembros como yo. La YPO (Organización de Jóvenes Presidentes –Young Presidents' Organization–) es otra organización excelente a la cual pertenezco.

Consiste en un grupo de talentosos jóvenes Directores Ejecutivos que brindan consejos amigables y valiosa ayuda cuando cualquiera los necesita.

Inclusive, aunque uno no esté metido en negocios personales sino que labora en una empresa, vale la pena cultivar las relaciones con los compañeros de trabajo. En todo tipo de actividad uno necesita mentores y personas a las cuales exponerles sus ideas para ponerlas a prueba cada vez que sea necesario. Las oportunidades de mejorar el trabajo aumentan cuando uno establece buenas relaciones con los compañeros. Uno es percibido como jugador de equipo y no como lobo solitario y construye canales de comunicación y puentes con distintas personas y diferentes dependencias en lugar de aislarse.

Nunca confíes en una sola opinión, bien se trate de un asunto de negocios o de una cuestión personal. Si tienes un problema de corazón no consultes con un solo cardiólogo sino con tres de los mejores. Del mismo modo, si tienes un problema de impuestos consulta con tres contadores experimentados; si se trata de un tema legal, con por lo menos tres abogados. Distintos profesionales cuentan con diferentes tipos de experiencia y pueden ofrecer consejos complementarios acerca del mismo problema.

En tu propia familia hay personas que pueden aconsejarte acerca de prácticamente todo tipo de asuntos. Por supuesto que hay temas, tanto personales como de negocios, que no es bueno compartir con otras personas, pero puede haber miembros de tu familia capaces de brindarte consejos objetivos acerca de muchos de los dilemas que enfrentes. Si alguien de tu familia ha logrado el éxito que tú estás buscando, inclusive en otra área, puedes utilizar algo de ese conocimiento para ayudarte en tu propia vida.

Piensa en tu familia y en tus amigos y escribe cuáles son las áreas específicas en las cuales cada uno cuenta con conocimientos y experiencia. Cuando te topes con un problema no dudes en darles una llamada y utilizar su experiencia. Pedir consejos en negocios no es muy distinto del tipo de comentarios que buscamos cuando estamos en plan de comprar un auto nuevo: tenemos tendencia a preguntarles a todas las personas que nos rodean qué piensan, si les gusta tal o cual modelo, qué han escuchado decir de él, etc. Junto con nuestra investigación personal les preguntamos a todos los amigos y familiares sus opiniones acerca de qué marca y qué modelo comprar.

La gente inteligente y exitosa está dispuesta a admitir que requiere conocimiento adicional para apoyarse en la toma de ciertas decisiones. Son quienes piensan que ya lo saben todo los que son reacios a utilizar la inteligencia de los demás.

## UN MENSAJE DE GARCÍA

Es bueno ser inteligente, pero es mejor aún conocer mucha gente inteligente, además de ser inteligente. La construcción de una red de relaciones es esencial para el logro del éxito en grande. La gente exitosa conoce a otras personas exitosas e interactúa con ellas. La gente exitosa cultiva y cuida esas relaciones para darle más impulso a su vida laboral y personal. Trata de conocer personas en tus campos de acción que estén por encima de ti, gente que sea conocida y que tenga excelente reputación. Conoce gente de fuera de tu campo de actividad. Al interactuar con personas ajenas a tus áreas de interés inmediato aumentas tu red de relaciones. Estas personas pueden aportar una mirada fresca a tu vida personal y de negocios y tú puedes ofrecerles otro tanto a ellas. Sé interesante, comunicativo y dispuesto a ayudarles a los demás sin esperar nada a cambio.

Al disponer de una amplia red de relaciones puedes solicitar las opiniones de otras personas para obtener su punto de vista sobre un problema o una situación que puedas estar confrontando. Los consejos de terceras personas imparciales pueden ser muy valiosos. Cuando alguien no tiene interés en una decisión ni conexiones emocionales con ella su perspectiva puede ser más clara y, con frecuencia, más válida. Cuando estés enfrentado con un problema particularmente exigente busca en tu red de conocidos para hallar la opinión de más de una persona a quien respetes por su buen criterio. Al obtener cuando menos tres opiniones acerca de un asunto deberías quedar capacitado para descifrar cuál es el curso de acción correcto.

❖  ❖  ❖

## TERCERA PARTE

# Estrategia de éxito No. I: Sueña en grande

# CAPÍTULO 19
## Las cuatro estrategias de éxito: Sueña en grande, comienza a planificar ahora mismo, emprende la acción y persevera

TÚ QUIERES SER EXITOSO. Compraste este libro. Ahora todo lo que necesitas es una estrategia realista para lograr esos sueños. Ante todo tu sueño tiene que estar claro y bien definido. No puede ser del estilo "Quiero hacer dinero" o "Quiero volverme rico". Esas son metas pero lo que necesitas es una estrategia para lograrlas. El resto de este libro ofrece estrategias específicas para lograr el éxito. Te mostrará cómo planificar tu vida hacia la meta de realizar tus sueños.

Aceptémoslo, casi todo el mundo quiere hacerse rico y, *en lo posible, ahora*. Es más, uno quisiera hacerse rico sin tener que trabajar duro a cambio. Hay dos maneras de lograrlo: ganando la lotería o invirtiendo en Internet y en empresas de *high tech* a finales de los 90. La mala noticia es que ya pasaron los 90 y, por otra parte, las probabilidades de ganar la lotería son algo así como una en 30 millones. La mayor parte de las demás soluciones requieren algo más de motivación. Si estás dispuesto a trabajar duro para lograr el éxito hay oportunidades que te ofrecen mucho más suerte que una en 30 millones.

Además de las 14 "Creencias de éxito", que ya te describí antes, aquí hay cuatro estrategias de éxito:

1. Sueña en grande
2. Comienza a planificar ahora mismo
3. Emprende la acción de inmediato
4. Persevera

Estas estrategias son sencillas y esa es exactamente la razón por la cual funcionan. Con frecuencia en la vida las respuestas a las preguntas difíciles están justo delante de nosotros. Las soluciones son sencillas pero nos mantenemos tratando de complicar las cosas o preferimos ignorar la respuesta obvia.

He descubierto que la gente de éxito sigue estrategias simples y comprobadas y las practica una y otra vez hasta que las domina a la perfección. El legendario entrenador de fútbol Vince Lombardi constituye un ejemplo perfecto del caso. De 1959 a 1967 Lombardi convirtió a unos eternos perdedores –los Green Bay Packers– en campeones nacionales.

Antes de comenzar la primera temporada Lombardi le predicó a su equipo el primer mensaje: "El buen Dios les ha dado a todos ustedes un cuerpo que puede hacer y resistir prácticamente cualquier cosa. Es su mente a la que ustedes deben convencer de esto". Su filosofía consistía en enfocarse en lo fundamental y hacer que sus jugadores lo interiorizaran mediante la práctica y el ejercicio continuos hasta que hicieran las cosas bien. Lombardi demostró que la repetición aumenta la confianza y, a su vez, la confianza engendra pasión. Repetición, confianza y pasión fueron los tres pilares de su éxito en el fútbol americano y el secreto como entrenador fue su filosofía de que la perfección se logra a través de la simplicidad. Rechazó las numerosas manías y técnicas nuevas que aparecieron por aquella época y se ocupó de destilar el zumo del juego hasta llegar a su esencia.

Lombardi y los Green Bay Packers progresaron hasta ganar los dos primeros Super Bowls y otros tres campeonatos de la Liga Nacional de Fútbol de Estados Unidos. En ese proceso Lombardi llegó a ser el entrenador de la Liga con el mejor récord de partidos ganados por partido perdido, con un porcentaje de 0,740 (105-35-6). Fue tan exitoso que la Liga Nacional de Fútbol bautizó su trofeo Tiffany del Super Bowl, de 10 libras de plata esterlina trabajada a mano, el Trofeo Lombardi.

El éxito puede ser definido en términos de estrategias simples: comprométete con tu sueño, desarrolla un plan de acción realista, emprende la acción y persevera hasta que tus sueños se conviertan en realidad. Sigue esas estrategias y triunfarás.

### Estrategia de acción No. 1:
### Sueña en grande

La primera de estas estrategias consiste en soñar en grande. Cuando digo "soñar en grande" realmente quiero decir ¡en *grande*! Deja de lado la realidad por un momento y piensa acerca de cualquier cosa que quisieras en tu vida. Recuerda que es importante que hagas esto "después" de que hayas leído *Ahora, descubre tus fortalezas* y hayas realizado la prueba Emode del capítulo 3. Recuerda también que debes escribir tus sueños en un papel. Dirígete a www.successcompass.com y llena hoy mismo el formulario de tu *Brújula del éxito*™.

### Estrategia de acción No. 2:
### Comienza a planificar ahora mismo

Desafortunadamente la mayoría de las personas pasan por la vida sin tener un plan de vuelo hacia el éxito y van de día en día sin construirse una visión de conjunto que las lleve desde donde se encuentran en ese preciso momento hasta donde saben que quieren estar. Se precipitan en cualquier dirección elegida al azar sin contar con una imagen clara de dónde quieren estar dentro de uno, cinco o 10 años. El no poseer una estrategia las deja estacionadas en una carrera que no las satisface y, muy probablemente, en una vida que parece no dejarlas satisfechas.

Todas las empresas exitosas cuentan con un plan de negocios. El plan de negocios enuncia la misión de la empresa, sus principios orientadores y su estrategia para hacer dinero. Al igual que un plan de vuelo, el plan de negocios articula la dirección hacia la cual se dirige la empresa y los procedimientos que piensa utilizar para llegar a donde quiere.

### Estrategia de acción No. 3:
### Emprende la acción

¿Cuántas veces has comentado o escuchado a alguien conocido hablar de una gran idea, de un deseo de cambiar de trabajo, de emprender una nueva carrera, de tomar un curso, o inclusive de regresar a la academia para conseguir ese diploma que se le deslizó alguna vez por entre los dedos? Puede haber sido una necesidad de tomar un curso de arte, o de aprender artes marciales, carpintería, fotografía o *bridge*, o cualquiera entre un millón de cosas que con frecuencia nos provoca realizar. Todos los días en este país hay un millón de personas a quienes se les ocurren un millón de ideas o que sienten necesidades o deseos de hacer algo emocionante. La diferencia entre la gente de éxito y la que no lo logra se encuentra en aquel paso, en aquel salto, en aquel momento crítico en el cual uno deja de hablar de algo y simplemente se pone a hacerlo con eficacia.

Una de las campañas publicitarias televisadas más brillantes que se han creado es la de Nike. Consiste en tres simples palabras inglesas que se apoyan en la diferencia que hay entre estar en forma y estar fofo, entre perder peso o solamente presumir de ello: las tres palabras son "Just do it" ("Sólo hazlo"). Esta inspiradora campaña ha contribuido a darle forma y consistencia a Estados Unidos y ha redundado en inmensas ventas para Nike. Esa, queridos amigos, es la clave para acceder a prácticamente cualquier cosa: deja de hablar y simplemente hazlo.

### Estrategia de acción No. 4:
### Persevera

El fracaso es tan sólo un peldaño en el camino al éxito. Oprah Winfrey fue despedida de su trabajo de reportera, pero en lugar de darse por vencida aprendió de sus errores y salió adelante hasta convertirse en una de las mujeres más queridas y exitosas de la televisión. Elvis Presley fue despedido del Grand Ole Opry después de tan sólo una presentación. El administrador le dijo: "No estás yendo a ningún lado, hijo. Es mejor que vuelvas a conseguirte un trabajo de conductor de camión". Inclusive Walter Cronkite, la voz más reconocida y respetada de la televisión norteamericana, fracasó en una audición que hizo muy joven en la radio local. El gerente de la emisora le dijo que ¡*jamás* tendría éxito como anunciador de radio!

Tu vida es un proceso constituido por miles de experiencias que te han moldeado, convirtiéndote en lo que eres hoy. Todas aquellas experiencias, incluyendo todos los errores o las derrotas temporales, son simplemente oportunidades increíbles que Dios te ha dado para intentar un movimiento en una dirección diferente. Cuando el prometedor jugador de fútbol Julio Iglesias tuvo un terrible accidente de automóvil pensó que su vida había terminado. Después de 14 horas de cirugía quedó paralizado. Los médicos pronosticaron que nunca más caminaría. Durante un extraordinario período de recuperación de tres años, durante el cual aprendió a caminar de nuevo, Iglesias mantuvo a raya la depresión, ocupándose en sacar algunos acordes de una guitarra que le había regalado el asistente de un médico. El continuó tocando guitarra, se concentró en la música y terminó por convertirse en uno de los cantantes de mayor éxito en el mundo.

¿Te has dado cuenta de que este libro es un manual, una guía para hacerse exitoso? Para ello no existe ingrediente secreto. Todos los componentes tienen que estar reunidos al tiempo para que haya éxito. El concepto de perseverancia es tan esencial como los demás ingredientes que se explican en este libro.

La perseverancia es en verdad una cualidad notoria en la gente de gran éxito. Algunos la llaman determinación, otros hablan de ella como la capacidad de aferrarse a un propósito. No importa cómo elijas llamarla, pero tienes que saber esto: si deseas algo con mucha intensidad debes ser capaz de tener un nivel de compromiso hacia eso que quieres tan alto que no dejes de buscarlo en ninguna circunstancia, ni durante los momentos más difíciles, ni te dejes detener o desviar por las descargas de negatividad que recibirás de quienes traten de persuadirte de que abandones o de que hagas algo distinto. ¿Qué es el fracaso? Nada más que una parte de la educación, simplemente el paso previo a hacer algo mejor. Nunca te rindas, nunca abandones. Así no tengas más que una onza de talento y de cerebro finalmente lo lograrás, siempre y cuando no abandones. Tal como debes haberlo oído con frecuencia, la línea de demarcación entre el éxito y el fracaso es tan delgada que con frecuencia no nos damos cuenta de cuándo la hemos cruzado.

# UN MENSAJE DE GARCÍA

Si quieres lograr un gran éxito debes tener una imagen clara de la meta que tienes en mente y una estrategia para lograrla. Una meta sin su correspondiente estrategia es como un avión sin plan de vuelo. Sabes a dónde quieres llegar y ahora necesitas saber cómo hacerlo. Además de las 14 Creencias de éxito tienes que utilizar las 4 Estrategias de éxito: Sueña en grande, Comienza a planificar ahora mismo, Emprende la acción y Persevera. Estas estrategias te ayudarán a alcanzar tu destino final: el éxito –independientemente de lo que el término signifique para ti–. Prepárate para un trayecto largo y difícil. Nada de lo que vale la pena lograr es fácil. Nunca abandones ni dejes que los demás te disuadan de perseguir tu sueño.

Escribe tus sueños en un pedazo de papel y llévalo contigo en todo momento. Utiliza el programa de la *Brújula del éxito* (gratuito), que desarrollé para facilitar el proceso de cristalización de tu pensamiento en la escritura. Visualiza el tipo de persona que quieres ser y comprométete en el proceso de lograr tus metas. Mantente alerta, con los ojos y los oídos abiertos para percibir a cualquier a persona o cualquier evento que pueda suministrar leña para la hoguera de tus sueños. No permitas que nada socave tu determinación. Despiértate todas las mañanas sabiendo que aquello que quieres lograr se encuentra un paso más cerca. Lo que estás haciendo es crear un plan de negocios para tu vida.

## CAPÍTULO 20
## Persigue tus sueños

LA VIDA PUEDE SER ALGO ASÍ COMO ESTAR PARADO al pie del Everest. Puedes enfrentar el desafío de escalarlo o caminar alrededor de él. Quienes lo escalan ven panoramas que pocas personas logran ver y obtienen un logro que pocos llegan disfrutar. Daniel Ruettiger era un hombre joven cuando decidió escalar su montaña metafórica.

Desde el punto de vista que se mire Ruettiger no parecía estar destinado al éxito. Nacido en Jolliet, Illinois, en 1948, era el tercer hijo de una familia de 14. Como sería de esperar, su familia era muy pobre. Su padre trabajaba en una refinería de petróleo. El propio Ruettiger era bajito, sólo medía cinco pies y seis pulgadas, y no era muy inteligente. Más tarde se descubrió que sufría de una forma leve de dislexia, lo cual explica sus malos resultados escolares. Parecía que estaba destinado a ser uno más del gran montón. Sin embargo él heredó la pasión de su padre por el equipo de Notre Dame. De joven Ruettiger anunció su determinación de ir a Notre Dame y jugar en ese equipo.

Después de servir en la Marina regresó a la planta de generación de energía, donde se esperaba que terminara sus días. Entonces sucedió lo inesperado. En la planta el mejor amigo de Ruettiger murió en un accidente. El hecho despertó de nuevo sus sueños de infancia, su pasión por el equipo de Notre Dame y de jugar algún día con ellos. La idea era realmente loca. Ruettiger no tenía ni el talento, ni la inteligencia, ni el dinero para poder ingresar en Notre Dame, pero ese detalle no lo detuvo.

Lo primero que hizo fue ir a South Bend. Sabía que no tenía las calificaciones ni el dinero para entrar a la universidad pero, siguiendo su plan de juego, Ruettiger optó por hacer aquello que más lo acercaba a su sueño. Obtuvo un trabajo en el gimnasio donde entrenaban los atletas del equipo de fútbol de Notre Dame. Él no tenía siquiera el dinero para pagar por un alquiler, de modo que un compañero de trabajo que simpatizó con él consiguió que lo dejaran dormir en un colchón dentro del gimnasio. Se matriculó luego en el Holy Cross College, donde un cura comprensivo se ofreció para ser su mentor.

Luego de dos años de vivir de ese modo, y de varios intentos de ingresar a Notre Dame, Ruettiger finalmente fue aceptado. Trató de ingresar al equipo de fútbol como suplente. No resultó bueno para iniciar los partidos, ni siquiera para reemplazar a algún jugador y, por consiguiente, se presentó como voluntario para integrar el equipo de prácticas contra el cual los jugadores de apertura más violentos podían jugar regularmente en los entrenamientos. Atletas gigantescos, literalmente del doble de la estatura de Ruettiger, lo castigaban día tras día. Él se sometió a ese maltrato físico y mental durante dos años, mientras se aferraba al sueño de simplemente resultar apto para que le autorizaran una sola jugada por Notre Dame. Hubo momentos en los cuales quiso renunciar pero en su mente el retiro no era una opción. Él quería ser parte del equipo aunque fuera para hacer sólo una jugada.

Durante el último juego de la temporada, en el año en el cual Ruettiger iba a graduarse, finalmente le llegó la oportunidad. Cuando restaban escasamente 27 segundos del partido sus coequiperos —cuyos corazones se había sabido ganar— amenazaron con abandonar el campo si no lo dejaban jugar, de modo que el entrenador pidió el ingreso de Ruettiger para la última jugada de ese último partido. Él supo aprovechar esos escasos segundos para sacar de juego al *quarterback* del equipo contrario. Ruettiger es el único jugador en toda la historia del equipo que ha salido en hombros de sus compañeros. Se graduó con honores de Notre Dame y allanó el camino para cinco de sus hermanos, que ingresaron y se graduaron de dicha universidad.

La historia de Ruettiger fue llevada al cine en 1993 con el título de *Rudy*, filme de gran éxito en su momento. Fue la primera película en rodarse en el campus de la universidad desde *Knute Rockne, All American*, en 1940. Luego del estreno Ruettiger se convirtió en una celebridad internacional, así como en un aclamado orador y autor, gracias a sus cualidades para motivar a la gente. Compartió la tribuna con muchos importantes líderes y oradores. Cuando le preguntaron por qué tenía tantas ganas de integrarse al equipo, dijo: "Esa es para todos quienes me dijeron que jamás lo lograría".

### *Revaluando tu vida*

Ya en este libro he dado algunos ejemplos de gente que hace lo que otras personas le dicen antes de decidirse a hacer lo que realmente quiere. Theresa Park es una mujer que sucumbió ante los deseos de su familia de que se convirtiera en una profesional de éxito antes de hacer cualquier cosa que quisiera. Theresa tuvo una infancia extraordinaria. Su padre trabajaba para Naciones Unidas y ella creció en lugares como Alemania, Líbano y Austria. En buena parte para cumplir con los deseos de su familia decidió asistir a la escuela de derecho de Harvard y seguir una carrera de abogado. Su experiencia internacional y su deseo de trabajar en la arena de los derechos humanos la llevaron a pasar sus veranos en algunos sitios interesantes, como Uganda y Turquía.

Durante su último semestre en Harvard, Theresa decidió que la mejor manera de pagar la creciente cantidad de préstamos que había necesitado para cubrir sus gastos en la escuela de derecho consistía en tomar empleo como abogada en negocios de alta tensión de alguna gran corporación. Se mudó a Palo Alto, California, para trabajar con una de las firmas de abogados más prestigiosas de todo el país. Theresa lo hizo durante 15 meses, pero a pesar del dinero devengado, del prestigio, del privilegio y del potencial que acompañaban su cargo se sintió vacía e insatisfecha.

Theresa revaluó su vida y su trayectoria profesional. Cuando era estudiante de pregrado de la Universidad de California, Santa Cruz, hizo intensificación en ciencia política y a la vez en redacción creativa. La atraía la escritura, pero no como escritora. Pensó que podría gustarle el área de edición. Luego de que su marido aceptara un puesto en una empresa de abogados de Nueva York, ella decidió explorar seriamente la posibilidad de convertirse en agente literario en lugar de buscar trabajo en alguna firma de abogados de esa ciudad.

Los agentes literarios son los vínculos entre un autor, o candidato a serlo, y las empresas de edición de libros. Por decirlo de algún modo, son intermediarios en el negocio. Buscan nuevos autores cuyos trabajos, en su concepto, valgan la pena publicarse. Esto le llamaba la atención a ella porque le permitiría emplear las habilidades de negociación y de organización contractual que había aprendido como abogada, pero también utilizar su creatividad como escritora. Numerosos agentes literarios desempeñan un papel activo, brindándoles a los escritores asesoría en la edición y en la orientación de sus trabajos iniciales, hasta llevarlos al punto en el cual consideran que la obra está en el óptimo posible de modo que maximice sus posibilidades de ser aceptada por un editor. Era un campo excelente para Theresa.

Los mejores agentes literarios del país están en Los Angeles y Nueva York –Los Angeles es la capital de los agentes de guionistas cinematográficos y Nueva York de los del mundo literario y de las publicaciones escritas–. Theresa se estaba trasladando a Nueva York y, por consiguiente, se definió en favor de las publicaciones escritas. No conocía a nadie y no tenía mentor. Su primer paso consistió en aprender acerca del sector. Compró un libro titulado *Guía integral para agentes literarios* y aprendió los fundamentos. Luego comenzó a llamar a los 100 principales agentes de la ciudad especializados en libros. En un plazo de varias semanas llamó, sin conexión previa, a prácticamente todas las agencias literarias de Nueva York. Según cuenta Theresa, fue deprimente. "Nadie quería hablarme", dice. Sin embargo los que sí hablaron con Theresa fueron los asistentes. "La mayoría de los negocios constaban de una a tres personas", explica Theresa, "y pude obtener mendrugos de información de distintos asistentes, con los cuales logré esbozar un cuadro de información mucho mayor acerca de la actividad de la edición, la gente, quién hacía qué y cómo se hacían las cosas".

Theresa no se dio por vencida. Entre más aprendía, a pesar de los obstáculos y de los desafíos que se presentan ante quien desea ingresar en un sector cerrado, más fascinante encontró la actividad y comenzó a creer que verdaderamente eso era lo que quería hacer. Preparó su hoja de vida y comenzó a enviarla. Tras el envío realizó una nueva ronda de llamadas telefónicas. Finalmente su persistencia pagó y obtuvo una entrevista.

En una firma había dos agentes que necesitaban un asistente de tiempo completo. Ambos agentes eran mujeres. "Inmediatamente establecí una fuerte conexión con ellas", comenta Theresa. "Pienso que se dieron cuenta de lo apasionada que estaba por ingresar en el negocio. Después de todo estaba haciendo un sacrificio financiero muy significativo al querer entrar en dicha actividad". El salario era de tan sólo 18.000 dólares. Hay que recordar que Theresa era una abogada de Harvard y que su ex secretaria en Palo Alto estaba ganando el doble de lo que le ofrecían ahora a ella como asistente. Sin embargo su vocación no estaba en el mundo de la abogacía y Theresa estaba dispuesta a hacer el sacrificio por algo hacia lo cual sentía pasión. Ella quería ser agente literaria, de modo que aceptó el puesto en Sanford Greenburger Associates. No obstante, ella negoció el contrato de modo que quedaba autorizada para buscar sus propios autores sin tener que esperar el plazo de aprendizaje de dos años acostumbrado en el sector.

Theresa trabajaba todo el día y hacia las 6:00 de la tarde iniciaba su inspección de lo que en el negocio llaman el *cerro de lodo*, que es el archivo donde se encuentran todas las cartas de propuesta y los manuscritos que están pendientes de revisión. Las cartas de propuesta son las misivas de presentación enviadas por los autores a la agencia con el fin de picar su curiosidad, describir la historia y suministrar algunos datos de antecedentes y credenciales del autor y generalmente constan de una página. Si una carta le gusta al agente, éste llamará por teléfono al autor o escribirá simplemente una nota a mano y la enviará de vuelta, pidiéndole al escritor que presente el manuscrito completo. Según Theresa, "tenía que haber algo allí... y, si lo había, sabía que iba a encontrarlo".

Theresa pasó aproximadamente un año inspeccionando el *cerro de lodo*, pero a pesar de tantas noches de trabajo nada le llamó realmente la atención. Entonces, como si ella estuviera viviendo su propia novela, ocurrió un incidente dramático. Un agente de la oficina murió súbitamente y, como consecuencia, tuvo que revisar algunas de las cartas de propuesta que seguían llegando a nombre del agente fallecido, las cuales le eran entregadas por el asistente de aquél. Finalmente Theresa encontró algo que le llamó la atención: un manuscrito de 250 páginas acerca de dos personas de edad enamoradas que viven en

Carolina del Norte a mediados de la década de 1940. Era una historia extremadamente tierna acerca del inquebrantable poder del amor. Como dijo Theresa, "era romántica, me puso a llorar y sabía que había algo muy significativo allí".

Llamó al autor, un vendedor de productos farmacéuticos de 28 años que jamás había publicado un libro. El manuscrito había sido rechazado ya por 25 agentes. "Le dije que era un diamante en bruto y que requería que le trabajara mucho", dice Theresa. Le preguntó si estaba dispuesto a reescribirlo. Él contestó que sí. Ella le brindó valiosas opiniones y entre ambos efectuaron cambios muy importantes al texto. Cuando estuvieron satisfechos con el manuscrito buscaron un título. Esa era la labor del departamento de Theresa y ella, en efecto, creó un título apropiado.

Theresa emprendió entonces su tarea de venta. Sacó al mercado el manuscrito, presentándolo a diferentes editoriales y anunciándolo como un futuro éxito arrollador, a la altura de una novela como *Los puentes del condado de Madison*. Jamie Raab, de Warner Books, se presentó de

primera con una oferta de 500.000 dólares, cantidad muy importante para un primer manuscrito de un autor sin publicaciones previas. Sin embargo ella puso a trabajar sus habilidades legales y rechazó inicialmente la oferta, confiando en que se trataba de una primera aproximación y que lo que Warner intentaba era atar al autor para poder manejarlo luego por fuera de la influencia de otros agentes del mercado. Theresa respondió valerosamente que tenía en sus manos un *best seller* y que estaba buscando ofertas del orden de siete cifras. Jamie le dijo que la volvería a llamar. Ahora venía la parte más dura: la espera. ¿Volverían a llamar, o no?

Para ese entonces ella ya tenía un mentor y éste estaba convencido de que estaba loca por no haber tomado la oferta al primer instante. Sorprendentemente el teléfono volvió a repicar 10 minutos más tarde. Era Jamie Raab. Warner duplicaba su oferta a un millón de dólares y el negocio se cerró.

El título definitivo del libro fue *El cuaderno (The Notebook)* y el autor era Nicholas Sparks. Esta primera novela de Sparks duró más de dos años en las listas de *best seller* de Estados Unidos y de todo el mundo. Theresa pasó de inspeccionar los *cerros de lodo* en las tardes a ocupar una cómoda oficina propia. Pasó a ser la representante de Nicholas Sparks en algunos negocios de adaptación de novelas para guiones de cine, cuyos títulos tal vez te sean familiares.

Sparks continuó su producción con *Mensaje en una botella* (*A Message in a Bottle*, 1998), *Una caminata para recordar* (*A Walk to Remember*, 1998), *El rescate* (*The Rescue*, 2000), *Un viraje en el camino* (*A Bend in the Road*, 2001) y *Noches en Rodanthe* (*Nights in Rodanthe*, 2002). Todos resultaron *best seller* nacionales e internacionales y han sido traducidos a más de 35 idiomas. La versión cinematográfica de *Mensaje en una botella* salió a las pantallas en 1999 y *Una caminata para recordar* se estrenó en enero de 2002. La versión fílmica de *El cuaderno* saldrá al público en 2003. Jamie Raab pasó a ser vicepresidente y editora de Warner Books y Theresa Park es actualmente una de las agentes literarias más cotizadas.

Su deseo de seguir una carrera en el campo literario fue fundamental. Sacrificó mucho y superó obstáculos tremendos en el camino, en particular el tener que introducirse por sus propias manos en un sector tan cerrado como el que eligió. Sin embargo lo logró porque se mantuvo decidida y no se dejó intimidar. "Hay pocas cosas más deprimentes que ir todos los días a trabajar en un empleo que detestas", dice Theresa. Ella señala que al comienzo fue difícil; pero que "estaba haciendo algo que amaba y eso es mucho mejor que sentirse miserable".

Theresa no solamente es feliz y exitosa, sino que al dedicarse a su pasión llevará al mercado autores cuyo deseo de ser descubiertos para poder dedicarse a la actividad que los apasiona representa un reto tan grande para ellos como el camino que ella misma ha recorrido hasta el éxito.

### Separa tiempo para el éxito

En su libro, titulado *El éxito es un viaje*, Jeffrey J. Mayer dice que la gente exitosa se regala a sí misma una hora extra cada día. Cuando quiere que algo se haga se levanta una hora más temprano. Como resultado, es capaz de realizar algo muy importante antes del desayuno.[1]

Tal vez te encante pintar pero nunca has encontrado el tiempo para hacerlo. Con esa hora adicional puedes pasar el pincel sobre el lienzo y ver a dónde te lleva la inspiración. Si sueñas con escribir un libreto de cine o una gran novela norteamericana te sorprenderá cuántas cosas puedes escribir en una hora diaria. El escritor Scott Turow redactó su famosa novela *Se presume inocente (Presumed Innocent)* mientras viajaba rutinariamente hacia y desde su oficina de abogado en Chicago.

Meyer también insiste en la importancia de hacer una llamada telefónica más o de completar una tarea adicional antes de cerrar el día. Esas llamadas impulsaron mucho su carrera, pues logró establecer contacto con cientos de personas que aún estaban sentadas ante sus escritorios. Cada mes lograrás 20 llamadas telefónicas, que de otro modo no hubieras conseguido, o habrás terminado 20 tareas adicionales.

¿Y qué dices de aquella hora de almuerzo? ¿La estás utilizando productivamente o la pasas quejándote de tu jefe, de tus compañeros de trabajo o de tus clientes? Mantente en marcha hacia metas positivas en lugar de desperdiciar tu energía dedicándola a aspectos negativos de tu vida.

Estarás en una posición mucho mejor para alcanzar tus metas si logras sacar tiempo para ellas. Gracias a esa hora adicional estarás enfocando tu energía en la conclusión de una tarea específica. Incluso, si eres un espíritu libre, la adopción de un programa de trabajo y de horarios te ayudará a encontrar tiempo para aprender y lograr cosas. Este es el momento de comenzar a separar tiempo para aquello que verdaderamente importa en tu vida.

## UN MENSAJE DE GARCÍA

Si tienes un sueño, por ese mismo hecho dispones de una tremenda ventaja sobre mucha gente. La mayor parte de las personas no tienen un sueño. Si sabes exactamente cuáles son tus fortalezas, qué quieres ser o qué quieres hacer, estás adelante de otras personas. Dependiendo de tu edad y de tu posición en la vida, la búsqueda de la realización de tu sueño puede requerir grandes sacrificios. Debes estar preparado para una fuerte lucha si quieres lograr altos niveles de éxito. Sólo tú puedes determinar si vale la pena. Sólo tú puedes decidir si te levantas más temprano por la mañana para trabajar en algo y hacer los sacrificios necesarios para concentrarte en el logro de tus sueños. Las personas que eligen realizar un sueño lo hacen con un apasionamiento que neutraliza todas las consecuencias negativas que surgen de los desafíos y las dificultades que hay en el camino al logro de un gran éxito.

## CAPÍTULO 21
# El miedo te hace prisionero, la esperanza te libera

A TODOS QUIENES LEÍMOS acerca de su viaje de 101 días en la balsa Kon-Tiki –una embarcación de troncos sobre la cual atravesó 5.000 millas entre la costa peruana y Polinesia–, el aventurero noruego Thor Heyerdahl nos pareció carente de todo temor. Varios expertos predijeron que la Kon-Tiki iba a saturarse de agua y que se hundiría en cuestión de días, pero él siguió adelante de todos modos a pesar de que les tenía pánico a las aguas profundas.[1]

Heyerdahl venció su temor al agua en una forma brillante. Alguna otra persona hubiera superado sus aprensiones efectuando un viaje en barco. Él, no obstante, navegó los océanos en una balsa primitiva. Aprendió a amar las olas y el mar abierto.

Este explorador no dejó que el miedo lo tomara preso. Dejó que su esperanza y la Kon-Tiki lo llevaran hacia nuevos descubrimientos y playas distantes. Heyerdahl tiene lo que Napoleon Hill denomina una actitud mental positiva. Una persona con dicha actitud tiene "características plus", tales como fe, esperanza y optimismo.[2]

No dejes que el miedo te impida ir en busca de la realización de tus sueños y de lo que te apasiona porque ese impulso en pos de los deseos más profundos, cualesquiera sean ellos, es lo que le da sentido a la vida.

Erik R. Lindbergh soñaba con repetir el revolucionario vuelo en solitario de su abuelo, mediante el cual cruzó por primera vez el Atlántico en 1927. Su abuelo, Charles Lindbergh, piloteó el monoplano *Espíritu de San Luis* en un vuelo de Nueva York a París que duró 33 horas y media. Fue un viaje que les costó la vida a varios pilotos que lo intentaron antes que él. Desafortunadamente Erik Lindbergh fue obligado a posponer el cumplimiento de su sueño debido a los devastadores efectos de la artritis.

Sin embargo no se rindió. Luego de empezar a tomar una droga que mitigó su problema artrítico pudo reanudar sus prácticas de vuelo y repitió el peligroso vuelo de su abuelo a través del Atlántico. A bordo del *Nuevo Espíritu de San Luis* Erik realizó el viaje en 16 horas. También repitió los vuelos de Charles de San Diego a San Luis y de San Luis a Nueva York.[3]

Charles Lindbergh tuvo que pilotear por momentos el *Espíritu de San Luis* a menos de 100 pies por encima de las olas del Atlántico. Todo lo que tenía para comer eran unos cuantos bocadillos y dos cantinas de agua. No disponía del complejo y preciso equipo de navegación y seguridad con el que iba equipado el avión de su nieto. Además Charles tuvo que diseñar un rústico periscopio para poder ver al frente de su aeroplano, más allá del tanque de combustible.

Tanto Charles como Erik Lindbergh impidieron que el miedo se interpusiera en el camino hacia su sueño. La gente exitosa encuentra alguna manera de vivir la vida que ha imaginado, en tanto que otros no terminan nunca de presentar excusas para no hacer lo que necesitan. Muchas personas afirman que están demasiado ocupadas con el trabajo o la familia para realizar cualquier cosa distinta. Culpan de su ausencia de éxito al hecho de que no tienen tiempo de hacer nada más que trabajar.

### La perspectiva Stockdale acerca de la fe y la esperanza

El 9 se septiembre de 1965 James Stockdale, piloto de la Marina, fue derribado por fuego antiaéreo en una misión de bombardeo sobre Vietnam del Norte. Se fracturó la espalda cuando se eyectó de su avión.[4]

Fue capturado tan pronto como tocó tierra y fue mantenido como prisionero durante cerca de ocho años en una cárcel de Vietnam del Norte.

Sobrevivió la horrenda experiencia al aceptar estoicamente su destino y soportar pasivamente todo el cruel tratamiento que le dispensaron sus captores. Stockdale fue torturado más de 20 veces entre 1965 y 1973. Inclusive, a pesar de que si lo descubrían aumentaría su tortura, desarrolló un sistema de comunicación interna para que sus compañeros de prisión se sintieran menos aislados. No obstante los riesgos que corría, le envió información secreta de inteligencia a su esposa en sus cartas.[5]

Stockdale se comprometió resueltamente a ser un símbolo de resistencia y deliberadamente se hirió para mostrarles a sus captores que prefería morir a rendirse. En un determinado momento se cortó con una cuchilla de afeitar y se golpeó con un banco para que no pudieran filmarlo en video.[6] Más tarde recibió la Medalla de Honor del Congreso y se convirtió en el primer oficial de tres estrellas en la historia de la Marina en ostentar a la vez esta medalla y las alas de aviador. Fue uno de los oficiales más condecorados por su servicio, con 26 distinciones personales de combate que incluían cuatro Estrellas de Plata.

Un espíritu indomable está cimentado en la esperanza. Uno cree en ciertos principios y espera que al final triunfará. Sin embargo la esperanza no debe llevarlo a ignorar las realidades de la situación ya que tiene que enfrentarlas invariablemente para salir adelante.

151

# UN MENSAJE DE GARCÍA

Muchas personas esperan el éxito pero le temen al fracaso. El miedo puede paralizarte al punto de llevarte a una vida de aceptación de cualquier cosa que se te imponga y de trabajos arduos que no conducen a tu realización. El miedo puede impedirte que des los pasos que podrían conducirte a una nueva vida, mejor y diferente. Jamás se ha logrado un triunfo importante sin confrontar primero ese miedo, para dar luego un salto con fe y el corazón lleno de esperanza. La esperanza es el antídoto secreto que te cura de cualquier temor que puedas tener, el contrapeso emocional que inclina a tu favor la balanza del éxito.

Si tú mismo no crees en tu éxito nadie creerá por ti. Si no puedes visualizar claramente tu meta o tu sueño nadie más podrá hacerlo. Debes repeler toda la energía negativa que pueda distraerte del logro de tus metas y reemplazarla por una fe inconmovible en tu capacidad de tener éxito contra todas las probabilidades. Si la esperanza puede impulsar a los pobladores de un país a resistir contra la opresión y la tiranía en pro de conseguir una vida mejor, también puede inspirarte para alcanzar los mayores niveles de logro individual. La fe y la esperanza ocupan las dos caras de una misma moneda que se utiliza en el banco de las emociones, sobre el cual giramos en nuestro viaje de búsqueda del éxito. Llévate regularmente la mano al bolsillo para recordar el caudal de fe del cual dispones y de la esperanza que llevas dentro de tu corazón para alcanzar el éxito que buscas.

## CAPÍTULO 22
## Levántate, anímate
## y colócate en la fila

CUANDO TENÍA 24 AÑOS y estaba en la Fuerza Aérea vi una propaganda en una revista en la cual informaban sobre el programa de becas de la Casa Blanca. De inmediato supe que eso era algo que quería hacer. Cuando finalmente recibí la documentación, la coloqué sobre mi mesa de noche y, antes de dormirme, leía acerca del programa, mientras meditaba cómo podría llegar a ser becario de la Casa Blanca. Pensaba constantemente acerca del programa y les preguntaba su opinión al respecto a todas las personas que encontraba y que creía podían conocerlo.

Tuve uno de esos encuentros durante una reunión en Panamá con Mort Zuckerman, el editor de *U.S. News and World Report,* y el general Galvin. Debido a lo interesado que estaba en el programa de la Casa Blanca convertí esa meta en parte de mi persona. Durante la mencionada reunión del general Galvin con Mort Zuckerman mencioné mi deseo de convertirme en becario de la Casa Blanca. Resultó que Zuckerman era miembro del comité regional de selección de Boston para el programa y gentilmente se ofreció para escribir una carta de recomendación para mí.

Zuckerman también dijo que ayudaría mucho el contar con una recomendación de alguien que conociera bien mi trabajo como, por ejemplo, el general Galvin. Éste último no sólo me escribió una carta de recomendación sino que también me dijo que entrara en contacto con el general Bernard Loeffke, comandante del ejército norteamericano en Panamá, porque él había sido becario de la Casa Blanca a comienzos de los años 70.

El general Loeffke era un mayor general del ejército a quien había conocido mientras hacía visitas y presentaciones para personajes distinguidos con el objeto de mostrarles nuestra estrategia militar en América Latina. Llamé a la oficina del general Loeffke para pedir una cita. El ayudante me dijo: "El general lo verá mañana a las 0500 horas y traiga su M-14".

"Oh", le contesté e hice una pausa. Mi mente estaba girando a toda velocidad. Rápidamente le comenté: "Bueno, es que en la Fuerza Aérea no usamos M-14".

"No hay problema", dijo el ayudante, "el ejército tiene muchos M-14 adicionales de modo que podremos prestarle uno a usted".

"Bueno", dije. Iba a despedirme cuando el ayudante añadió: "¡Ah! De paso le cuento que va a acompañar al general en una salida de dos millas con equipo completo".

"¡Por supuesto! ¡Magnífico!", contesté y colgué el teléfono. Estaba frito. No podía creer en qué liome había metido. En la Fuerza Aérea volamos y no corremos por tierra. No era para nada lo que esperaba. Para quienes no estén familiarizados con el tema militar me permito explicar que las 0500 horas son las 5 de la madrugada y que el M-14 es un rifle. El M-14 promedio pesa cerca de nueve libras, descargado. No estaba precisamente acostumbrado a correr temprano en las mañanas con un morral totalmente equipado y un rifle, la cuestión lucía interesante.

Antes de ir a ver al general realicé una pequeña investigación para aprender todo lo posible acerca de él. Primero, el general era un hombre brillante. Graduado de West Point en la promoción de 1957, tenía diploma de ingeniero, una maestría en ruso y un doctorado en ciencia política. Hablaba con fluidez ruso, chino, francés, español y portugués. En 1970 fue ayudante de Henry Kissinger, responsable del análisis de los eventos en la Unión Soviética, Vietnam y América Latina. A mediados de los 70 prestó servicio como jefe de la misión militar ante la República Popular China y más tarde como agregado militar ante la Unión Soviética durante la era Brezhnev.

En segundo lugar, el general era un hombre extremadamente recio y de personalidad fuerte. En Vietnam prestó servicio en las Fuerzas Especiales, con la División 82 Aerotransportada y como asesor de un batallón de paracaidistas vietnamitas, ganándose dos veces el Corazón Púrpura por heridas en combate y varias medallas al valor por actos de heroísmo. Como paracaidista fue el primer occidental en saltar con una unidad regular de China comunista. Más tarde prestó servicios como jefe del 18º Cuerpo Aerotransportado en Fort Braga, Carolina del Norte.

Tercero, el general tenía una personalidad magnética. En Vietnam puso a rabiar a los altos mandos del cuartel general porque solía recompensar a sus hombres de mayor desempeño, permitiéndole dormir en su tienda cada noche a uno de ellos mientras él personalmente lo reemplazaba en el frente. Cuarto, el general era un fanático del buen estado físico. Fue campeón de natación en West Point, compitió en un decatlón militar en Rusia y corrió en un maratón completo en China comunista. Su fanatismo por el buen estado físico casi desemboca en un incidente internacional. Mientras estuvo en servicio en la Unión Soviética su régimen de ejercicios incluía una carrera por la mañana, la cual ejecutaba vestido con sus relucientes botas de combate y con su rifle terciado. Una mañana la policía de Moscú lo detuvo. Según cuenta la historia, cuando al fin pudieron comprender de qué se trataba él continuó sus carreras matutinas con relucientes botas y… con un rifle de madera suministrado por el ejército soviético que, por acuerdo entre ambas partes, pesaba exactamente igual que el de verdad.

Como si todo lo anterior no fuera lo suficientemente intimidante, también supe que al final de sus carreras matutinas con las tropas el general invitaba a los soldados a que lo enfrentaran en combates mano a mano en lo que denominaban "el foso de los osos". El general tomaba posición en un foso de barro rodeado de sacos de arena y los soldados eran invitados a entrar y golpearlo a mano limpia, si podían. La mayoría de los que lo hicieron tuvieron que quedarse con la ilusión de golpearlo ya que escasamente lograban penetrar al foso: el general era una feroz máquina de combate. Para motivar realmente a los soldados el general ofreció una licencia de tres días para aquel que lograra lanzarlo por encima de la pared de sacos de arena que rodeaban el foso.

Armado con este conocimiento me desperté temprano y fui al encuentro con el general Loeffke al día siguiente a las 5 de la mañana.

Aún estaba oscuro afuera mientras me dirigía al área donde debía encontrarlo. La selva estaba despierta con los sonidos de la madrugada del nuevo día, con los cuales los pájaros y todas las demás criaturas de la selva contribuían a la sinfonía matutina.

Al acercarme recuerdo que pensé que él era la imagen por antonomasia de un general del ejército. Tenía más de seis pies de estatura y llevaba la cabeza rapada, por lo cual ésta brillaba a la luz de la luna. Era delgado y musculoso, con hombros muy anchos y caderas estrechas, el cuerpo de un nadador olímpico. "Buenos días, señor", dije con fuerza mientras me acercaba. Estoy seguro que hasta los piojos de los alrededores pensaron que yo era sordo de lo duro que grité. Los soldados no se hablan entre sí, usan un tono más parecido al grito. Supuse que el grito estaría bien.

"Descanse, soldado", respondió de inmediato. Mi decisión de gritar era buena, pues él también estaba gritando. "Teniente, sígame y manténgase detrás de mí", ordenó. En los dos segundos que le tomó darme la orden supe que me estaba evaluando. Rápidamente di una vuelta cerrada y encontré un lugar detrás de él y frente a la tropa reunida para la carrera de la mañana.

Poco después de comenzar la marcha me encontré al lado del general. Corrimos así por cerca de una milla. No lo vi soltar una gota de sudor y simplemente parecía deslizarse hacia adelante a medida que sus botas de combate golpeaban el pavimento como pistones. Estaba completamente concentrado en el camino. En ningún momento volteó a mirarme y ni siquiera me habló una sola vez. No me atrevía a musitar palabra. Era un juego de póker en el cual el primero en pestañear perdía. Por dentro de mí sentía que me moría. Estaba seguro de que él podía oír mi corazón, que ya parecía listo para explotar y saltar fuera de mi pecho. Luego, más o menos después de milla y media de recorrido, se volteó y me miró. "No sería correcto que un general del ejército cruzara la línea de llegada al mismo tiempo que un teniente de la Fuerza Aérea", dijo.

El general giró su cabeza para mirar de nuevo hacia adelante y pasó a quinta velocidad. Yo no hubiera podido correr más rápido, aunque el enemigo hubiera venido tras de mí y no hubiera podido de ninguna manera alcanzar al general. Sentí que mi oportunidad de convertirme en becario de la Casa Blanca se desvanecía. Mientras hacía el balance de la carrera iba pensando en carreras alternativas. La vida civil no es tan mala. Terminé de correr y me fui al trabajo en un estado emocional intermedio entre la depresión y el agotamiento.

Más tarde, ese día, estaba trabajando en mi escritorio cuando timbró el teléfono. "Teniente García", dijo la acerada voz. "Soy el asistente del general Loeffke".

"Sí", dije sorprendido pero tratando de no demostrar la sorpresa en mi voz.

"El general quisiera verlo mañana a las 5 en punto".

"¿Se refiere a las 0500?", respondí, rogando para mis adentros que no fuera esa la hora.

"No, lo verá a las 1700".

Gracias al cielo, pensé, porque, las 1700 son las 5 de la tarde.

"¿Vamos a correr o necesitaré un arma?", pregunté con alguna vacilación.

"No señor, va a ver al general en su oficina. ¿Algo más, teniente García?", preguntó el teniente con un dejo de fastidio en la voz.

"No, eso es todo", dije. Colgué el teléfono y tenía aún en mente la imagen del general mientras desaparecía sobre la colina en la selva.

Me entrevisté con el general al día siguiente en su oficina, sin traje de campaña, y la reunión fue muy agradable. Él simpatizó con mi proyecto y, para mi gran sorpresa, sentí que le causaba mucho placer ser el mentor de un joven oficial. Me contó que, aparte de ser un becario de la Casa Blanca en 1970, había sido nombrado en 1973 –durante un año– como director ejecutivo del programa, responsable de la educación y del plan de viajes de la promoción actual, así como del reclutamiento de los nuevos becarios.

También me comentó que uno de sus reclutas de ese entonces era un militar cuya carrera iba en ascenso llamado Colin Powell. En 1973 Loeffke nombró a Powell para que empleara su año como becario trabajando para Frank Carlucci, quien por entonces era director de la Oficina de Administración y Presupuesto. Más tarde Carlucci fue nombrado Secretario de Defensa, mientras que Powell se convirtió en presidente del Estado Mayor Conjunto y, en enero de 2001, fue nombrado Secretario de Estado del presidente George W. Bush.

Mientras tanto el general Loeffke fue tan gentil como para pasar una hora conmigo, explicándome los detalles del proceso de solicitud, los pros y contras del programa, qué podía esperar, qué no debía esperar y cuál era la mejor manera de acercarme al proceso de entrevistas si lograba alcanzar la etapa de selección, realizada por los paneles regional y nacional. Al final de nuestra reunión, en lugar de propinarme una paliza en el foso de arena, ofreció escribirme una carta de recomendación. Con su ayuda planteé una estrategia para realizar mi deseo de convertirme en un becario de la Casa Blanca. Finalmente tuve éxito y actualmente pertenezco a la junta directiva de la Fundación de Becarios de la Casa Blanca.

### Concéntrate en tus metas todos los días del año

Hace años el actor Jim Carey prometió que se convertiría en una estrella de cine y que firmaría un contrato por 12 millones de dólares. Para garantizar que se mantendría firme en esa meta se giró a sí mismo un cheque por 12 millones de dólares. Obviamente, no podía cobrarlo porque hubiera rebotado más alto que la propia cara del actor en la película *La máscara*.

Carey dobló el cheque y lo guardó en su billetera para poder ir con él a todas partes. El actor lo giró en el momento en que dejó su carrera de actor en vivo para unirse al elenco del programa de televisión *In Living Color*. De dicho programa Carey pasó a una carrera cinematográfica enormemente exitosa. Durante todo el tiempo cargó consigo el documento. La meta de Carey consistía en convertirse en estrella de cine y el cheque le ayudaba a visualizar su meta. Después de participar en varias películas exitosas salió al estrellato con su papel como Guasón en *Batman Forever*. Su pago por haber hecho esa película fue, ni más ni menos, que de 12 millones de dólares.[1]

En 1970 el actor Bruce Lee se escribió a sí mismo una carta, prediciendo que se convertiría en la estrella asiática de cine más conocida de Estados Unidos para 1980 y que para ese entonces habría ganado 10 millones de dólares. Aunque la vida de Lee terminó trágicamente cuando aún era joven sí logró alcanzar su meta antes de morir. El futbolista Ricky Williams se planteó la meta de ganar el trofeo Heisman. Según el reportero de Associated Press Richard Rosenblatt, Williams inclusive creó una dirección de correo electrónico que incluía

Heisman.com. En 1998 este jugador de fútbol americano por parte de la Universidad de Texas ganó el prestigioso premio.[2]

El doctor Kevin Elko, un consultor de desempeño de McDonald, Pennsylvania, distingue entre metas de producto y metas de proceso. Una meta de producto es aquello que vas a lograr. Una meta de proceso es una prescripción para el éxito, es decir, el plan que tienes que seguir para cumplir con la meta de producto. Según el doctor Elko es el proceso el que nos lleva a cumplir con nuestras mayores aspiraciones. Para alcanzar el destino tenemos que poder visualizar la recompensa. El acto de visualizar la meta de producto nos ayuda a convertir el sueño en realidad y puede lograrse de muchas maneras, bien sea girándose un cheque a uno mismo o escribiendo los objetivos en una hoja de papel.

## UN MENSAJE DE GARCÍA

Una vez sepas lo que quieres hacer debes visualizar dicha meta con la claridad del cristal y enfocarte en ella constantemente. Escríbela, pégala en el espejo del baño o en tu cartelera personal, llévala en la billetera. Concéntrate diariamente en lograr dicha meta y grábala en tu mente subconsciente. Al hacerlo, tu mente irá acercándote a la realización de esa meta cuando se produzcan ciertas circunstancias o determinadas situaciones en el curso de tus actividades diarias. Tal vez tú le digas algo a alguien a quien normalmente no le hablas. Eso puede conducir a un encuentro o a una reacción que te lleve más cerca de la realización de tu meta. Te sorprenderá la capacidad de activación de energía potencial que se encuentra en el interior de tu ser y las posibilidades que tiene de atraer hacia ti todas las cosas que son necesarias para la realización de tus sueños.

## CAPÍTULO 23
## Abraza la diversidad

CUANDO SE TRATA DE CELEBRAR NUESTRA DIVERSIDAD no puedo pensar en un ejemplo mejor que el del doctor Martin Luther King Jr. Al contrario de lo que se podría pensar, considerando todas las imágenes que utilizó en su famoso discurso titulado "Tengo un sueño" ("I have a dream"), el cual pronunció de pie en la escalinata del monumento en memoria de Lincoln ante un público de 300.000 personas en 1963, Martin Luther King no era un soñador holgazán. Además de ser uno de los más grandes líderes de este país, también poseía los atributos de un empresario exitoso. Tenía una idea revolucionaria. Era un apóstol de la acción. Un hombre que no podía darse por vencido y, finalmente, murió mientras trabajaba intensamente por realizar su sueño. Por encima de todo nos enseñó que "la medida decisiva de un individuo no está dada por el lugar que ocupa en momentos de tranquilidad sino en dónde se para en momentos de controversia y retos".

A la edad de 15 años Martin Luther King Jr. entró a Morehouse College en Atlanta, Georgia, en el marco de un programa especial para estudiantes sobresalientes. Allí recibió su título de *bachelor of arts* en sociología en 1948. Como estudiante de pregrado sus intereses iniciales en medicina y derecho fueron reemplazados por un deseo de hacerse ministro religioso. Pasó los siguientes tres años en el Crozer Theological Seminary de Chester, Pennsylvania, donde estudió la filosofía de la no violencia del Mahatma Gandhi. A través del énfasis de Gandhi en el amor y la no violencia descubrió el método de reforma social que había estado buscando. También investigó la filosofía de varios teólogos protestantes contemporáneos y fue reconocido como el más destacado de su clase, por lo cual recibió la beca J. Lewis Crozer para estudios de posgrado en la universidad que eligiera. También fue elegido presidente de los estudiantes y pronunció el discurso de despedida de su promoción cuando obtuvo el grado de *bachelor in divinity* en 1951.

De Crozer pasó a la Universidad de Boston, donde estudió historia de la filosofía y examinó en profundidad a Platón, Hegel y Alfred North Whitehead, así como los trabajos de Reinhold Niebhur. Obtuvo un Ph.D. en teología sistemática en 1955. A pesar de un horario cargado, que incluía sus actividades familiares, su iglesia, la participación en la Unión de Iglesias Cristianas del Sur (Southern Christian Leadership Conference), sus viajes por el mundo y los numerosos compromisos como orador, el doctor King logró escribir seis libros. Aprendí muchas lecciones valiosas de sus escritos, las cuales he aplicado a mi propia vida, y recomiendo mucho la lectura de los siguientes libros que él escribió:

- *El camino hacia la libertad: la historia de Montgomery* (*Stride Toward Freedom: The Montgomery Story*, New York, Harper & Row, 1958). Es el primer libro del doctor King y contiene la historia del boicot de los buses en Montgomery y el comienzo del movimiento no violento por la conquista de los derechos humanos.

- *La medida de un hombre* (*The Measure of a Man*, Philadelphia, Pilgrim Press, 1959). Una selección de sermones del doctor King.

- *Porqué no podemos esperar* (*Why We Can't Wait*, New York, Harper & Row, 1963). Editado por James M. Washington. Es la historia de la campaña de Birmingham y una recopilación de escritos esenciales del doctor King.

- *La fuerza de amar* (*Strength to Love*, New York, Harper & Row, 1963). Una selección de los sermones más solicitados del doctor King.

- *¿A dónde vamos ahora? ¿Al caos o a la comunidad?* (*Where Do We Go From Here: Chaos or Community?*, New York, Harper & Row, 1967). Reflexiones acerca de los problemas de su época y de las prioridades de Estados Unidos.

- *La trompeta de la conciencia* (*The Trumpet of Conscience*, New York, Harper & Row, 1968). Es el texto de las Conferencias Massey, patrocinadas por la Canadian Broadcasting Corporation (publicadas en forma póstuma). El doctor King trata temas que incluyen la guerra de Vietnam, la juventud, la desobediencia civil y concluye con el "Sermón de Navidad por la Paz".

King tomó la filosofía teológica y las visiones profundas, adquiridas con su formación académica, y transformó dichas ideas en acciones concretas, obligando a los dirigentes del país a examinar sus propias conciencias. Utilizó su genio político, su intelecto y su capacidad de persuasión para convertir los derechos humanos en un tema moral que no podía seguir siendo ignorado.

Puede resultar curioso el que un hispanonorteamericano como yo se interese hasta este punto en Martin Luther King. La razón es muy sencilla. Es porque él luchó por, y conquistó, derechos que no han beneficiado solamente a los afronorteamericanos sino a todos nosotros. Podemos honrarlo todos los días asumiendo la responsabilidad personal de cumplir con excelencia en todo lo que hagamos y siendo tenaces en todo lo que tenga que ver con convertir en realidad nuestros sueños.

### Éxito frente a la discriminación

Cuando murió Benjamin O. Davis Jr., en julio de 2002, perdimos mucho más que un general de cuatro estrellas. Perdimos un valiente hombre afronorteamericano que luchó guerras tanto dentro como fuera del campo de batalla. Este general de la Fuerza Aérea, cuya hoja de vida en combate fue ejemplar, desempeñó un papel protagónico en fomentar la integración de las fuerzas armadas después de la Segunda Guerra Mundial.[1]

Durante esta confrontación la segregación racial minó las fuerzas militares norteamericanas. Los aviadores negros eran entrenados en una base militar de la ciudad de Tuskegee, Alabama. Los que fueron entrenados en dicha base llegaron a ser conocidos como los Hombres del Aire de Tuskegee.

El general Davis, quien por entonces era coronel, fue el comandante de esos hombres en el teatro de operaciones de Europa contra Alemania. Él y sus pilotos escoltaron bombarderos en 200 misiones durante la Segunda Guerra Mundial. Ni uno solo de los puestos bajo la protección de este grupo se perdió debido a los ataques nazis. El heroísmo de esta unidad de combate, integrada exclusivamente por negros, está profusamente documentado y constituyó la base para la integración de las fuerzas armadas.

Hombres como Davis y los Hombres del Aire de Tuskegee enfrentaron a la vez batallas aéreas y en el frente interno de su país para poder ser reconocidos en pie de igualdad. La Fuerza Aérea, en la cual serví, acogía hombres y mujeres de todo tipo. Sin embargo existen problemas frente a la diversidad en prácticamente cualquier organización.

### No es fácil ajustarse a una cultura diferente

En mi primer día en la Academia de la Fuerza Aérea tuve una conversación con uno de mis nuevos compañeros. Durante la charla hizo un chiste en el cual empleaba una frase que nunca antes había oído y luego se rió a carcajadas de su ocurrencia. Debe haberse dado cuenta de la inexpresividad de mi rostro y me explicó que la expresión venía de *Mork y Mindy*, una serie de televisión de la cual jamás había escuchado hablar.

Mi compañero me explicó que el programa trataba de un extraterrestre, interpretado por Robin Williams, que llega a la tierra. Mork, el personaje de Williams, es completamente ajeno a las costumbres, hábitos, tradiciones y lenguaje de los seres humanos y es su comportamiento inapropiado lo que desencadena la risa. Más de una vez, durante mis primeros días, entre mis compañeros de la Academia me sentí como Mork.

Aunque no me sentía discriminado a veces me sentía raro. En aquella época tenía un acento bastante marcado y, aunque en la actualidad ya lo perdí, queda algo en la entonación de mi voz que la hace sentir como si estuviera preguntando algo más bien que afirmando un punto. Gradualmente pude ajustarme a la vida en Estados Unidos. Mis padres me habían enseñado inglés cuando era niño, en Panamá, de modo que mi capacidad para entender el idioma me facilitó tremendamente la adaptación a estas costumbres, incluyendo las series de televisión. También me ayudaron mucho los veranos pasados con mi abuelo en Daytona Beach y las largas conversaciones que teníamos con él en inglés.

Para muchos inmigrantes la adaptación a la vida en Estados Unidos es mucho más dramática y difícil, unas veces paralizante y, en otras, abrumadora. Luchan por aprender el idioma y es muy probable que lo hagan con un acento que no es fácil de entender. Inclusive, más difícil que aprender las palabras mismas, está el hecho de comprender los conceptos que hay detrás de la gramática y de las referencias a la cultura popular, tales como la que ya señalé en el caso de *Mork y Mindy*. Si has vivido toda tu vida en otro lugar imagínate tratando de entender una forma de hablar tal como "Tú tomar el pastel" ("You take the cake"). Si jamás en tu vida has hablado inglés, ¡piensa en lo difícil que es comprender por qué las expresiones "oportunidad gorda" ("fat chance") y "oportunidad flaca" ("slim chance") significan lo mismo! ¿Qué tal la idea de darle sentido a la expresión "llueven perros y gatos" ("it's raining cats and dogs")?

Ya para el último año en la Academia sentía mi pertenencia. Conduje mi escuadra en formación de desfile al entrar a un estadio de fútbol para un importante juego contra nuestro rival más aguerrido, Notre Dame. Mientras marchábamos por el campo deportivo un halcón, la mascota de la Fuerza Aérea, voló a través del cielo despejado. Las graderías estaban atestadas de miles de fanáticos. Portaba un sable extendido frente a mí y la luz se reflejaba en su hoja plateada. Mientras avanzábamos por el campo mi nombre fue anunciado por el altavoz: "Charles García, vicecomandante de Ala, de la República de Panamá".

En ese momento sentí que nunca podría realizar nada mayor que conducir a mi escuadra por el campo deportivo frente a un estadio atestado de gente. Ese día sentí que mis sueños se habían hecho realidad.

# UN MENSAJE DE GARCÍA

El respeto por la diversidad es una característica de la gente de éxito, la cual evita las generalizaciones y sabe ver más allá de la extracción étnica de un individuo. El empresario exitoso aprecia el hecho de tener empleados de procedencias diversas y sabe que esa variedad puede ayudar a mejorar los resultados. Las iniciativas en pro de la diversidad han demostrado un efecto positivo sobre la moral y la productividad. Dichas iniciativas también pueden conducir al mejoramiento del servicio al cliente y a una mayor penetración de mercado.

Demasiadas personas generalizan inapropiadamente acerca de las minorías, basándose en estereotipos para formarse prejuicios acerca de una persona o de una clase de gente. Curiosamente esto incluye a miembros de minorías que, a su vez, tienen prejuicios acerca de ciertos miembros de su propio grupo, así como de otros. Los hispanos, por ejemplo, no constituyen un conglomerado homogéneo. Ellos comprenden una serie de razas y culturas separadas y distintas que tienen en común el idioma. Entre esos grupos existen diferencias sutiles asociadas con la diversidad de los países hispanoparlantes de origen. La mayoría de los norteamericanos no logran reconocer estas distinciones y muchos miembros de la comunidad hispana en sentido amplio poseen sus propios prejuicios.

La gente exitosa se fija en el individuo y no en de dónde viene ni en la forma en que habla. Lo esencial siempre deben ser sus capacidades individuales y sus talentos. La gente exitosa considera a los demás en términos de su participación y su contribución *gracias* a las diferencias que enriquecen, como raza, cultura, religión y edad, y no *a pesar* de ellas. El prejuicio, al igual que el miedo, puede impedirle a un individuo lograr sus sueños en la vida.

❖  ❖  ❖

## CAPÍTULO 24
## La edad no es un
## obstáculo al éxito

NUNCA SE ESTÁ DEMASIADO VIEJO para tener metas ni el deseo de alcanzar los propios sueños. Al envejecer es posible que no seas capaz ya de ganar el gran *slam* de golf pero tus metas pueden resultar igualmente significativas para ti. En *Pasajes (Passages)* Gail Sheehy habla de tres "edades adultas". La tercera edad adulta comienza aproximadamente a los 60 años. Durante esta tercera edad adulta descubres quién eres y empiezas a recuperar tu vida. En lo esencial comienzas de nuevo tu vida. Tal vez adoptas un nuevo *hobby* o te ofreces como voluntario para trabajar por una causa especial. Es buena época para ir tras lo que te apasiona, si no lo estás haciendo ya. Si aún no has encontrado cuál es tu pasión piensa en aquello que te gustaba cuando eras niño y parte desde allí. Durante esa tercera edad adulta debes ser capaz de reparar una mala relación o abandonarla.

Toma el caso de la mujer de 61 años de la Universidad Barry de Miami, Florida, que está haciendo mucho más que estudiar. También juega en el equipo de golf y ayudó a su universidad a ubicarse en la segunda posición en los campeonatos de golf femeninos de la segunda división de la Región Sur de la NCAA.[1]

El nombre de Judy Eller puede serte familiar, puesto que ella ganó el campeonato de golf juvenil de Estados Unidos en 1957 y 1958, cuando era estudiante de la Universidad de Miami. En 1959 fue campeona de la NCAA. Un año más tarde jugó con el equipo norteamericano que ganó la Copa Curtis.

En 1961 Judy Eller se casó con Gordon Street y abandonó su deporte para dedicarse a criar a sus cuatro hijos. Su regreso al golf, al igual que a la universidad, fue accidental, cuando asistía a una cena de premiación de los atletas de la Universidad de Barry y se topó con el entrenador de golf Roger White. Aunque la cuestión comenzó en son de chiste el hecho es que Eller Street podía participar durante cuatro semestres como jugadora de la segunda división.

En 2001 Eller Street se matriculó como estudiante, se puso en forma, perdió 20 libras y entró a las canchas. Durante un día típico en la universidad compite con golfistas que han cumplido apenas la tercera parte de su edad y transporta sus palos a lo largo de 36 hoyos antes de regresar, conduciendo las 25 millas hasta el campus universitario para presentar algún examen.[2] La buena noticia es que luego de ocho rondas de torneo su promedio es de 84,6 golpes.

La edad tampoco detuvo a Helen Hooven Santmyer. Su primer libro, *Y las damas del club (And Ladies of the Club)*, fue un *best seller* del cual se imprimieron dos millones de ejemplares. Ella tenía ya más de 80 años cuando se publicó. Otra escritora, Mildred Benson, aún se encontraba firme en su escritorio en el *Toledo Blade* a la edad de 96 años. Era la periodista activa de mayor edad del país cuando murió en mayo de 2002. Benson no sólo sacó adelante su sueño de ser periodista, sino que inspiró a millones de niñas que la imitaron. Fue la autora de los primeros 23 tomos de los *Misterios de Nancy Drew*. Escritos bajo el seudónimo Carolyn Keene, los libros de Benson les mostraron a las niñas que podían ser inteligentes y aventureras.[3] La propia autora era aventurera y arriesgada. A la edad de 59 años se entusiasmó por volar y obtuvo sus alas de piloto comercial y privado. Realizó un viaje en canoa a través de las selvas de Centroamérica acompañada únicamente por sus guías nativos.

### *Ponte un juego de llantas nuevas y a ¡rodar!*

Stanley H. Kaplan, fundador de los Centros Educativos Kaplan, está aún en circulación dictando conferencias y escribió un libro a los 82 años. Respondiendo a la pregunta de un reportero, él dijo que no se estaba retirando sino simplemente colocándose llantas nuevas.

Hay muchos más ejemplos de personas mayores que siguen realizando sus sueños. A la edad de 70 años el gobernador de Louisiana Mike Foster se matriculó en la escuela de derecho. Otro caso impresionante de vigor académico es el de un funcionario pensionado del gobierno que a los 80 años recibió su Ph.D. en estudios urbanos. El coronel Sanders no era ningún pollito cuando finalmente obtuvo el éxito en el negocio de los pollos, ya que tenía más de 60 años cuando KFC logró despegar. Grandma Moses estaba ya entrada en años cuando su carrera de pintora salió adelante. En cuanto al coronel Tom Parker, no era ningún joven-zuelo cuando descubrió a Elvis Presley.[4]

El ex senador John Glenn soñaba con regresar al espacio. Primero navegó alrededor de la tierra, completando tres órbitas en la cápsula espacial *Friendship 7* (*Amistad 7*), en 1962. En 1998, a la edad de 77 años, viajó a bordo del transbordador espacial *Discovery*. Glenn superó la cuestión de su edad y bromea diciendo que el transbordador anduvo todo el tiempo por el carril izquierdo con la luz direccional prendida, en una referencia burlona al estereotipo del conductor de edad avanzada.

### *De héroe a sanador*

Bernard "Burn" Loeffke, con quien realicé una memorable marcha a las 5 de la madrugada con equipo militar de campaña completo y rifle, se retiró de las fuerzas armadas después de una carrera de casi 40 años y ha seguido trabajando en pos de sus excepcionales logros. A la edad de 62 años él está completando su sueño original, el cual pospuso por cumplir una carrera militar ejemplar.

De joven Loeffke siempre soñó con ser médico. En ese entonces viajaba mucho con sus padres. Su padre era un profesor universitario y su madre una española de familia acomodada, quien le inculcó un gran amor por su lenguaje y su cultura. Vivieron en París, en Suramérica y, finalmente, en Nueva York, ciudad donde él se consagró como campeón de natación. Cuando fue recibido en West Point, gracias a sus proezas como nadador, se disipó su sueño de dedicar su vida a la medicina.[5]

Al pensionarse recibió ofertas de cargos muy altos en la venta de armas y automóviles a China. Sin embargo no había duda acerca de lo que él quería hacer al retirarse: misiones médicas a favor de los más pobres. Para lograr su sueño Loeffke pasó dos años matriculado en un programa para asistentes médicos, un diploma que le permite hacer más o menos las dos terceras partes de lo que hace un médico licenciado. Optó por no hacer la carrera completa porque eso le llevaba mucho más tiempo. Se graduó del programa de asistentes de medicina en la Universidad de Nova Southeastern, en Davie, en 1997.

No obstante ser pensionado el general no parece estar bajando la guardia, sino todo lo contrario. Desde 1997 su trabajo como misionero médico lo ha llevado a Afganistán, Camboya, China, Guatemala, Guayana, Sudán y Vietnam. También estudia y dicta cursos de liderazgo y estudia y escribe sobre filosofía. Es prácticamente obsesivo en cuanto a estar en buen estado físico y corre cinco millas todos los días por Hollywood Beach. Dentro de nueve años, cuando tenga 75, espera terminar la competencia Ironman de Hawaii: un recorrido a nado de dos millas por el océano, seguido por un recorrido de 150 millas en bicicleta y, finalmente, un maratón de 26 millas.[6]

❖

# UN MENSAJE DE GARCÍA

El éxito puede conseguirse a cualquier edad. Por supuesto que cuando se está joven es más fácil y más realista aspirar a ciertos sueños, que se vuelven menos realizables a medida que uno envejece, especialmente aquellos que se basan en logros de índole física.

Inclusive al avanzar en edad resulta saludable seguir trabajando en nuestro mejoramiento como seres humanos, el cual incluye mantener nuestra mente tan activa como sea posible y participar en algún tipo de actividades físicas. Puede tratarse de manejar un nuevo programa de computador, aprender a tejer, jugar *backgammon* o *bridge* –actividades que plantean menos exigencias físicas– pero uno siempre puede asomarse a nuevas experiencias, aumentar su conocimiento y participar en actividades que lo mantienen en buena salud. El voluntariado para trabajar en causas caritativas y la participación en importantes proyectos comunitarios también pueden mantenerte vital y joven de corazón. A medida que vas llegando a edad más avanzada es importante permanecer tan activo como sea posible mediante el ejercicio, tanto de mente como de cuerpo. La gente exitosa de cualquier edad debería mirar hacia el futuro más bien que quedarse en el pasado. Mantén tu mente llena de sueños y de metas.

## CUARTA PARTE

# Estrategia de éxito No. 2: Comienza a planificar ahora mismo

## CAPÍTULO 25
## La preparación lo es todo ... y algo más

RAY Y ROSE CHÁVEZ CONOCEN MUY BIEN EL VALOR de la preparación. Aunque el señor y la señora Chávez nunca estudiaron más allá de la secundaria querían que sus hijos se graduaran de la universidad.

Desde la tierna infancia de sus hijos los Chávez limitaron la cantidad de tiempo que podían pasar mirando televisión. También empezaron a leerles hasta que los niños tuvieron la capacidad de hacerlo solos. Para preparar a sus hijos para el estudio, así como para la vida, estos padres hicieron sacrificios. Un poco de dinero extra fue empleado para comprar libros y enciclopedias en lugar de usarlo para vacaciones y carros suntuarios.

El trabajo arduo, la dedicación y el compromiso de Ray y Rose han pagado enormes dividendos. En 2001 Elena, la menor, se graduó de Harvard con honores. Sin embargo Elena no era la primera Chávez que asistía a la universidad y se graduaba. Era la quinta de los hermanos Chávez que lo hacía de Harvard. Gracias a los sacrificios de sus padres los cinco hijos recibieron una educación de primera y están totalmente preparados para dejar su huella en el mundo.[1]

Existen libros acerca de cualquier carrera imaginable. Encuéntralos y léelos. Te brindarán una gran cantidad de reflexiones enriquecedoras acerca de cualquier cosa que estés interesado en realizar en tu vida. De hecho, es una gran cosa que se puede hacer mientras se está en busca de un mentor. Inclusive te puede ayudar mucho a encontrar uno. Cuando menos demostrarás que estás haciendo las tareas, que estás familiarizado un mínimo con el campo de trabajo que has elegido e, invariablemente convencerás a tu posible mentor, o inclusive a tu empleador potencial, acerca de la intensidad de tu interés, colocándote con muy buena ventaja frente a tus posibles competidores.

Tus lecturas no deben limitarse a libros relacionados con tu área de trabajo. Un comité de educadores y de líderes culturales de Nueva York salió con la misión de encontrar libros que estimularan a más gente joven y a más adultos a leer. *El color del agua (The Color of Water)* fue elegido como el primero que los neoyorquinos debían leer.[2]

No sorprende que hubieran elegido *El color del agua*. Esta obra, escrita por James C. McBride, cuenta la historia verdadera de lo que era crecer en Harlem, Brooklyn y Queens en medio de 11 hermanos. El padre de McBride era un ministro bautista afroamericano y su madre una inmigrante polonesa yiddishparlante cuyo padre era rabino.

Raquel, la madre de McBride, era una mujer de temperamento muy fuerte que creía fervientemente en la religión y la educación. Cuando se casó con un negro sus parientes se sentaron a velarla simbólicamente, de acuerdo con la tradición ortodoxa judía, como si hubiera muerto. Ella se convirtió al cristianismo y le ayudó a su esposo a construir una iglesia bautista en Brooklyn.

Luego de la muerte de su esposo Raquel se casó con otro afroamericano. Él crió a sus ocho hijos y tuvieron otros cuatro más en ese segundo matrimonio de ella. Eran extremadamente pobres y vivían en condiciones difíciles. Los varones vivían apretados en una alcoba y las mujeres en otra.[3] A través de toda la vida la madre de McBride predicó el valor de la educación, insistiendo en que el dinero no significa nada si tu mente está vacía.

Los hijos de Raquel tomaron en serio las palabras de su madre. Todos los 12 fueron a la universidad y la mayoría alcanzaron diplomas avanzados. McBride es titular de una maestría en periodismo de la Universidad de Columbia y un avezado intérprete y compositor de saxofón. A la edad de 65 años Raquel se graduó como trabajadora social de la Universidad de Temple. McBride le preguntó alguna vez a su madre si Dios era negro o blanco. *The Roanote Times & World News* informa que ella contestó: "Dios es del color del agua. El agua no tiene color".

## UN MENSAJE DE GARCÍA

La planificación y la preparación son ingredientes esenciales del éxito. Si sientes pasión por una carrera en particular, o por un sector de actividad, querrás aprender todo lo referente a ella. Durante el curso de esa autoeducación deberías poder hallar un mentor. Probablemente no consigas a Bill Gates o a Warren Buffet como mentores, pero el leer acerca de su filosofía y sus estrategias es el siguiente paso.

Leí por primera vez acerca de Buzzy Schwartz, uno de los legendarios negociantes de bolsa de Wall Street, en el libro titulado *Magos del mercado (Market Wizards)*, el cual trata de los colosos de ese centro financiero. Eso me inspiró a buscarlo como mentor. Nunca habría sabido de él si no fuera por el libro y mi carrera hubiera tomado otra dirección. Después de leer acerca del programa de becarios de la Casa Blanca me concentré en lograr que me eligieran para ese programa. Indudablemente, si no hubiera sido seleccionado para integrar dicho programa mi vida hubiera seguido un camino muy diferente. Encontrar un buen mentor en la vida es, con frecuencia, el punto de quiebre hacia la realización de tus sueños. Trabaja duro para encontrar a alguien que pueda ayudarte en el área que has elegido para realizar tu sueño.

# CAPÍTULO 26
## La gente de éxito es creativa

LOS EMPRESARIOS PUEDEN DESARROLLAR SU CREATIVIDAD montándose a caballo en las ideas de los demás. Robert Hardgrove distinguía dos tipos de empresarios –los que inventan algo nuevo y aquellos que practican la imitación creativa–. Con imitación creativa los empresarios identifican oportunidades lucrativas en un campo en el que ya han tenido experiencia, e imitan creativamente cuando construyen sobre la base propuesta por las ideas de otras empresas. Incluso Sam Walton, fundador de Wal-Mart, dice que tuvo sus mejores ideas observando cómo hacían su trabajo los demás negociantes.

Arthur K. Melin es uno de los fundadores de la empresa que hizo popular el *frisbee* en los años 50. Pero Edward E. Headrick tomó esa idea maravillosa y la hizo aún mejor. Él le añadió rendijas y lo hizo más ágil. Los surcos concéntricos, o *spoilers*, que Headrick añadió minimizaron la resistencia aerodinámica. El resultado final fue que un jugador novato de *frisbee* podía lanzar el implemento más lejos y con mayor precisión.

La Federación Nacional de Empresas Independientes realizó una encuesta entre los propietarios de pequeñas compañías para saber cómo organizaban su jornada de trabajo. Resultó que 42 por ciento de su tiempo lo emplean en operaciones. Ventas y *marketing* representan 22 por ciento. Apenas 10 por ciento del tiempo es empleado en concepción de estrategias y planificación. Esto muestra que los propietarios de pequeñas empresas no están pensando con creatividad en las formas de lograr que sus negocios crezcan.

### Logra la quietud y deja brotar la genialidad

¿Cuándo fue la última vez que tuviste una idea brillante? ¿Te imaginas que tuvieras que exponer ideas brillantes todo el tiempo? Algunos negocios, como el de la publicidad, requieren este don. La publicidad es el negocio de las ideas. Algunas personas son más creativas que otras pero todo el mundo es capaz de desarrollar habilidades que le permitan explorar y desarrollar la creatividad.

Paula Ancona da consejos para alimentar la creatividad. Aconseja tener una "lista de ideas". Ella recomienda también ampliar los horizontes. Puede resultar productivo elegir un nuevo pasatiempo o probar algo que sea ajeno a tus costumbres. Cambia tu rutina, tomando un camino distinto al habitual para llegar al trabajo o sal a almorzar con un nuevo grupo de personas. Separa tiempo en tu agenda para dedicarlo a la reflexión espontánea.

Me parece que la meditación es un buen espacio para que surjan buenas ideas. La idea de despejar la mente mientras que al mismo tiempo uno se concentra en una solución específica puede sonar contradictorio. Sin embargo, cuando se logra quietud, paz y "se abre la mente" a la energía del universo, se logran varias ideas excelentes y soluciones para las cuestiones en las cuales se medita.

Napoleon Hill recomendaba estudiar, pensar, planear cómo lograr tus metas a diario. Él sostenía que uno debe dejar por escrito de manera precisa y concisa un plan de acción. La propuesta escrita debe decir exactamente qué se quiere y cuándo se quiere. También decía: "Todo lo que tu mente sea capaz de concebir, eso eres capaz de lograr".

Brian Tracy defiende la práctica de la soledad y la contemplación y escribe: "En cualquier ocasión que necesites la respuesta a una pregunta, la solución a un dilema, o la herramienta para superar cualquier dificultad, practica la soledad. Ve y siéntate solo en algún lugar totalmente libre de ruido y distracciones durante 60 minutos. Se ha dicho que empezamos a volvernos grandes hombres y mujeres cuando comenzamos a pasar tiempo solos, prestando atención a nuestras voces interiores". "Llega el punto", escribe además Tracy, "en el que ideas y visiones empiezan a fluir por nuestra mente".

Las distracciones están por doquier. Desde el momento en que abrimos los ojos por la mañana hasta el momento en el que los cerramos por la noche diferentes cosas están compitiendo por obtener nuestra atención. Nos quedamos dormidos al son acechante de la televisión o de alguna música. El último comercial aún resuena en nuestros oídos. O tal vez leemos hasta que las palabras se vuelven confusas y nuestros párpados piden piedad. Cada mañana otros 120 millones de norteamericanos probablemente comienzan su día escuchando la misma estación de radio o prendiendo el televisor.

La televisión es probablemente la principal distracción de nuestras vidas. Es la antítesis de la reflexión. Piensa en nuestro lugar. ¿Es posible obtener ideas al mirar televisión? ¡Absolutamente no! Pero, entonces, ¿cómo pretendes desarrollar esas ideas brillantes si no dejas de someter tu cerebro anestesiado a un constante flujo de ruido ensordecedor y de colores resplandecientes?

Te reto en este mismo instante a que hagas lo siguiente: toma un problema que estés enfrentando actualmente, o aquella cosa que consideres la más importante de las que ocupan tu mente en este momento. Llévalo a tu mente y ve a sentarte en algún sitio. Encuentra un espacio tranquilo, bien sea fuera o dentro de tu casa. Entonces simplemente cierra los ojos y trata de despejar tu mente. No pienses en nada en particular, o tal vez piensa simplemente en el silencio y trata de despejar tu mente como si fuera una hoja en blanco. Lo que sucederá es que después de 10 ó 15 minutos comenzarás a tener destellos de ideas en la cabeza. Serán todo tipo de pensamientos extraños. Cosas que ni siquiera creías estar pensando saldrán a la superficie.

Cuando tú aprendes a meditar realmente, puedes lograr el control del pensamiento y lo que descubrirás es que en realidad tu mente es un imán de ideas. Las cosas simplemente te van a llegar a la cabeza. El punto es que la quietud, la soledad y el tiempo para los pensamientos sencillos son elementos *esenciales* para la creación de nuevas ideas.

# UN MENSAJE DE GARCÍA

La creatividad engendra el éxito. Al ser creativo estarás trabajando continuamente en el desarrollo de formas nuevas e innovadoras de resolver problemas. Eso significa que tienes que separar tiempo para pensar. Búscate un lugar tranquilo y limpia tu mente de todo tipo de distracciones. Las ideas son el trampolín para un mejor desempeño en el trabajo y para la planificación y el crecimiento de tu negocio. Bríndate la oportunidad de pensar y de generar nuevas ideas.

Adicionalmente, puedes construir cosas a partir de las ideas de otros. El proceso de tormenta de ideas es algo muy dinámico y te permite alimentarte de los conceptos de un grupo. Cuando entras con otros en un proceso de intercambio de ideas las energías creativas de todos se combinan. Trabajando en forma de grupo cooperador habrá más oportunidades de llegar a mejores ideas que procediendo individualmente.

Recuerda que debes mantener una libreta de apuntes y un estilógrafo al lado de tu cama. Algunas de mis mejores ideas me asaltan a la mitad de la noche, es decir, cuando mi mente está completamente relajada y trabaja como receptor de las energías del universo.

# CAPÍTULO 27
## La cultura del éxito

Fundé el grupo financiero de empresas Sterling en 1997. Uno de los principios que de inmediato elegí insertar en su corazón fue la cultura del éxito. Aprendí este concepto de John C. Whitehead, uno de mis mentores, que era el copresidente de la junta directiva de Goldman Sachs, uno de los bancos de inversión más grandes y más exitosos de todo Wall Street. Conocí a Whitehead cuando me contrató para que trabajara para él como becario de la Casa Blanca. En ese entonces él era vicesecretario de Estado del gobierno Reagan. Buena parte de nuestro éxito en Sterling se derivó de que estábamos siguiendo el modelo de Goldman Sachs. Era más fácil de aplicar por el hecho de que creía en él y porque no había una cultura atrincherada en mi firma que yo tuviera que cambiar o eliminar. He aquí algunos de los principios de Goldman Sachs[1]:

- Los intereses de nuestro cliente pasan por delante de los nuestros. Si nos ponemos al servicio de los intereses de nuestro cliente, triunfaremos.

- La gente, el capital y la reputación son nuestros principales activos.

- El trabajo de equipo es fundamental. Un individuo no puede poner sus intereses personales por encima de los de la firma o de los de sus clientes.

- Las utilidades resaltan tu éxito porque incrementan nuestro capital y convierten a la firma en una empresa donde la gente quiere trabajar.

- Compartimos estas utilidades con la gente que nos ayudó a generarlas.

Whitehead y Goldman Sachs creían que la esencia de la razón de ser de la empresa consistía en servir al cliente. Todos y cada uno de los miembros de la firma, de los socios para abajo, le deben responsabilidad al cliente.[2] Otro ingrediente clave del éxito de Goldman Sachs consistió en enfocarse en el largo plazo. Al considerar ampliamente en lo que sería el negocio dentro de cinco años él minimizó la codicia de corto plazo que condujo a la pérdida de tantas firmas de Wall Street. Debido a su compromiso de cumplir con metas de largo plazo podía continuar colocando énfasis en el trabajo de equipo, baja rotación de la planta de personal y prelación del servicio al cliente. El hecho de contar con esta cultura del éxito ha contribuido grandemente a nuestros logros, los cuales han sido numerosos e incluye el haber sido nombrado como la empresa hispana de más rápido crecimiento en Estados Unidos por la revista *Hispanic Business*.[4]

En Sterling no hacemos esperar a la gente por sus bonificaciones. Cuando alguien se desempeña bien se le otorga de inmediato un incentivo monetario en su siguiente cheque de nómina. Lo que más cuenta no es necesariamente la cantidad misma de dinero sino el hecho de que el empleado o la empleada se percatan de que sus logros no han pasado inadvertidos.

### Dale reconocimiento a un trabajo bien hecho

Para sostener una cultura del éxito la estabilidad de los empleados es clave. En mi empresa nos enorgullecemos de tener baja rotación en la nómina de empleados, lo cual se debe probablemente en parte a la existencia de este tipo de reconocimiento. Supervisores y gerentes deben darle reconocimiento a la gente por el buen trabajo. Esto debería ser algo de todos los días y no solamente un acontecimiento esporádico. Si alguien hace su trabajo bien, díselo. No solamente tu equipo lo apreciará sino que todo el mundo trabajará con más empeño, mantendrá una buena actitud y seguirá trabajando con un espíritu entusiasta.

El reconocimiento significa mucho. Observa cómo camina la gente por tu oficina. ¿Lo hacen con garbo o arrastran los pies? Observa el lenguaje corporal de tus empleados, pues él te dirá incontables cosas acerca de la moral y la actitud de todos.

La inversa también es cierta. Cuando la gente trabaja duro y está consciente de que lo hace con todo el empeño y, no obstante, no obtiene reconocimiento, con frecuencia se torna amargada. Esa amargura puede rápidamente convertirse en desprecio y conducir a una actitud empobrecedora, moral baja y productividad negativa. Las dos frases siguientes son increíblemente sencillas, pero también son muy poderosas: "Oye, buen trabajo, gracias por tu empeño. Valoro el tiempo que estás invirtiendo en este proyecto, verdaderamente tu intervención ha producido una diferencia". Estas dos frases, dichas cada vez que se produce el caso y un trabajo ha sido terminado a entera satisfacción (con lo cual el empleado ha demostrado que recorrió ese trayecto adicional indispensable para cerrar con broche de oro) le brindan a esa persona reconocimiento y ayudarán a producir resultados por encima del promedio. Eso es lo que se llama generar una cultura del éxito, pues cuando todos se sienten contentos con su labor trabajan más intensamente y mejor. Esto se convierte en un multiplicador. Imagínate si cada uno de los empleados trabajara 5 a 10 por ciento más duro cuánto más rentable podría llegar a ser tu empresa.

El refuerzo positivo, el manejo motivacional y las palmadas en la espalda constituyen una especie de segunda naturaleza de los buenos líderes y de las personas de éxito. Por definición, los grandes líderes son capaces de hallar maneras únicas de ejemplificar este principio. El general Patton instaló un sistema de radio en una base y lo utilizaba para reconocer los esfuerzos de sus tropas. Él solía abrir el espacio previsto diciendo: "Encontré un buen soldado hoy", y procedía a mencionar el nombre del individuo.[5]

Aprendí otra táctica efectiva del general Galvin. Él creía en el método de escribir notas mediante las cuales felicitaba a una persona por un trabajo bien logrado. A todo lo largo de mi carrera noté que mucha de la gente excepcional con la cual trabajaba también les escribía a su personal o a sus colegas. De hecho, muchos de nuestros presidentes creían en las virtudes de escribir notas personales como medio de expresar su gratitud. Una nota del Presidente es algo muy poderoso. Obviamente, tú no tienes que ser el presidente de Estados Unidos para que valga la pena escribir una carta de agradecimiento. Toda la gente aprecia un gesto así, independientemente de quién provenga.

El comportamiento opuesto, según el gurú de la administración de empresas Ken Blanchard, es aquello que hacen las "gaviotas". Él define a la "gaviota" como ese líder egoísta que le saca gusto a acosar a la gente. La gaviota aparece volando cuando estás haciendo algo mal. Los líderes gaviota detestan que les lleguen con *feedback* negativo porque eso los hace sentir menos omnipotentes.[6] Según Blanchard, los gerentes gaviota tienen baja autoestima y son reticentes a compartir el crédito por lo bueno o el poder. Rara vez alaban a la gente que trabaja para ellos. Sus subalternos rara vez escuchan comentarios favorables y, por lo general, sí escuchan críticas. Con demasiada frecuencia la única manera que sus empleados tienen de saber si están haciendo un buen trabajo es cuando no los están regañando.

### Tú puedes crear una cultura del éxito en casa

Tú puedes inclusive crear una cultura del éxito en tu propia casa. Pregúntate qué tipo de mensajes les estás enviando a tus hijos. Ojalá no estés llevándoles mensajes negativos (ni artículos de la oficina) a casa, lo cual influenciaría inconvenientemente a tus hijos en sus sentimientos acerca del trabajo y el éxito. ¿Los estás estimulando a convertirse en futuros tenientes Rowan, la figura heroica del *Mensaje a García*, o les estás enviando mensajes desestimulantes?

Suponiendo que tu familia se sienta toda a la mesa a la hora de la comida, lo cual es muy importante, pregúntate qué mensajes les estás transmitiendo a tus niños. ¿Les estás llevando el mensaje de que el trabajo arduo no te lleva a ningún lado y que el progreso es sólo cuestión de politiquería de oficina; o les estás enseñando lecciones positivas acerca de cómo lograr el éxito? ¿Les estás demostrando la importancia de la integridad y el honor tanto de palabra como de obra? ¿Les estás enviando mensajes que fomenten la tolerancia?

Inclusive, si tu oficina resulta ser un lugar mucho menos que ideal, no eches a perder la noción que tengan tus hijos de la importancia de trabajar con tesón. Es posible que tú no recibas todo el reconocimiento que correspondería en el trabajo pero a tus hijos sí se les deben reconocer sus logros. Deben aprender el valor del trabajo en equipo, de ver a cada uno de los miembros de la familia luchando mancomunadamente por un objetivo común.

A medida que vas avanzando en la realización de tus sueños, y actuando en función de lo que te entusiasma, anima a tus hijos a sentir pasión por aquello que les interesa. Inclusive, si ellos desarrollan actividades que tú no necesariamente apruebas, no te atravieses en sus caminos. Mi padre no estaba nada contento con mi decisión de solicitar admisión en la Academia de la Fuerza Aérea y seguir la carrera militar, pero me dejó elegir el sendero que quería seguir. Todos nosotros debemos trabajar en aquello que nos apasiona y no en lo que desean nuestros padres. Por supuesto, eso no significa que los padres tengan que subsidiar las actividades apasionadas de sus hijos.

Al ir desarrollando una cultura del éxito en tu casa observa el impacto de la personalidad en los logros personales. Napoleon Hill ha dicho que la personalidad puede ser el principal activo o el principal pasivo. Es tu personalidad la que le da forma a tus pensamientos, tus logros y tus relaciones con los demás. Según Hill una personalidad agradable es el producto de una actitud mental positiva, de tolerancia, cortesía, sinceridad, sentido del humor, paciencia y otros factores.[7] Todos ellos pueden ser parte de tu cultura familiar.

Andrea Jung, Directora Ejecutiva de Avon, recibió un magnífico consejo de su madre. Ella escribió que su madre le dijo: "Las niñas pueden hacer absolutamente todo lo que los niños hacen. Una mujer puede alcanzar el nivel que quiera en cualquier disciplina si trabaja lo suficiente".[8]

187

# UN MENSAJE DE GARCÍA

Exactamente del mismo modo en que uno se esmera por lograr la excelencia en el producto o servicio que les entrega a sus clientes, también debe trabajar para conseguir altos estándares, ética y una cultura del éxito en su organización. En tanto que cada miembro de la firma debe asumir la responsabilidad de adherir a un exigente código moral, el ejemplo debe ser dado al más alto nivel. Sólo entonces la fibra moral de la empresa tejerá su camino hasta penetrar al interior de cada uno de los miembros de la organización. Cada uno de ellos deberá, entonces, comprender y emplear esos conceptos para armar una actitud positiva combinada con una ética de trabajo ejemplar. Las personas disfrutan al saber que trabajan para una empresa de buena reputación y se esforzarán mucho por protegerla y preservarla.

Una actitud positiva es el catalizador de un desempeño superior, y ambos pueden ser facilitados por el reconocimiento y los mensajes de refuerzo positivo que responden a un trabajo bien hecho a todos los niveles de la organización. En cada uno de dichos niveles, los cumplidos y el reconocimiento de un buen desempeño deben hallar el camino adecuado para bajar a lo largo de la jerarquía. Eso puede lograrse mediante bonificaciones, grandes y pequeñas, una llamada telefónica que reconozca algún logro, un correo electrónico o una hermosa y clásica nota manuscrita.

Tanto o más importante es la necesidad de crear una cultura del éxito en tu propia casa. Si eres soltero, siendo un buen hijo o hija, respetuoso, una buena persona con tus hermanos y hermanas. Les brindarás así a todos alegrías y el orgullo de pertenecer a tu núcleo familiar. Si tienes esposo o esposa te corresponde ser fiel, leal y considerado y tratar tu relación como un equipo en el cual hay depositada una confianza sagrada. Ese equipo fundamental es aquel que te permitirá lograr las metas más elevadas de tu vida.

Por otra parte, tú no eres solamente el principal modelo humano de tus hijos sino que, de cierto modo, eres su jefe, su patrón en todo sentido. Si tu jefe actúa de cierta manera y quiere que tú emules ese comportamiento, a ti te toca hacerlo –o de lo contrario es mejor que busques otro empleo–. Tus hijos están en una situación similar. De vez en cuando puedes sentir ganas de despedirlos, pero la cuestión es que no hay cómo. Ustedes están ligados de por vida. De modo que fija el estándar con tu propio comportamiento y observa cómo te siguen. Incúlcales un sentido del orgullo y de la pasión por las actividades que hacen, cualesquiera sean sus preferencias en esa materia. Muéstrales el camino, pero en últimas deja que ellos elijan el propio sendero (de todas maneras lo harán). Sólo asegúrate de que les brindas las herramientas necesarias para alcanzar el éxito tan pronto lleguen a esa etapa tan crítica. El mayor regalo que puedes hacerles es brindarles una brújula moral, construida con base en la integridad y el honor. Hazlo y te garantizo que te sentirás orgulloso de ellos.

## CAPÍTULO 28
## Invita a la gente a unirse a ti y convéncela de las bondades de tu sueño

LA GENTE EXITOSA TIENE LA CAPACIDAD de entenderse con los más talentosos y logra que le ayuden a alcanzar su sueño. Es capaz de conseguirlo porque, independientemente de cuál sea su sueño, lo lleva a cabo con pasión y lo transmite con fuerza y entusiasmo contagioso. Los empresarios y los líderes son personas visionarias. Describen el panorama con pasión, ven su sueño como si lo tuvieran frente a ellos y lo expresan ante los demás de manera que también creen en él. Lo más importante es que convencen a los demás de unirse al proyecto, consiguiendo que otros abandonen puestos en los que les ofrecen un buen cargo, estabilidad salarial y participación en las ganancias. Muchas de las personas que se unen a un proyecto empresarial llegan a mudarse, relocalizando a sus familias, porque creen en el sueño y quieren formar parte de él.

Evidentemente, para lograr el éxito, un conjunto de personas talentosas debe trabajar de manera unificada hacia el mismo fin. En la región rural de Reagan County, en Texas, el entrenador y profesor de ciencias, de 35 años, Jim Morris, hizo una apuesta con los jugadores de su pésimo equipo de béisbol. En un momento de inspiración, que antecedió a un partido, dio un discurso ante el equipo en el camerino. Les dijo que si ganaban el campeonato del distrito él se lanzaría a participar en las ligas mayores. Cuando tenía cerca de 20 años Morris había renunciado al sueño del béisbol ya que tenía responsabilidades familiares y problemas en uno de sus brazos. Con un espíritu lleno de energía renovada y una meta común alrededor de la cual congregarse, el equipo se unió al sueño de Morris y llegó a encabezar los resultados del distrito.

Aquel profesor de ciencias de bachillerato cumplió con su parte del trato. Morris se presentó como candidato ante los Devil Rays de Tampa Bay y logró firmar un contrato de ligas menores. Luego consiguió entrar en las ligas mayores y participó en dos temporadas como suplente de los Devil Rays. Morris contó su conmovedora historia en el libro *El novato más viejo: los sueños de grandes ligas de un hombre oriundo de una pequeña ciudad* (*The Oldest Rookie: Big League Dreams for a Small-Town guy*), el cual se convirtió en una película taquillera llamada *El novato* (*The Rookie*). En uno de esos giros extraños de la vida el productor del filme resultó ser un antiguo compañero del equipo de béisbol de ligas menores de Morris en los tiempos en que los dos iniciaban sus carreras.

No importa si eres el líder de un pequeño equipo local de béisbol o uno de la talla del ex presidente Ronald Reagan, tienes que atraer a la gente y conseguir que se una a tu sueño. En la alocución de comienzo de cursos de la Academia de la Fuerza Aérea de Estados Unidos, en 1984, Ronald Reagan pronunció estas conmovedoras palabras: "Sin embargo, el más importante de los recursos disponibles es la mente humana; todos los demás son descubiertos sólo a través de la creatividad de la inteligencia humana. Dios nos ha dado el don de hacer algo a partir de nada. Y en una economía política abierta y pujante la mente humana es libre de soñar, crear y perfeccionarse".

### Comparte tus sueños con los demás

Jaime Escalante les mostró a sus estudiantes cómo soñar. Tomó alumnos de los menos aventajados del Garfield High School de Los Angeles y los motivó, ofreciéndoles la oportunidad de presentarse a los exámenes de cálculo avanzado. Aquellos estudiantes creyeron en su sueño y pasaron el examen a pesar de los muchos obstáculos que los separaban de su meta.

Sam Walton, fundador de Wal-Mart, hizo que otros se apasionaran igual que él. Mucho antes de que esta fuera una marca reconocida en los hogares norteamericanos Walton sedujo a ejecutivos talentosos de Arkansas, convenciéndolos de su proyecto. Su pasión los atrajo desde todas las ciudades cosmopolitas, llevándolos a Arkansas, y allí se instalaron. Compartieron su visión a pesar de que la vida en Wal-Mart no era lo que la mayoría de ejecutivos esperaba. En muchos de los viajes de negocios, por ejemplo, se les exigía que compartieran los cuartos de hotel. Sin embargo tuvieron fe en la operación "eliminemos lo que no es indispensable" que Walton propició para rebajar costos.

Walton hizo que el trabajo en Wal-Mart fuera divertido y provechoso, tanto para los ejecutivos como para los trabajadores del extremo inferior del espectro salarial. La suya fue una de las primeras empresas en ofrecer participación en las utilidades a los empleados de todo nivel. En 1983 Walton prometió que bailaría *hula hula* por Wall Street si las ganancias de Wal-Mart alcanzaban cierto nivel. Y cumplió su promesa.[2]

A través de su visión, su pasión y su energía los líderes deben generar impulso entre sus empleados para que la compañía pueda alcanzar sus objetivos. El autor John Maxwell sostiene que los verdaderos líderes motivan a la gente y que es el ímpetu que crean el que permite sobrepasar los obstáculos. Maxwell le cambió el filo a la conocida sentencia de Harry Truman que dice: "Si no puedes con el calor del fogón, sal de la cocina", afirmando: "Si no puedes prender el fogón y generar *algo* de calor, sal de la cocina".[3]

❖

## UN MENSAJE DE GARCÍA

Los líderes son visionarios. Ellos transmiten la pasión por su aventura con una energía y un entusiasmo contagiosos, lo cual les permite convencer a otros de que se unan a su sueño, no importa cuál sea. Aunque todos los participantes en un viaje con destino a la realización de un sueño navegan por mares inciertos, la gente está dispuesta a abordar el barco si piensa que el capitán es capaz de conducirlos a la isla del éxito.

Independientemente de los inevitables mares tormentosos que se presentan en cualquier travesía empresarial, los nubarrones se desvanecerán con el tiempo y la marea se calmará siempre y cuando el capitán se mantenga vigilante y nunca pierda el control de la nave, ni la razón de su norte, y se muestre en todo momento apasionado, valiente y lleno de optimismo respecto al éxito inminente de la travesía.

# CAPÍTULO 29
# Lleva a bordo a la gente indicada

A LO LARGO DE MI VIDA he tenido la fortuna de estar rodeado de gente magnífica. Mi padre me dijo que si quería construir una gran empresa tenía que rodearme de gente mucho más inteligente que yo y dejar que hiciera su trabajo. También me enseñó que no debía dejar que mi ego me impidiera administrar mi negocio de la mejor manera. Ronald Reagan dio consejos similares. El ex presidente dijo: "Me rodeo de la mejor gente que se puede encontrar, delego autoridad y no interfiero en su trabajo".[1] James Stockdale nos dejó una reflexión acertada y sincera respecto al poder de los dirigentes: "Los grandes líderes ganan autoridad entregándola a los demás".[2]

En febrero de 1999 contraté a Alexis Korybut, veterano de Wall Street, como presidente de Sterling Financial. Él era un vendedor estrella de bonos institucionales en Solomon Smith Barney que había generado ingresos anuales por más de cinco millones de dólares y contaba con una impresionante lista de clientes latinoamericanos.

Otro de mis accionistas iniciales era John Curry, un ex jugador de fútbol del equipo de Notre Dame. Fue aceptado en la escuela de medicina de la Universidad de Buffalo pero había pasado el verano entero negociando en la bolsa de comercio de Chicago. Curry ganó

26.000 dólares ese verano, superando los ingresos anuales de su padre. En vez de entrar a la escuela de medicina se decidió a seguir la carrera de corredor de bolsa. A pesar de que había dinero a granel a Curry no le fue muy bien con su fortuna recién adquirida. Después de pasar por épocas bastante duras terminó trabajando en telemercadeo, haciendo llamadas de solicitud de donaciones para los bomberos de Hillsboro County, Florida, sin conocer previamente a los posibles contribuyentes.

Cuando me contactó me contó su historia y me dijo que estaba interesado en volver a ser corredor de bolsa; sentí que él era un ganador. También sabía que Sterling Financial podía sacar partido de su experiencia en el área de renta fija. John Curry ha contribuido enormemente al éxito de nuestra firma y, por consiguiente, se convirtió en mi primer socio accionista. En el 2002 hizo efectivos más de 60.000 millones de dólares en títulos valores y en dos semanas gana por sí sólo más de lo que gano en un año. Se merece cada centavo.

Desde sus humildes comienzos Sterling ha avanzado mucho. Éramos sólo tres cuando comenzamos, trabajando desde lo que había sido un cuarto de utensilios de limpieza en Bear Stearns, el gigante de los servicios financieros. Con el tiempo logramos que nos cedieran un espacio más amplio pero durante años tuvimos que laborar desde una sede diminuta. ¿Has visto ese comercial de un almacén de suministros de oficina en el que los empleados comparten un solo bolígrafo y toman notas en partes de su cuerpo con el fin de ahorrar papel? Nuestra situación no era tan grave, pero tampoco estaba muy lejos.

### Contrata gente que esté dispuesta a entregar toda su energía

Ernest Shackleton, el explorador del Antártico, se rodeó de personas alegres y optimistas. Para descartar a los candidatos que pudieran ser flojos él sólo contrató gente que estuviera dispuesta a medírsele a cualquier tipo de trabajo. En su equipo sólo quería miembros que realmente estuvieran desesperados por obtener el puesto ya que serían ellos los que más se esforzarían con tal de conservarlo.[3] Un día, cuando ya se disponía a abandonar su oficina después de esperar en vano a candidatos a quienes había retado a que se presentaran a pesar de ser avisados con tan sólo 24 horas de anticipación, Shackleton se sorprendió al ver aparecer a un tipo desarreglado y empapado en la puerta. Cuando supo que el hombre había abandonado Cornwall para ir a Londres apenas recibió su telegrama, interrumpiendo un viaje y habiendo tenido que tomar apresuradamente diferentes trenes para llegar hasta allí a tiempo, Shackleton lo contrató de inmediato.

Cuando contrato a alguien recuerdo el libro *Un Mensaje a García*. Me encantaría tener a mi servicio a 300 personas como el teniente Rowan. Ese es el tipo de empleados que harían cualquier cosa para cumplir con su trabajo.

Cuando tengo una entrevista con alguien lo que busco es integridad. No quiero una persona capaz de vender el puente de Brooklyn. El famoso comediante Will Rogers dijo que es bueno ser astuto, pero que es mejor ser ético. También dijo: "Preferiría ser el hombre que compró el puente de Brooklyn a ser el que lo vendió". Queremos sólo empleados que sean respetados por su experiencia, no por su facilidad para la charlatanería y las ventas.

## El perfil del candidato ideal

Contrato personas que tienen un alto nivel de energía, que son optimistas y alegres. La gente negativa puede resultar muy dañina para una compañía, pudiendo llegar inclusive a destruirla, independientemente del nivel de sus habilidades. Después de mucha experiencia con gente negativa puedo decir que aprendí una lección: ellos sólo ven problemas, nunca soluciones. Los empleados amargados pueden hacer decaer a todo el que esté cerca.

Realmente espero de los trabajadores que sean leales a la misión de la empresa en los buenos y en los malos momentos. Elbert Hubbard, autor de *Un mensaje a García*, dijo: "Una onza de lealtad vale más que una libra de astucia".[4] Quiero que los empleados respeten la cultura de nuestra empresa.

Me gusta la concepción que Ricardo Semler tiene de la selección y enganche de personal. Semler, autor de *Maverick*, les aconseja a los encargados de contratar a nuevas personas que definan el perfil del candidato ideal. Dicho perfil describe las cualidades que el candidato debe presentar. A cada requisito se le asigna un valor en función de su importancia. En la empresa de Semler, en Brasil, algunos factores no tienen absolutamente ningún valor. La cultura de esa empresa ignora ciertos factores, tales como los antecedentes académicos o la apariencia personal. Semler dice: "En Semco abundan las personas que no tienen un diploma rimbombante ni chaquetas italianas y que, sin embargo, son empleados de primera categoría".[5]

El autor Oren Harare discutió con Colin Powell sobre las reglas de enganche y de promoción de personal. Powell cree que se debe contratar a la gente basándose en su talento y sus valores y no simplemente en su hoja de vida. Powell busca cualidades tales como inteligencia, discernimiento, lealtad, integridad y un ego saludable.[6]

Me rodeo de gente que tiene corazón y esperanza. Me recuerdan a los atletas de las carreras de obstáculos. No importa si los obstáculos son grandes o pequeños, o si tropiezan con ellos, llegan hasta el final de la carrera. Tal vez no de primeros, pero la terminan.

Price Pritchett, presidente de la junta directiva de una empresa de consultoría, capacitación y ediciones de Dallas, advierte que la gente es la joya de la corona de una empresa. Recomienda estar siempre al acecho de nuevo talento, independientemente de si existe una vacante o no. Pritchett sugiere dar a conocer al departamento de recursos humanos de la empresa los nombres de los hombres y las mujeres que hayas conocido que demuestren buen potencial.[7]

❖

# UN MENSAJE DE GARCÍA

Si quieres construir una gran empresa, o ser parte de una de ellas, tienes que estar dispuesto a contratar y trabajar con gente que sea más inteligente que tú. Debes estar listo a reconocer mérito cuando lo hay y a vigilar tu ego constantemente. Debes colocarte en disponibilidad de seguir el consejo que te brinden los expertos que has logrado reclutar y que creen en tu sueño. Para construir una empresa o ser parte de alguna tienes que encontrar y contratar gente que posea un alto nivel de energía, que sea optimista y que sepa superar los obstáculos y aplicar su inventiva en la ejecución de sus tareas, así como lo era el teniente Rowan.

Para construir una gran empresa debes estar siempre al acecho de gente que posea las características y las cualidades que buscas en la persona que quieres sea un buen complemento en tu empresa, sin importar si trabaja en el mismo sector o no. Integridad, lealtad, inteligencia y optimismo son rasgos que sirven en cualquier sector. Encuentra gente que posea estos rasgos, convéncela de tu sueño y trata de contratarla. Con frecuencia quienes vienen de otros sectores poseen una perspectiva nueva y única y pueden aportar una visión profunda, particularmente original y positiva, respecto al desempeño de la empresa. A la larga todo el mundo se beneficia.

# CAPÍTULO 30
## Concéntrate en tus fortalezas, no en tus debilidades

IGNORO QUIÉN LO INVENTÓ PERO ME GUSTA EL ADAGIO: "Nunca trates de enseñarle a cantar a un cerdo, pues tú pierdes tu tiempo y el cerdo termina desesperado".[1]

Desgraciadamente es un hecho de la vida que existen campos en los que simplemente jamás lograremos éxito. Aunque seamos capaces de aceptar la premisa, según la cual un personaje como Rocky es capaz de ganar el campeonato de pesos pesados después de meses de entrenamiento intensivo, no parece verosímil que Rocky pueda convertirse en un gran matemático y ganar el Premio Nobel, como lo hizo John Nash. Si se tienen más de 70 u 80 años no hay grandes posibilidades de sobresalir en una actividad que involucre habilidades físicas especiales o extraordinarias, no importa cuán decidido se esté.

Cuando estés persiguiendo tus metas es sabio que te concentres en tus fortalezas, no en tus debilidades. John Wooden, cuyo récord como entrenador de la Universidad de California en Los Angeles (UCLA) no ha sido jamás superado, aconseja, "No permitas que lo que no puedes hacer interfiera con lo que puedes hacer".[2]

## *Descubre tus fortalezas y tus debilidades*

Como ya te habrás dado cuenta, soy un gran admirador del libro de Marcus Buckingham y de Donald O. Clifton, *Ahora, descubre tus fortalezas (Now, Discover Your Strenghts)*. Según este libro todos nacemos con ciertos talentos y es esencial que identifiques los tuyos. En lugar de desperdiciar tu energía y tu tiempo, empeñándote en trabajar con base en tus debilidades, concéntrate en tus ventajas y trata de mejorarlas en 20 por ciento o más. Inclusive, si tus habilidades en algún campo son realmente excepcionales, es posible que tengas que esforzarte para desarrollarlas aún más. Todo el mundo supone que el talento de Michael Jordan es innato y que no tuvo que luchar para lograr ser uno de los mejores. Sin embargo, como dijo el propio Jordan, "Siempre he pensado que si pones de tu parte, trabajando, los resultados se van a ver. No hay nada que haga en que no esté empeñado todo mi corazón. Es que sé que si no lo hago así lo único que conseguiré serán resultados descorazonadores".[3]

En muchas empresas se concentran en encontrar las debilidades de los empleados y tratan de desarrollarles capacidades para que las superen, logrando una calidad mediocre en el mejor de los casos. La mediocridad y lo meramente correcto son simplemente insuficientes en el mundo de los negocios. Buckingham y Clifton señalan dos supuestos que orientan a los mejores gerentes. Este tipo de administradores creen que "los talentos de cada persona son perdurables y únicos" y que "el mayor potencial de crecimiento de cada persona está en sus áreas de mayor fortaleza".[4]

En Sterling Financial distribuimos las responsabilidades entre las personas que están más calificadas para manejarlas. No dejamos que se ocupen de tareas en las áreas en que tienen debilidades. Queremos que trabajen en las que pueden llegar al nivel de superestrellas, no allí en dónde son afortunados si llegan a presentar un nivel mediocre, adecuado, o inclusive un desempeño promedio. Si un empleado no es un genio de las matemáticas no será asignado a un trabajo que involucre números. Aunque en última instancia esa persona fuese capaz de presentar un rendimiento adecuado, una empresa de buen nivel de crecimiento necesita empleados que sean más que simplemente adecuados. Todo empresario necesita trabajadores que desde el comienzo ofrezcan fortalezas en ciertas áreas y las desarrollen aún más con el pasar del tiempo y el crecimiento de la compañía.

Ron Howard, director de cine, ganador de un premio de la Academia (Opie Cunningham, como solía llamarlo Eddie Murphy) dijo en una entrevista: "Descubro para qué sirve la gente y construyo un medio ambiente propicio en el cual puedan lograr la excelencia".[5]

### Ayuda a tu familia a descubrir sus fortalezas

También en tu vida privada debes concentrarte en tus fortalezas y no en tus debilidades. Si tu cónyuge o compañero posee grandes habilidades organizativas, él o ella es quien debe mantener la familia organizada. A pesar de que puedas ayudar a tus hijos a superar sus debilidades es importante que ellos se concentren en sus fortalezas. Si la coordinación de la vista y las manos de tu hijo es mucho menos buena que su oído musical ayúdalo a desarrollar sus fortalezas. La concentración en tus fortalezas no debe ser una excusa para el fracaso. A medida que se construye la vida alrededor de las fortalezas se requiere que ciertos bloques básicos estén en su lugar. La educación es uno de ellos, y es muy importante.

❖

# UN MENSAJE DE GARCÍA

Averigua cuáles son tus fortalezas como persona y haz que esos rasgos y atributos correspondan con la carrera a la cual te vas a dedicar. Todos tenemos ciertas cosas que hacemos mejor que otras. Una de las claves del éxito es construirlo a partir de esas características, utilizándolas no sólo como la plataforma de tu éxito personal sino también como miembro de una compañía o de cualquier organización. Las personas con más éxito son muy expertas y efectivas en un campo específico; son expertos o especialistas en su labor particular, cualquiera que ésta sea.

Si no sabes en qué actividad eres particularmente bueno, sométete a alguna de las numerosas pruebas de personalidad y conocimiento que han sido mencionadas como referencia en este libro. Invierte tu energía en buscar cosas para las cuales tienes una mayor habilidad natural, y no sólo habrás dado pasos hacia un mayor éxito sino que darás grandes saltos hacia el logro de mayor satisfacción y realización personales.

QUINTA PARTE

# Estrategia de éxito No. 3: ¡Actúa ya!

## CAPÍTULO 31
## Logra algo cada día

EN ESTE MOMENTO YA HAS PODIDO DETERMINAR cuáles son tus fortalezas, has establecido un plan detallado para alcanzar tus metas y estás muriéndote de *ganas*. Ahora llegó el momento de poner en práctica los pasos que te permitirán movilizarte hacia esas metas. La tercera estrategia del éxito consiste en actuar. El poder de realizar tus metas proviene *tanto* del conocimiento *como* de la acción. El conocimiento no basta por sí mismo; conocimiento y acción hacen una pareja fantástica y constituyen una potente combinación. Si realmente quieres alcanzar tus metas vas a actuar y cada día vas a lograr algo que te acerque un poco más a ellas.

Ojalá estés haciendo más por la realización de tus sueños que comprar la lotería. Para la mayoría de las personas el camino hacia el éxito comienza por una buena educación. Y no puedes ser lo que Jaime Escalante llama un "rajneesh": alguien que espera obtener una A en el examen sin haber hecho ningún trabajo.[1]

### El éxito, comenzando desde abajo

Callie Khouri la libretista de *Thelma y Louise (Thelma and Louise)*, directora de *Los divinos secretos de la Hermandad Ya-Ya (Divine Secrets of the Ya-Ya Sisterhood)*, Callie Khourie, trabajaba como mesera en un restaurante de Beverly Hills a principios de los 80. Luego consiguió un trabajo como recepcionista en una empresa de producciones. Ella utilizó ese puesto como trampolín en su carrera de productora de videos musicales. Supo sacar provecho del éxito de su guión de *Thelma* y *Louise* y lo convirtió en una carrera de directora.

La carrera de Ray Kroc comenzó en los restaurantes de Howard Johnson. A los 52 años hipotecó su casa e invirtió los ahorros de su vida en la compra de los derechos exclusivos de distribución de una máquina innovadora para hacer malteadas. Kroc había escuchado que un puesto de hamburguesas de San Bernardino utilizaba ocho de esas máquinas para poder atender la demanda. Con la esperanza de vender más de las mismas máquinas Kroc se dirigió a California. El diminuto restaurante de hamburguesas era administrado por dos hermanos, Dick y Mac McDonald.[3] Viendo la posibilidad de abrir un mercado para más de sus máquinas de hacer malteadas Kroc los convenció de que abrieran más restaurantes y se ofreció a administrarlos. Kroc inauguró su primer McDonald's en 1955 en Des Plaines, Illinois, y compró la parte de los hermanos McDonald's en 1961 por 2,7 millones de dólares. El resto, como todos sabemos, es historia.

### Desarrolla una actitud de crecimiento

La mayoría de la gente exitosa tiene una actitud de crecimiento. Doy la bienvenida a nuevos retos y me gusta probar nuevas actividades. Para mí es importante tomar mis propias decisiones e ir contra la corriente cuando es necesario.

Para bien o para mal, los medios me han llamado "todero" por la variedad de actividades que llevo y no estoy seguro de que siempre lo hayan pensado como un cumplido. Al margen de toda mala intención que pueda haber, también lo analizo de esa manera y me veo a mí mismo como una persona con intereses variados y con deseos de sobresalir en muchas áreas. Cuando una de tus fortalezas es la capacidad de triunfar te das cuenta de que no te sientes bien contigo mismo a menos que hayas logrado algo cada día, inclusive los domingos.

Algunos dirían que mi deseo de concluir algo cada día es un poco obsesivo. Bueno, admito que cada persona necesita una cantidad diaria de sueño muy variada. No tienes que limitar tus horas de sueño a seis para lograr algo que valga la pena cada día. Algunos presidentes, por ejemplo, toman una siesta corta durante el día y aún así logran hacer un excelente trabajo manejando el país.

## Cada nuevo día te brinda un nuevo comienzo

Lance Armstrong es uno de los mejores ciclistas de la historia y continúa siendo ganador de importantes carreras a pesar de estar luchando contra el cáncer. Resulta que Armstrong no tuvo una infancia feliz, pero cuando las cosas no andaban muy bien su madre le decía, "bueno, pues hoy es el primer día del resto de tu vida". Ella lo obligó a concentrarse en el futuro y no en lo que había sucedido el día anterior. Cada día Armstrong puja hacia nuevos logros. En el 2002 ganó el Tour de Francia una vez más.[4]

El legendario corredor de bolsa y uno de mis mentores, "Buzzy" Schwartz, aconsejaba comenzar cada día con un estado emocional renovado y en limpio. No puedes dejar que los fracasos de ayer te afecten y arruinen el nuevo día. El ayer queda atrás y debes plantear un nuevo comienzo. Así como Armstrong, Schwartz es alguien que ha ganado más de lo que ha perdido.

Lo admito: no todo el mundo puede ganar el Tour de Francia o tiene la perspicacia necesaria para ser uno de los mejores corredores de bolsa de Estados Unidos. Sin embargo el concepto de logro puede ser visto desde diferentes puntos de vista y significar cosas distintas para diferentes personas. En algunos negocios conseguir el pago de la nómina en tiempos difíciles puede ser un gran logro. Para algunas personas puede ser dar de comer a su familia mientras que luchan por subsistir de quincena en quincena.

Pasar tiempo con tus hijos es algo que deberías hacer todos los días. Eso es un logro. También lo es ayudarlos en su aprendizaje, y eso no sólo te dará una gran satisfacción sino que será además uno de los mayores logros que puedas realizar como padre y como ser humano.

# UN MENSAJE DE GARCÍA

Todos los planes maravillosos exigen una cosa: acción. Puedes hablar de lo que quieras hasta que se te acabe el aire, pero hasta que actúes para lograr tus metas será un sueño inacabado. Cuando hayas definido cuál es tu sueño y establecido un plan de acción debes hacer algo para que se convierta en realidad. El logro de un sueño puede requerir un par de semanas, meses o años, dependiendo de cuán grande o pequeño sea. Tu plan debe incluir un cronograma y pasos y metas específicos para realizarlo. Revisa constantemente tu plan para supervisar tus progresos.

Es muy fácil que la vida se interponga en tu camino y que te desvíe del cumplimiento de tus metas, pero no debes dejar de concentrarte en tu sueño. Debes consultar tu plan de acción con regularidad y hacer algo cada día o cada semana que te lleve a la realización de tus metas y lograrás llegar a ellas. Cuando sea posible debes perseguir tu sueño, abordándolo desde tantos ángulos como puedas, y debes utilizar tácticas creativas cuando sea viable. Sin importar de cuántas maneras lo abordes, debes trabajar de manera activa y con regularidad para lograr resultados.

# CAPÍTULO 32
## Para ir en pos de lo que te apasiona, consíguete un buen mentor

CON EL MENTOR ADECUADO puedes perseguir tu pasión en cualquier área. Omar Khan era un adolescente flacuchento en 1996, cuando entró a la oficina de Buddy Teevens, el entrenador de fútbol de Tulane. Khan, hijo de inmigrantes procedentes de Honduras y de la India, quería aprender de fútbol, pero no tanto del juego como del negocio, y estaba dispuesto a empezar desde abajo. Khan era por entonces estudiante de Tulane y se ofreció como voluntario para trabajar gratuitamente, realizando cualquier trabajo que le ordenaran.

El entrenador había conocido ya gente como Khan o, cuando menos, eso creía. Muchos estudiantes pedían trabajo, pero a fin de cuentas no estaban dispuestos a dedicarle tiempo porque no les pagaban. Khan, por su parte, asumió todas las tareas y se hizo indispensable para el programa de fútbol de Tulane. Él lo manejaba todo: desde proyectos de computadores hasta organización de viajes, pasando por la filmación de entrenamientos y de juegos.

En 1996, cuando aún cursaba su último año de universidad, logró conseguir un puesto como interno con los Saints de Nueva Orleans. Al igual que con Tulane, Khan manejó bien todos y cada uno de los proyectos que le confiaron y, a comienzos de 1998, fue contratado como empleado de tiempo completo de los Saints. Uno de sus mentores fue Terry O'Neill, quien asesoró al equipo en asuntos de topes máximos salariales. Khan ayudó a investigar los contratos que O'Neill había gestionado. Para cuando tenía 21 años estaba negociando algunos de los contratos menores. Cuando O'Neill dejó a los Saints el entrenador Jim Hazlett lo contrató para que fuera su asistente administrativo.

Cuando cumplió 24 años Khan le fue arrebatado a los Saints por los Steelers de Pittsburgh. A los 25 se convirtió en el más joven coordinador de negocios de la Liga Nacional de Fútbol. Ascendió luego hasta el cargo de principal negociador de los Steelers, además de ser el coordinador de los planes de viaje del equipo y el encargado del manejo de sus topes salariales. Ha negociado algunos de los más grandes contratos de la historia de los Steelers, a la vez que ha logrado mantener los topes salariales bajo control. En la actualidad Khan maneja un tope salarial por encima de los 71 millones de dólares.[1]

Chris Janson también está persiguiendo los logros del área que lo apasiona gracias a su mentor. Stedman Graham, el novio de Oprah Winfrey, contó que había recibido una carta de Janson, un estudiante de la Universidad de Marquette. Janson ofreció trabajar gratuitamente en la firma de consultoría de mercadeo de entretenimiento y deportes de Graham. Su persistencia y la voluntad de trabajar gratuitamente convencieron a Graham para contratarlo como interno.[2]

Además de lograr contactos mientras trabajaba en la empresa, Janson dejó en Graham una impresión muy favorable. Luego de una breve permanencia como interno sin salario tuvo el suficiente buen concepto de Janson para contratarlo como empleado. Además del salario que recibe está adquiriendo experiencia invaluable en las áreas de *marketing*, planificación de eventos, coordinación logística y todos los demás aspectos del negocio.[3]

Charles Krauthammer consiguió un mentor extraordinario. El doctor Krauthammer no se hubiera convertido en un columnista ganador del Premio Pulitzer sin su mentor, el doctor Hermann Lisco. Cuando era estudiante de primer año en la escuela de medicina de Harvard Krauthammer quedó paralítico como consecuencia de un grave accidente. En el momento de la tragedia el doctor Lisco era el decano asociado de la escuela. Él convenció a los profesores de Harvard para que le dictaran al estudiante paralizado conferencias mientras estaba postrado en cama. Debido a que Krauthammer no podía escribir en ese momento, Lisco también los convenció de que le tomaran al estudiante herido los exámenes orales. Lisco, inclusive, hizo que el proceso de rehabilitación de Krauthammer se llevara a cabo en un hospital de la Universidad de Harvard para que no se atrasara en los estudios. El alumno utilizaba una silla de ruedas para desplazarse con sus compañeros de clase.

Gracias a Lisco, Krauthammer concluyó su carrera y obtuvo su grado de médico. Se convirtió en residente en jefe de siquiatría en el Hospital General de Massachusetts. Más tarde pasó a ser asesor científico del gobierno Carter y redactor de los discursos de Walter Mondale. En los años 80 Krauthammer se dedicó a escribir y obtuvo el Premio Pulitzer.[4]

### Nunca encontrarás a un mentor con una mala actitud

La sicóloga Carole Kanchier señala que tu actitud puede limitar tus opciones. Una actitud de crecimiento abre ante ti un mundo de oportunidades.[5]

La doctora Kanchier sugiere que uno se formule las siguientes preguntas: ¿Acojo la crítica como una herramienta de crecimiento? ¿Espero que ocurran cosas buenas? ¿Disfruto con los retos y he desarrollado un sentido de logro? ¿Acepto la responsabilidad por mis fallas y mis éxitos? ¿Prefiero las actividades con las cuales estoy familiarizado, más que aquellas que nunca he realizado? ¿Aceptaría un trabajo que no me gusta por el prestigio y el dinero?

Muchos expertos dicen que si haces lo que te gusta y lo que amas el dinero siempre vendrá detrás. Si hemos de ser realistas tenemos que aceptar que eso no siempre ocurre pero ello no debería disuadirte de realizar lo que te apasiona. Los profesores no están ganando grandes sueldos pero su trabajo tiene enormes implicaciones para la sociedad y la humanidad. Si tienes la pasión de enseñar sigue ese camino, inclusive aunque otras carreras ofrezcan mejores remuneraciones.

Cualquiera sea tu pasión debes encontrar a alguien que ya haya logrado lo que tú deseas, y aprender de esa persona. Trata de construir una relación con ella de modo que puedas aprender directamente, aunque eso signifique tener que trabajar gratuitamente. Los mentores pueden hacer mucho más que enseñarte cómo triunfar en un área en particular. Pueden ayudarte a evitar los errores que ellos mismos cometieron en su camino, lo cual te brinda una inmensa ventaja.

Ser realista ayuda cuando te aproximas a alguien para que sea tu mentor. Tendrás más suerte con alguien que haya logrado éxito en su comunidad que con alguien que sea notorio a nivel nacional. Cuando busques un mentor ayuda el disponer de alguna conexión con esa persona. Tal vez los pueda presentar un amigo común o puede resultar que comparten un mismo interés: pasión por los caballos, el béisbol o las dietas vegetarianas. Aunque los mejores consejos vendrán de tu mentor, también tienes que desarrollar tu propio conocimiento y experiencia. Conviértete en un experto en el campo que te fascina y aprende al respecto todo lo que puedas. Hazte indispensable para aquellos que te rodean, como lo hizo Khan, y tendrás éxito.[6]

### Mi iniciación en el tema de los mentores

Fue mi padre quien me introdujo en el concepto del mentor. El doctor Charles Huffnagel, un gran cirujano cardiovascular que atendió a los presidentes Eisenhower y Kennedy, fue el suyo. Además de ser mentor de mi padre el doctor Huffnagel es mi padrino y llevo mi nombre en su honor.

Mi pasión es por el negocio de los servicios financieros. Quedé intrigado por el campo de los servicios financieros cuando trabajé como becario de la Casa Blanca. Uno de mis jefes fue John C. Whitehead, quien influyó en mi decisión de embarcarme en una carrera en el sector financiero. Como ya lo mencioné, estudié la manera en que él manejó Goldman Sachs y utilicé ese enfoque para manejar mi propia empresa. Otro de mis mentores en el campo de los servicios financieros fue Martin "Buzzy" Schwartz, quien me enseñó acerca de la negociación de acciones, futuros y opciones. Schwartz fue un famoso corredor de Wall Street que fue retratado en el *bet seller* nacional *Magos del mercado (Market Wizards)*,[7] de Barron y Jack Schwager. Trabajé con Schwartz cuando estaba escribiendo su propio libro, *Pit Bull: lecciones del campeón de negocios de Wall*

Street (*Pit Bull: Lessons From Wall Street's Champion Trader*),[8] y hablé con él extensamente acerca de sus estrategias de éxito.

Busqué a Schwartz como mentor luego de que leí acerca de él en 1987. Ambos vivíamos en Boca Ratón, lo cual me facilitó el contacto. Otro denominador común fue que él estaba en el cuerpo de *marines* y yo en el grupo de comando de los *marines*. Cuando finalmente formamos una sociedad decidimos llamarla "Leatherneck Partners". Nuestro proyecto fue un fondo de cobertura y no se podía encontrar un mejor socio que Schwartz para ese tipo de negocio. Él me enseñó qué se necesita para ganar dinero consistentemente en el mercado de acciones.

Schwartz me ayudó a definir con nitidez las cuatro estrategias de éxito. Él creía en soñar en grande, en tener un plan bien pensado, en actuar y en perseverar. Schwartz me enseñó que uno tiene que trabajar el doble de duro que cualquier persona para ser exitoso. Es mucho más divertido trabajar duro cuando uno está aprendiendo algo nuevo y ama lo que está haciendo. Schwartz veía al mercado moverse en cámara lenta y reaccionaba más rápido que cualquiera otra persona para aprovechar las oportunidades. Una vez lo vi trabajar dos semanas seguidas sin perder un solo centavo en ningún negocio. Debe haber hecho más de 250 operaciones.

### La trayectoria de tu mentor puede no ser tan atractiva como piensas

El contacto con el mentor puede ser una buena manera de averiguar si una carrera se ve tan atractiva de cerca como luce de lejos. También te ayuda a ver lo bueno, lo malo y lo feo que existe en el área que te interesa. Te ayuda a establecer la diferencia entre el sueño y la realidad. Si las malas noticias sobrepasan a las buenas puedes reconsiderar si eso es lo que realmente quieres.

Por ejemplo, desde lejos el negocio de la emisión de radio y televisión luce como algo excitante y atractivo. Sin embargo, si haces una pasantía en una estación de radio o de televisión, aprenderás que hay trabajo muy pesado allí. Los principiantes del sector laboran con frecuencia jornadas de 18 horas. Inclusive, cuando hayas ganado experiencia, estarás trabajando bastantes horas extras y días festivos también. La cuestión se convierte en un lastre, una rutina y en algo muy aburridor, tal como ocurre con tantos trabajos cuando se miran más allá del emocionante brillo de los reflectores. ¿Sabes a qué hora se levantan usualmente los *disc jockeys* y los reporteros de noticias? Entre las 3:00 y las 4:00 a.m. Este tipo de horario puede agotarte pronto y opacar el interés de cualquier profesión.

Los estudiantes de derecho y los abogados encuentran rápidamente que la profesión de leyes no es tal como se la pinta en televisión. La mayor parte del trabajo legal se hace por fuera del dramático escenario de los tribunales. Es una excepción muy poco común que un juicio sea siquiera remotamente tan emocionante como un episodio de *La ley y el orden (Law and Order)*. Conseguir un abogado mentor o haciendo una pasantía en una firma de abogados antes de solicitar ingreso, o inclusive antes de asistir a la escuela de leyes, te puede ahorrar tres años de trabajo increíblemente duro, así como probablemente una gran cantidad de dinero de matrículas y sostenimiento.

216

Mi asociación con "Buzzy" Schwartz sólo duró tres meses. Aprendí que no tenía el talante para ser operador. Se parece mucho a estar en combate con bazucas disparándole a uno cada minuto del día. Me di cuenta de que quería liderar una organización y que el ser corredor o agente de bolsa era algo mucho más atractivo para mí.

### Conseguir un mentor en el sector público

El Programa de becarios de la Casa Blanca es uno de los mejores proyectos de mentores del mundo. Cada becario es asignado a la oficina ejecutiva del Presidente, al Vicepresidente o a un secretario de nivel ministerial por un año. Todos asisten a almuerzos con funcionarios de la Casa Blanca, secretarios de gabinete, altos oficiales militares, miembros del Congreso, jefes de Estado y miembros de los medios. Logras conocer a estos líderes, frecuentemente en un ambiente informal, y aprendes mucho de ellos. De hecho, en el gobierno del presidente George W. Bush los becarios de la época incluyen al secretario de Estado, Colin Powell, y a la secretaria del Trabajo, Elaine Chao. La doctora Dona Shalala, ex jefe del Departamento de Salud y Servicios

Humanos que actualmente es presidenta de la Universidad de Miami, comprendió el valor de enseñarles a los becarios acerca de gobierno y liderazgo. Cuando asistía a una reunión de gabinete Shalala decía con frecuencia: "¡Oye! Yo traje a mi asociado. ¿Dónde está el tuyo?".

La creación de relaciones con mentores ha sido uno de los proyectos favoritos del gobernador Jeb Bush en Florida. En 1999 Bush creó la Iniciativa del Gobernador para los Mentores. Desde que se estableció el programa cerca de 116.000 personas se han ofrecido como voluntarias para ser mentores.

El propio Bush ha estado trabajando como mentor de un muchacho de séptimo grado de la escuela Raa, de Tallahassee, y le ayuda con sus tareas escolares. Tener al gobernador como mentor ha motivado al niño a obtener mejores notas y se dice que su ayuda realmente fue muy útil cuando el joven estuvo estudiando historia centroamericana. El padre del gobernador tenía experiencia de primera mano con los contras nicaragüenses como Vicepresidente y Presidente.[9]

217

## Un profesor puede ser un mentor que nunca olvidarás

Los profesores con frecuencia pueden ser aquellos mentores que le ayudan a un niño a perseguir su pasión. Fui testigo de ello durante mi infancia. Mi madre era profesora y también mentora de muchos niños, incluyéndome a mí.

A mi madre y a mí nos ocurrió recientemente algo que realmente muestra el impacto que un profesor puede tener sobre las vidas de sus estudiantes. En 2001, muchos años después de que mi madre se retirara de la docencia y luego de que Sterling Financial fuese citada como la empresa privada de más rápido crecimiento del Estado de Florida, fui invitado a Panamá como agasajado de una reunión privada para celebrar mis logros en Estados Unidos. Por supuesto que mi madre asistió al evento. Nos recibieron en el palacio presidencial y mientras nos guiaban en el recorrido nos acercamos a tres mujeres que se encontraban en la antesala de la oficina presidencial. Las tres saludaron a mi madre como si se tratara de una estrella de rock.

Habían sido estudiantes de mi madre. La recordaban como una de las mejores profesoras que habían tenido y te aseguro que estaban bastante más impresionadas con los logros de mamá que con los míos. Mi madre me enseñó que las lecciones prácticas son mucho mejor asimiladas que las teóricas. Fue capaz de utilizar muy productivamente sus antecedentes de enfermera de Georgetown e impartirles a sus estudiantes lecciones prácticas. Para sus clases de ciencias consiguió que mi padre donara cerebros de vacas y corazones de cerdos de su laboratorio médico para que sus estudiantes pudieran hacer las disecciones. Años después los estudiantes de mi madre recordaban aquellas experiencias con cariño y hablaban sonrientes de todo lo que habían aprendido en sus clases.

# UN MENSAJE DE GARCÍA

Con los años pasarás una buena parte de tu vida en el trabajo, de modo que busca algo que te encante hacer. Encontrar un mentor en un área de actividad particular en la cual estés interesado puede ayudarte a lograr satisfacción personal y éxito profesional. ¿Por qué no aprender de los errores de otros para que no tengas que repetirlos tú mismo?

Puedes encontrar que el campo en el cual estás interesado está justo en el camino que recorres, o puede resultar que en realidad no es algo con lo cual quieras proseguir. En cualquiera de los dos casos la experiencia te resultará valiosa. Hallar un mentor es algo que puede tomar semanas, meses, inclusive quizás años, dependiendo de dónde vivas y de la profesión o carrera en la cual te intereses. Encontrar un mentor puede requerir que trabajes gratis. Eso resulta difícil si estás intentando una nueva carrera en tu vida madura de adulto. Si logras manejar ese aspecto las compensaciones que tiene la orientación de un mentor en el largo plazo pueden ser grandes y cubre ampliamente los costos financieros iniciales. La experiencia que ganas en el área que amas, o piensas que amas, vale mucho más que cualquier cheque de quincena que puedas obtener a cambio de un trabajo que actualmente te angustie o que descubras que no te gusta. Encontrar un mentor puede ayudarte a evitar este tipo de situaciones y permitirte refinar y redefinir cuál es tu sueño y descubrir cuál es la próxima actividad a la que te quieres dedicar.

219

## CAPÍTULO 33
## Distingue los verdaderos modelos de los artificiales

PUEDES DESARROLLAR TU PASIÓN hallando un buen mentor. Puedes ir tras la meta de convertirte en una persona mejor encontrando un buen modelo y convirtiéndote, a su vez, en un buen modelo a seguir.

Aunque algunos atletas son excelentes modelos a seguir, deberías ir en búsqueda de cualidades que vayan más allá de driblar o patear un balón. Admiro a los que terminaron su carrera universitaria en lugar de abandonarla para quedarse con el dinero que llega cuando firmas un contrato profesional. Estaría mucho más dispuesto a considerar a ese atleta como un ejemplo a seguir si él está dispuesto a volver a la universidad durante el receso de temporada. En cualquier caso, si dan el ejemplo de lo importante que es obtener una buena educación, puedo soportar el hecho de que se les pague 100 veces lo que gana el profesor de una escuela en un año. Después de todo están cultivando su pasión, les dan a los niños que los admiran algún sentido de responsabilidad y ganan bien haciendo su trabajo.

Mike Haynes es un deportista que, pienso, merece la admiración de todos. Haynes, miembro del Salón de la Fama del Fútbol Americano Profesional y uno de los mejores defensas de la historia, fue seleccionado en primera ronda por los Patriots de New England en 1976.

Abandonó la secundaria pero terminó y se graduó en 1980. Durante 14 años trabajó por fuera de la temporada para prepararse para la vida después del fútbol. Dentro y fuera del campo se fijó metas y objetivos. Él es ahora un ejecutivo de la Callaway Golf Company.[1]

Sin importar cuáles sean nuestros orígenes étnicos o raciales, existen modelos a seguir para todos. Tan sólo en la administración del presidente Bush vemos muchos ejemplos importantes que representan una buena gama en cuestión de diversidad. Están Colin Powell, secretario de Estado, y Condoleezza Rice, asesora de Seguridad Nacional, ambos afroamericanos; Norman Minetta, secretario de Transporte, es norteamericano de origen japonés. La secretaria de Trabajo, Elaine Chao, nació en Taiwan. El secretario de Energía, Spencer Abraham, es norteamericano de origen libanés, y Mel Martínez, secretario de Vivienda y Desarrollo Urbano, nació en Cuba.

### Ejemplos a seguir en nuestros colegios

Con más frecuencia de lo que pensamos los verdaderos ejemplos a seguir se encuentran en nuestras escuelas, no en el campo de fútbol, en la pantalla del cine o en el gobierno. Pienso que los maestros de escuela son las verdaderas estrellas de nuestra sociedad. Jaime Escalante es un ejemplo magnífico y es considerado por algunos el mejor profesor de los Estados Unidos. Admiraba a Escalante desde mucho antes de conocerlo personalmente. Cuando él enseñaba en el Garfield High School los traficantes de droga eran los modelos para algunos de sus estudiantes. Aquellos que se dedicaban al tráfico tenían poder y dinero y por esto eran respetados por los alumnos. Escalante transmitió el mensaje de que la educación es, con mucho, el mejor camino al éxito.

En febrero del 2002 el presidente George W. Bush me nombró para la Iniciativa de la Casa Blanca en pro de la Excelencia Educativa de los Hispanonorteamericanos. Coincidencialmente, cuando fui nombrado por primera vez para la Junta de Educación de Florida, les di a los demás miembros copias de la película inspirada en las experiencias de Escalante, *Levántate y cumple (Stand and Deliver)*, con el fin de ilustrar la importancia de la tarea que se imponía ante nosotros. Me sentí honrado al enterarme más tarde de que Escalante iba a ser parte de la comisión.

Miles de personas recuerdan con cariño a Marva Collins, cuya pasión es la educación de los niños. Ella cree entrañablemente en conservar el sentido en latín de la palabra "educador", que significa conducir a alguien y extraer lo mejor de esa persona. Collins está decidida a no perder jamás a un pequeño. Ha formado a más de 30.000 maestros y transformado la vida de millones de niños.

Maestros como Marva Collins ayudan a los niños a encontrar nuevos horizontes. Una palabra gentil de estímulo puede motivar a un infante a lograr cosas que jamás hubiera soñado fueran posibles. Los maestros pueden abrir al niño un mundo nuevo de posibilidades.

David M. Shribman ha entrevistado a personas de todos los horizontes vitales. Todas tenían alguna anécdota sobre un maestro que había tenido un papel importante en sus vidas. No importa si habían sido buenos o malos estudiantes, o cuál era su profesión, todas habían tenido un profesor que había marcado una gran diferencia en las personas en las cuales se han convertido.

En el prefacio de su libro *Recuerdo a mi maestro (I Remember My Teacher)*, Shribman le dio un nuevo significado a un viejo dicho. Shribman dijo: "Los que pueden, hacen. Los que pueden enseñar, hacen aún más".[3]

223

### Modelos para nuestros hijos

Cheryl K. Olson, de la escuela de medicina de Harvard para la salud mental, ofrece consejos acerca de cómo educar a un niño para que tenga un espíritu animoso. Ella recomienda que los padres motiven a sus hijos a encontrar un pedacito de arco iris en su jornada. Si un niño odia algún tema en particular, anímelo a concentrarse en aquellos que disfruta. Olson también recomendó que los padres no permitan que sus hijos tomen un solo evento negativo aislado y lo conviertan en una horrible generalización.[4]

Los mismos padres deberían tomar como modelo a seguir a alguien que sepa cómo manejar situaciones difíciles con gracia, por ejemplo, una persona en el trabajo. Tal vez tu ejemplo a seguir sea un vecino que consigue sacar tiempo de una agenda apretada para desarrollar labores comunitarias, o un amigo que deje de ir a tomarse unos tragos con sus amigos para dedicarse a entrenar el equipo de fútbol o de béisbol para niños. Cuando estés luchando por convertirte en un mejor modelo a seguir recuerda las seis cualidades esenciales que el doctor William Menninger ha definido como la llave del éxito: sinceridad, integridad, humildad, cortesía, sabiduría y caridad.

### La blanda hipocresía de las bajas expectativas

Mucha gente cree que "bajando las exigencias" de los colegios ayuda a mejorar la autoestima de los niños. Sin embargo es el auténtico logro, ya sea en el plano deportivo, académico o cualquier otro, el que produce verdadera autoestima. Fue el trabajo tesonero lo que hizo que los estudiantes de las clases de Jaime Escalante se llenaran de autoestima. Nadie hizo que los exámenes de cálculo avanzado *AP calculus* fueran más fáciles para que ellos pudieran adquirir el sentido de lo que es la autoestima. Su logro mostró a los niños, a sus padres y a la comunidad que eran capaces de continuar su educación en la universidad, y muchos de ellos lo hicieron.

La primera iniciativa legislativa importante que promovió el presidente George W. Bush fue la ley de educación llamada "Ningún niño quedará atrás". La creencia del Presidente de que todo niño está en capacidad de aprender choca seguido con lo que él llama "la blanda hipocresía de las bajas expectativas". La idea que tienen algunas personas sobre las bajas expectativas que hay que tener cuando se trata de ciertos grupos étnicos es simplemente inaceptable. Puede que se trate de una hipocresía "blanda", pero es hipocresía en todo caso. Las bajas expectativas justifican que algunos niños sean simplemente llevados en andas por el sistema. Generalmente se trata de niños de barrios pobres de las ciudades, pertenecientes a minorías, cuyos padres probablemente no hablan inglés como primera lengua. Es muy fácil entrar a un salón de clase lleno de niños difíciles de educar y decir simplemente: "Ahora nos vemos; los vamos a dejar pasar a todos al grado siguiente para hacerlos avanzar dentro del sistema". Esos días tienen que acabar.

Los niños hispanos están en serias dificultades. Más de la tercera parte abandonan la escuela sin haber obtenido un diploma. Detesto llamar "desertores" a los que no logran graduarse porque considero que no es su culpa. En mi calidad de persona que define las políticas a nivel estatal y federal he visto que el personal de las escuelas tiene bajas expectativas frente a los niños hispanos, y por lo tanto ellos no son alentados a pensar en la universidad desde una edad temprana. Sólo un pequeño porcentaje de ellos asiste a preescolar y a otros programas de educación temprana, lo cual reduce sus posibilidades. Eso se amplifica con la orientación de los niños hispanos hacia clases no académicas, con la falta de profesores hispanoparlantes y al aislarlos en escuelas de escasos recursos. Aún más, los activos que el niño trae consigo a clase, como un segundo idioma, no son valorados de manera universal y los administradores de los colegios no facilitan la participación activa de los padres en la educación de sus hijos.

# UN MENSAJE DE GARCÍA

Los mejores modelos no son generalmente los atletas estrella, los ídolos de la TV, los cantantes de rock ni las super-modelos. Los mejores modelos de vida que hay están alrededor y frente a nosotros todos los días. Son los padres y los profesores. Los padres son los primeros modelos de los niños. Ellos deberían cerciorarse de que sus hijos respeten a los profesores porque ellos pueden ser el modelo más influyente que un niño puede llegar a tener en la vida. Padres y profesores deberían siempre estar promoviendo la idea de que la obtención de una buena educación constituye la mejor manera de lograr el éxito. También podrían ser modelos aquellos individuos que demuestran cual-idades que pueden contribuir al buen desarrollo del carácter, que tienen sentido de la ética y la moral y que creen que el éxito es mucho más de lo que tengas en la cuenta bancaria: que lo que importa es lo que te caracteriza como persona. Cualidades como la honestidad y la integridad son esenciales para el desar-rollo saludable y positivo de la gente de todas las edades.

Piensa en personas a quienes admires, ya se trate del doctor Martin Luther King Jr. o de un vecino que siempre está disponible cuando necesitas ayuda. Pregúntate qué es lo que conquistó tu admiración. ¿Son gentiles y compasivos? ¿Brindan de sí mismos, de su tiempo, de su dinero y de sus recursos para ayudar a alguien o contribuir a una causa encomiable? Trata de cultivar esas mismas cualidades y a su vez te convertirás en el mejor modelo que puedes llegar a ser.

226

# CAPÍTULO 34
## Lleva un diario de guerra

EL GRUPO DE EMPRESAS FINANCIERAS STERLING (Sterling Financial) es un negocio de propiedad hispana fundado en septiembre de 1997. En agosto de 2002 fue reconocida como la empresa hispana de más rápido crecimiento de Estados Unidos por la revista *Hispanic Business*. También fue citada como la octava empresa privada en crecimiento de Estados Unidos por la revista *Inc*, dentro de su prestigiosa lista "Inc 500" de octubre de 2002, e identificada, por dos años consecutivos, como la empresa privada de más rápido crecimiento de Florida.

Nuestra meta es convertirnos en la empresa líder de servicios financieros de propiedad hispana dedicada a la clientela de inversionistas institucionales norteamericanos, así como a la atención del mercado hispano —de banca corporativa y personal— que está subatendido y fragmentado. Generamos ingresos a partir de cuatro fuentes primarias, incluyendo investigación sobre propiedad, ventas institucionales y corretaje, administración de riqueza y banca de inversión.

Nuestra investigación sobre propiedad es la que mejor ilustra nuestra filosofía de brindar análisis imparciales. Hace un tiempo reconocimos que existía la necesidad de una investigación independiente que los bancos de inversión tradicionales no suministraban debido a su dependencia como medio de apoyar sus negocios de comisionistas de banca de inversión. Nuestra investigación se basa en los méritos de los rendimientos tangibles que les brindan a los inversionistas.

Nuestro grupo de ventas institucionales y corretaje abarca tanto la división de renta variable (acciones) como la de renta fija. Nuestros corredores les brindan a las instituciones una ejecución de órdenes de transacción de alta calidad, mientras que la fuerza de ventas sirve como un conducto efectivo para la distribución de nuestros productos de investigación del mercado accionario y de renta fija. Nuestro equipo de renta fija ha desarrollado competencias en el manejo de una amplia gama de instrumentos de deuda, en tanto que nuestro esfuerzo de ventas de acciones y de corretaje ha adquirido conocimiento especializado en sectores de crecimiento emergentes que incluyen los sectores de salud y de tecnología.

Nuestro negocio de manejo de riqueza comprende el grupo de atención a clientes privados, nacionales e internacionales, y el manejo de activos. Contamos con una creciente presencia internacional y actualmente trabajamos con 62 oficinas en muchos de los mercados clave norteamericanos e hispanos y en cinco países de América Latina.

Nuestro grupo de banca de inversión consta de profesionales políglotas y multiculturales con amplio conocimiento del negocio internacional. Consideramos que hemos armado un grupo que nos permitirá competir con efectividad en el mercado tradicional de Estados Unidos, pero que a la vez nos habilitará para satisfacer las necesidades especiales de las empresas de propiedad hispana y centradas en la comunidad hispana, así como de las compañías latinoamericanas que vemos como beneficiarias de la convergencia económica de la región con Estados Unidos. Tenemos empleados y contratistas independientes a todo lo ancho de Estados Unidos y en siete países. Así lo quisiera, no podría ser un microadministrador. No obstante, aún necesito hacer un seguimiento de cómo se está portando la empresa y de cuáles son las áreas que requieren mi atención. El *Diario de guerra* me ayuda a mantener el control sobre lo que está ocurriendo permanentemente en mi empresa y en las oficinas que tenemos alrededor del planeta.

El *Diario de guerra* es una recopilación de los informes que recibo de los gerentes de cada una de las oficinas de Sterling en el mundo. Ayuda a mantener abiertas las líneas de comunicación, me permite saber de inmediato si hay algún problema que requiera mi atención y mi gente sabe que estoy presente y que me interesa lo que le ocurre. Sin la comunicación diaria los empleados y contratistas ubicados en lugares remotos se sentirían aislados y no se percatarían de lo importante que es su papel para el éxito de la empresa.

Inmediatamente al lado de mi oficina está el grupo de Relaciones Globales. Ellos constituyen lo que llamo el "equipo de auditoría interna". Es mi versión del Departamento de Asuntos Internos, cuya misión consiste en detectar los problemas de calidad y de servicio. Relaciones Globales se mantiene en contacto con todas y cada una de las oficinas todos los días. Antes de que este grupo comenzara a operar solamente me percataba de los problemas cuando alguno de mis asesores financieros se quejaba.

En mi negocio los asesores financieros son mis clientes. Mi cliente no es el usuario final. Hemos crecido así de rápido porque los asesores quieren formar parte del equipo de Sterling ya que eso les brinda acceso a nuestra excepcional investigación. Ellos les pasan esa información a sus clientes, que son inversionistas de todas partes del mundo. Los corredores y comisionistas comparten nuestras recomendaciones con sus clientes.

El grupo de Relaciones Globales llama a cada uno de los asesores financieros todos los días y les formulan dos preguntas. La primera es si estamos haciendo algo mal. La segunda es: qué es aquello que no estamos haciendo en estos momentos pero que dejaría más satisfechos a los clientes. Los resultados de dichas conversaciones acaban consignados en el *Diario de guerra*. Como sospecharás, la idea de llevar un *diario de guerra* provino de mi formación militar. Cuando eres ayudante de un general, él o ella le da diariamente un vistazo a un libro de informes. Dicho libro contiene la agenda del general y los informes de los comandantes de división. El *Diario de guerra* cumple con otro propósito: mantiene a los empleados totalmente alerta porque saben que voy a estar revisando lo que hacen.

### *Se necesita más que una agenda de planifiación diaria o un "palm pilot" para lograr el éxito*

Tu carrera y tu negocio pueden no requerir un *diario de guerra*. Bien seas un gerente, un empresario o un empleado, deberías llevar un registro con el estado de los proyectos pendientes. Tienes que estar al tanto de quién está liderando la carga y también verificar que esos proyectos estén avanzando. Revísalo diaria y semanalmente de modo que el avance de las tareas asignadas no se te escurra por las rendijas.

El *diario de guerra* también puede ayudarte a controlar ese millón de pequeños detalles que pueden convertirse en problemas grandes. Mi suegro, Seymour Holtzman, me enseñó que el diablillo está en los detalles. Para ser una persona de negocios competente tienes que conocer hasta el más mínimo detalle sobre cómo funciona tu empresa y leer cada documento que pase por tu escritorio. Holtzman perdió una vez dos millones de dólares en un negocio de bienes raíces por una palabra del contrato. Aunque no es abogado, Holtzman lee cada una de las palabras escritas en los contratos y hace que los abogados le expliquen los párrafos cuando no está seguro del objetivo que tienen.

Inclusive, aunque no gerencies una empresa, puedes llevar tu *diario de guerra*. En este caso se verá más como un diario de éxitos. Anota en él todos los proyectos en los que estés trabajando y lleva el seguimiento de su proceso con miras a su terminación. También puedes llevar control del cumplimiento de tus metas personales exactamente de la misma manera. En el diario de éxitos escribe tus sueños y cómo planeas cumplirlos. Dales una mirada diariamente y anota qué has hecho para convertirlos en realidad.

❖

# UN MENSAJE DE GARCÍA

En tu batalla por lograr el éxito, el hecho de llevar un *diario de guerra* puede convertirte en un general victorioso. Si ya estás gerenciando una empresa te permitirá controlar los proyectos a cargo de tus empleados. Si eres el gerente de una compañía grande tu propio *diario de guerra* te ayudará a hacer el seguimiento de la situación de todos los proyectos esenciales en los cuales está trabajando cada uno de tus empleados. Cuando tu jefe te pregunte cualquier cosa acerca del estado de algo el *diario de guerra* te ayudará a explicar lo que está pasando en la organización.

Inclusive, si no eres propietario de un negocio y si no gerencias ninguna empresa, deberías llevar un *diario de guerra*, o diario de éxitos, en el cual hagas un seguimiento de tu progreso hacia tus metas. Rápidamente te percatarás de si hay días en los cuales hayas perdido tu tiempo y no hayas dado ni siquiera un pasito mínimo hacia el logro de algo que quieras realizar y por lo que estés dispuesto a luchar. También podrás determinar y analizar los movimientos más productivos que hayas efectuado y aprender de tu experiencia actual.

## CAPÍTULO 35
## El tiempo puede ser tu
## amigo o tu enemigo

MI SUEGRO, SEYMOUR HOLTZMAN, me enseñó que al analizar un asunto el tiempo puede ser tu amigo o tu enemigo. Si el tiempo es tu amigo, tú puedes alargar las cosas en una negociación. Si es tu enemigo debes actuar rápido.

Cuando el tiempo es tu aliado no te sientes presionado a tomar decisiones sin toda la información que necesitas y puedes hacer un análisis completo de la situación. Uno de los problemas más grandes de los empresarios, sin embargo, es que frecuentemente tienen que tomar las decisiones con un pequeño porcentaje de la información que necesitan. Si el empresario espera hasta contar con 90 por ciento de la información que necesita la ventana de las oportunidades puede haberse cerrado.

Me he enfrentado con situaciones como estas en la administración de mi negocio. Escuché que Merrill Lynch estaba cerrando su oficina en Grecia y vi una oportunidad para la financiera Sterling de entrar en ese mercado. Al otro día tomé un avión para Grecia con el objeto de reunir a la gente que trabajaba para Merrill Lynch y luego abrir una oficina allí. Con el apoyo de los abogados de Grecia, Londres y Estados Unidos hicimos todo el papeleo y abrimos la oficina en dos semanas. Aunque en esa situación era evidente que el tiempo era mi enemigo, utilizamos cada hora de cada día para reunir los esfuerzos de la gente de diferentes países para asegurarnos de que se cerrara el trato. De esa forma pudimos abrir una oficina en Atenas con unas excelentes personas y rápidamente establecimos una presencia en un nuevo mercado internacional en el cual estábamos interesados.

En otra ocasión estaba cenando con un competidor que mostraba interés en comprar nuestra compañía. Durante la conversación él habló de otra firma que su empresa pensaba comprar. Me di cuenta de que si él podía comprar la otra compañía, pues yo también. Entonces llamé al dueño de esa firma y lo convencí de que me vendiera su negocio. Tres días después hicimos el trato y prácticamente dupliqué mi fuerza de ventas de inmediato.

Si el tiempo está de tu lado no tienes que tomar decisiones de compra inmediatas. Siempre debes estudiar varias ofertas de lo que vayas a adquirir. Una vez estábamos interesados en un nuevo sistema telefónico que costaba más o menos 19.000 dólares. A medida que recibíamos propuestas me di cuenta por un vendedor de que un equipo usado podría llegar a ser mucho más barato y se ajustaría adecuadamente a nuestras necesidades. En vez de comprar ese sistema usado seguí el consejo de mi suegro y recibí varias ofertas más. Al final compramos un equipo telefónico usado mucho más barato que el que me ofrecía el primer vendedor.

Cuando el tiempo es tu amigo puedes darte la oportunidad de alejarte de la mesa de negociación si no estás haciendo el trato que quieres. Frecuentemente la otra parte vendrá después con una mejor oferta. Para efectuar el mejor negocio tú puedes alejarte de él aunque hayas dedicado seis meses a la mesa de negociaciones ya que la otra parte puede haber invertido tanto tiempo y dinero como para terminar aceptando los términos que se estaban discutiendo.

❖

# UN MENSAJE DE GARCÍA

Haz que el tiempo se vuelva tu aliado teniendo la claridad acerca de las cosas que debes lograr antes de que llegue la fecha límite. Establece tus propias fechas de corte y aférrate a ellas firmemente. Adicionalmente, no te olvides de dejar tiempo para corregir el desorden y los errores, que nunca falta, que pueden resultar un dolor de cabeza hasta en los planes mejor diseñados.

La planificación estratégica puede ayudarte a asegurar que el tiempo esté a tu favor y no en tu contra. Las personas que planifican mal las cosas convierten al tiempo en su enemigo. Ellos siempre están pendientes de detalles secundarios en vez de preocuparse por los resultados intermedios y su coordinación.

El tiempo puede operar a tu favor si eres proactivo en la planificación y defines los pasos específicos que deben ser dados para alcanzar una meta en particular o para cumplir con las fechas límite de un proyecto. Si el tiempo está de tu lado tómate el que sea necesario para decidir acertadamente. Tú puedes hacer esto consultando a las personas que pueden darte una opinión valiosa para hacerlo. Si es posible recurre a quienes podrían verse directamente afectados al final para que todos sientan que fueron parte del proceso de tomar la decisión.

# CAPÍTULO 36
## Desarrolla tus habilidades de liderazgo

TÚ PUEDES SER UN LÍDER sin importar la posición en la que te encuentres. Hay soldados rasos en las fuerzas armadas que demuestran habilidades de liderazgo. La cadena de mando no cambia pero ese soldado en particular tiene la habilidad de inspirar a los soldados que lo rodean.

Inclusive, si eres civil, tienes muchas cosas que aprender del modelo de liderazgo de combate. William A. Cohen, en su libro *El nuevo arte del liderazgo (The New Art of the Leader)*, propone el modelo de combate y las ocho leyes universales del liderazgo. Según Cohen, Ph.D. y mayor general retirado de la reserva de la Fuerza Aérea, estas leyes se aplican ya sea que estés dirigiendo tropas en batalla o simplemente presidiendo una reunión de una asociación de padres de familia:[1]

1. Mantén absoluta integridad ya que es el fundamento de todo liderazgo.
2. Conoce bien tu actividad.
3. Haz conocer tus expectativas.
4. Muestra un nivel de compromiso poco común.
5. Espera resultados positivos.
6. Cuida a tu gente.

7. Pon el deber por encima de ti mismo.
8. Mantente siempre al frente de las cosas.

Yo he incorporado los valores de la Academia de la Fuerza Aérea a mi modelo de negocios ya que la misión de ésta se enfoca a la formación de líderes que tengan una integridad indiscutible. Ellos asumen su compromiso y evitan echarse mutuamente la responsabilidad. La misión de la academia también enfatiza la necesidad de ser desinteresados y comprometidos con el trabajo. Los estudiantes que se gradúan deben tomar decisiones y ser disciplinados. Estas son las cualidades que tú quieres que tenga cada una de las personas que trabajan en tu negocio.[2]

### Tú puedes liderar desde arriba o desde abajo

Una forma de desarrollar tus habilidades de liderazgo es expresando tus puntos de vista y teniendo una opinión en las cosas que están sucediendo o en los puntos de debate candentes que haya en tu compañía u organización. Comparte tus pensamientos y tus opiniones acerca de las medidas importantes que toma tu empresa, siempre y cuando se trate de cosas bien pensadas y que se presenten de modo bien intencionado.

Los autores Pat Heim y Elwood Chapman comentan en su libro *Aprendiendo a liderar (Learning to Lead)* que hay tres fuentes de poder de liderazgo. Estas son el poder de la personalidad, el poder del papel que se está desempeñando y el poder del conocimiento. La habilidad de liderar no surge necesariamente de la posición que se tenga. El poder del conocimiento es una fuente importante del poder de liderazgo y cualquiera puede adquirir poder mediante el conocimiento.

Inclusive, aunque te encuentres en el nivel más bajo de la organización, tu personalidad puede permitirte asumir el liderazgo en determinadas tareas. De acuerdo con Heim y Chapman, ciertas personas tienen características mentales y una forma de trato que hacen que los demás las sigan. Tal vez es tu sentido de la justicia, tu actitud decidida y positiva, tu disposición para aceptar responsabilidades o alguna otra particularidad lo que los demás ven en ti. Es más fácil aceptar como líder a alguien con estas cualidades.[3]

Napoleon Hill nos da herramientas para crear una personalidad atractiva. Puedes hacerlo al mejorar diferentes aspectos de tu personalidad, tales como tu flexibilidad, cortesía, sentido del humor, versatilidad y humildad. Una actitud mental positiva es el elemento más importante en una personalidad atractiva.[4]

William Sonnenschein expone esta idea de manera convincente en su libro *La caja de herramientas de la diversidad (Diversity Toolkit)*, diciendo: "Cuando la gente se siente respetada y sabe que sus aportes van a ser apreciados y, probablemente, utilizados, asume papeles de líder inclusive aunque no esté en posiciones de mando".[5] Cuando la gente asume un papel de liderazgo aumenta su capacidad de dirigir. Como dice el renombrado historiador Cyril Falls: "El propio ejercicio de liderar fomenta la capacidad de hacerlo".[6]

En los deportes se ven líderes de todo tipo. Hay jugadores con personalidades enérgicas que motivan a sus compañeros de equipo. También existen los que lideran porque dan ejemplo. Ellos no hablan mucho pero la determinación que muestran en sus actos motiva a los demás miembros del grupo a hacer las cosas mejor.

### Lucha por ser un líder, no un administrador

Los mejores jefes también pueden ser líderes. Ellos se mueven más allá de los requerimientos de su trabajo. En vez de esperar instrucciones explícitas emplean nuevos procedimientos para desarrollar su labor. También ponen a prueba nuevas ideas sin pedir la aprobación del jefe.

Colin Powell define el liderazgo de la siguiente forma: "El liderazgo es el arte de hacer más de lo que la ciencia de la dirección cree posible".[7] Powell también dice que el papel del líder es generar consenso organizacional.[8] Él cree que un líder debe ser transparente acerca de la dirección hacia la cual debe ir la organización. Un líder debe comunicar su visión de forma convincente. Debe ser inclusivo y buscar el compromiso de cada uno de los miembros de su equipo. Al final, aunque busque consenso, solo él puede buscar el compromiso y debe seguir adelante de forma decidida.[9] En el mismo sentido Martin Luther King Jr. dijo: "Un auténtico líder no es el que busca un acuerdo sino el que moldea el acuerdo".[10]

### *Desarrolla las cualidades de liderazgo en tus hijos*

Como padre, es importante que nutras y cultives las habilidades de liderazgo de tus hijos. Primero debes entender la personalidad de ellos, su disposición y su temperamento. Tienes que estar pendiente de cómo reaccionan en situaciones estresantes y hazles sugerencias de cómo manejar la presión en la forma más apropiada. Enséñales las habilidades organizacionales que les van a servir a lo largo de su vida. Alimenta su independencia en vez de protegerlos por mucho tiempo.

Darles demasiado a tus hijos es una forma de quitarles la motivación. Cuando aprendí de mi abuelo a pescar con anzuelo él me daba una moneda de cinco centavos por cada intento exitoso. Esas monedas significaron para mí cien veces más que si me hubiera dado un dólar. Eso me enseñó acerca de la remuneración económica que llega con el éxito.

Siempre he creído en el viejo proverbio chino que dice: "Dale un pescado a un hombre y comerá un día; enséñale a pescar y comerá toda la vida".[11]

## UN MENSAJE DE GARCÍA

Mucha gente exitosa es líder de nacimiento. Algunos alcanzan la cumbre de una organización debido a su pasión, conocimiento o compromiso con un proyecto o esfuerzo, o tal vez tienen la visión para desarrollar una nueva idea, tal como iniciar una compañía o transformarse en el defensor de una causa. Para ser un líder debes ser justo, decidido y orientado hacia la acción. Debes tener la voluntad para aceptar la responsabilidad y los deseos de trabajar con otros para alcanzar algo que no puedes hacer solo. Los líderes son flexibles, corteses y respetuosos de las opiniones de los demás y contemplan todos los puntos de vista antes de tomar una decisión y establecer el curso de una acción. Tú también puedes mejorar tus habilidades de liderazgo estudiando a los grandes líderes de la historia; puedes aprender muchas lecciones de los líderes en todos los caminos de la vida, lecciones que puedes aplicar a ti mismo y a tus circunstancias.

Inclusive, aunque no seas líder por naturaleza, puedes desarrollar y cultivar tus habilidades para serlo. Busca oportunidades para liderar. Ofrécete como voluntario para desarrollar actividades que te permitan tomar el mando en los proyectos y que te pongan en una posición para asumir la carga, para delegar responsabilidades y para animar a la gente a que haga las cosas que usualmente no es capaz de hacer por sí misma. Te sorprenderá ver que estas oportunidades abundan a tu alrededor y que sólo tienes que buscarlas.

Cuando estaba en la Academia de la Fuerza Aérea me ofrecí como voluntario para dar cursos de liderazgo en la academia militar de West Point y en la Academia Naval de Anápolis. Traté de aprender de liderazgo a nivel nacional convirtiéndome en becario en la Casa Blanca. En Florida me uní a un programa de un año llamado "Leadership Florida", con 70 líderes más, para cultivar y afinar nuestras habilidades de liderazgo y aprender más acerca de nuestro gran estado. En los negocios existen dos programas de liderazgo a nivel nacional que debes considerar como posibilidad para ti en un futuro: la Organización de Jóvenes Presidentes (The Young President's Organization, YPO) y el Comité Ejecutivo (The Executive Committe, TEC). Cada una de estas organizaciones te brinda la oportunidad de interactuar con líderes de negocios de tu comunidad y aprender muchas cosas beneficiosas para aplicar en tu vida personal y de negocios.

❖   ❖   ❖

## CAPÍTULO 37
# Para comunicarte con efectividad, convierte los temas complicados en asuntos comprensibles y pertinentes

INDEPENDIENTEMENTE DE QUE SEAS EL LÍDER del mundo libre, de una empresa o un padre de familia, necesitas tener la capacidad de tratar temas complicados y hacerlos comprensibles. Todos parecemos más ocupados que nunca y distraídos por una avalancha general de información. Los líderes deben ser capaces de encontrar un camino claro en medio de toda la maraña informativa que compite por nuestra atención y brindar un mensaje que sea claro y pertinente.

Bill Bennett piensa que la gente no se interesa ni se interesará por algo que tengas que decir a menos que lo hagas comprensible. También muestra que todos los temas deben resultar importantes para cada una de las personas que integren tu público. Bennett es excelente para tomar asuntos como la educación o la guerra contra las drogas y mostrarle al público norteamericano porqué debe interesarse en ellos. Es un maestro para ilustrar la manera en la cual las distintas cosas nos afectan y tocan nuestras vidas.

### Aclara lo que vas a decir antes de decirlo

La preparación es la clave de la comunicación efectiva. En el tribunal el abogado que se alista meticulosamente tiene más probabilidades de ganar el caso. Inclusive cuando hables con tus hijos acerca de temas importantes deberías planificar con anticipación lo que vas a decir. De otro modo, cuando tu hijo pregunte ¿por qué?, terminarás diciéndole "¡porque yo lo digo!".

Existen individuos muy especiales –y, por supuesto, pueden contarse en los dedos de las manos– que pueden exponer con suprema claridad sus puntos de vista acerca de temas importantes sin preparación previa. Abraham Lincoln fue un gran orador, pero el historiador William Lee Miller encontró que no era bueno para las intervenciones improvisadas. Antes de su debate con Stephen Douglas, Lincoln pasó días enteros estudiando los discursos de su oponente. También estudió para el efecto los discursos de otros senadores y leyó periódicos provenientes de todo el país. Llegó al debate totalmente preparado y se desempeñó bien.[1]

El almirante retirado James Stockdale, un héroe de guerra que sobrevivió casi ocho años en un campo de prisioneros norvietnamita, es más recordado por su desafortunada presentación en el debate presidencial televisado de 1992. Stockdale pertenecía al grupo de Ross Perot y le informaron a último minuto que estaría participando en el debate. A diferencia de los otros candidatos, que pasan semanas, o inclusive meses, preparándose para un debate, él no fue instruido acerca de ninguna de las preguntas o cuestiones que podían planteársele. En consecuencia, no pudo establecer con nitidez ninguna posición sobre alguno de los temas. Según los expertos Stockdale perdió el debate, aunque nadie cuestionó ni su inteligencia, ni su valentía, ni su carácter. Él observó con acierto que "el carácter es algo permanente, mientras que los temas son pasajeros"; sin embargo eso no le fue de ninguna ayuda aquella noche. Para comunicar con efectividad debes estar completamente preparado o tu mensaje se perderá.[2]

### Mantén lo simple

Las comunicaciones escritas deben ser tan absolutamente claras y comprensibles como aquellas que se presentan oralmente. Cuando escribía sobre la lucha contra el terrorismo o la guerra contra las drogas mis jefes no tenían tiempo que perder con análisis que complicaran aún más un tema que, de por sí, era complejo. Si no puedes explicar algo en términos simples, por lo general lo que ocurre es que no estás entendiendo bien el tema. Adopta una posición al respecto y susténtala con los hechos y las cifras necesarios, pero ¡mantén las cosas simples!

Cuando dictes una conferencia siempre ten claro antes de empezar cuál es tu mensaje. Demasiados oradores están muy ocupados haciendo chistes y perdiéndose en medio de temas ajenos al motivo de la charla, de modo que terminan olvidándose de cuál es el mensaje que quieren transmitir. El presidente Dwight Eisenhower dijo que uno debería ser capaz de condensar el mensaje de cualquier discurso en la solapa de una libreta.[3] Thomas Jefferson también creía en el valor de la brevedad. Él dijo: "El más valioso de los talentos es la capacidad de no usar jamás dos palabras cuando una sola basta".[4]

El estilo del escritor Stephen King es, por supuesto, distinto del de Thomas Jefferson, pero él brinda excelentes consejos acerca de cómo escribir. King recomienda el uso de las primeras palabras que vengan a la mente en lugar de utilizar un lenguaje más complejo. Por ejemplo, la palabra "propina" es preferible a "largueza" o "emolumento". King sugiere la utilización de frases cortas porque las declaraciones breves y sencillas son más poderosas. Adicionalmente, prefiere evitar los adverbios. En la frase "El hombre cerró la puerta firmemente", el adverbio "firmemente" no añade mayor cosa. King también recomienda el uso de la forma activa. Por ejemplo, uno diría "Sacaron el cuerpo de la cocina" en lugar de "El cuerpo fue sacado de la cocina", que corresponde a la forma pasiva.[5]

❖

# UN MENSAJE DE GARCÍA

Habla con claridad y sencillez. Utiliza esa premisa también en tus escritos. Pon en claro lo que vas a decir antes de empezar a hablar. Cuando comuniques tu mensaje por escrito asegúrate de enunciar tu punto con claridad y brevedad. Cuando lidies con asuntos complicados asegúrate de que logras condensarlos en puntos simples de comprender y hazlos tan relevantes como sea posible para tu audiencia/objetivo.

Los asuntos complicados exigen discusiones simples y directas para poder resolverse. Las cuestiones difíciles merecen respuestas muy bien pensadas, no salidas improvisadas. La presentación exitosa de hechos, sean o no complejos, requiere preparación. Entre mejor preparado estés para sustentar una posición en particular mayor fuerza tendrá tu comunicación, independientemente de que estés interviniendo en un tribunal o en una junta directiva. Para tener éxito al sustentar una causa o punto de vista tienes que demostrar tu comprensión de las cuestiones esenciales que la afectan en lugar de basarte en la emoción y la retórica. Inclusive cuando estés hablando con tus hijos te desenvolverás mucho mejor utilizando la lógica y los argumentos legítimos en vez de tener que apoyarte en tu autoridad como padre.

## CAPÍTULO 38
## Las personas exitosas tienen el coraje de estar en desacuerdo cuando es necesario

EL PRODUCTOR DE CINE SAMUEL GOLDWYN DIJO: "No quiero a mi alrededor personas que digan sí a todo. Quiero que la gente me diga la verdad aunque con esto puedan perder su empleo". A mí me divierten las observaciones sardónicas de Goldwyn y tampoco quiero a mi alrededor hombres ni mujeres diciendo sí a todo. Mi actitud es como la de Ernest Shackleton, el explorador de la Antártida. Al escoger su tripulación él seleccionaba a personas que demostraran ser leales pero que, a su vez, pudieran estar en desacuerdo. Como se señala en el libro de Morell y Capparell *A la manera de Shackleton* (*Shackleton's Way*): "Los líderes de hoy deben lidiar con empleados mejor educados, que han viajado bastante, más ambiciosos y tienen más 'mundo' que en el pasado". Es por esto que es imperativo establecer una marca de liderazgo en la que se valoren las opiniones de los empleados. Los líderes deberían seguir lo que Morell y Capparell bautizaron como *la manera de Shackleton*, una propuesta caracterizada por el humor, la inteligencia, la fuerza y la compasión. Ellos lo llaman "negocios con una cara humana".

En mi empresa nunca alguien ha perdido su empleo por estar en desacuerdo conmigo. Estimulo a las personas que me rodean a que piensen por sí mismas y que aprendan de sus propios errores. Quiero estar rodeado de gente que esté dispuesta a tener una opinión diferente a la mía en lugar de decirme todo el tiempo que soy el que tiene la razón.

Usted debe siempre defender sus creencias; si usted ocupa un cargo de nombramiento político en el gobierno debe recordar que si no está dispuesto a soltar el poder, entonces no tiene poder. Esta verdad fundamental fue probada en mi caso particular cuando la política de admisiones de la escuela de leyes de la Universidad de Michigan, que busca constituir un cuerpo de estudiantes diversificado, fue demandada en sucesivas instancias hasta llegar a la Corte Suprema de Estados Unidos. El Presidente y el gobernador de Florida, líderes a quienes respeto profundamente –y para quienes trabajé– presentaron ante la Corte solicitudes en las cuales la instaban a declarar esas admisiones como prácticas inconstitucionales.

Aunque ambos –el Presidente y el gobernador de Florida– están profundamente comprometidos con la diversidad en toda la extensión de la palabra, ellos creen que existen otros métodos, racialmente neutrales, que permiten darles diversidad a los campus universitarios. Como gobernantes ellos adoptaron novedosos "planes de porcentaje", que admitían automáticamente a una cierta porción de graduados de secundaria en la universidad, independientemente de su origen racial. Aunque estos planes neutrales, desde el punto de vista racial han funcionado bien en la Florida y en Texas, no creo que puedan funcionar en todos los estados. En mi opinión estos planes también tienen limitantes en los casos de universidades y escuelas más selectivas. Para juzgar el mérito de una persona en materia de ingreso a una universidad pública, que forma a los líderes del mañana, siento que se debe ver más allá de las notas y puntajes obtenidos en las pruebas estandarizadas para incluir un análisis riguroso de las diversas facetas del carácter de cada individuo.

Por ese motivo impartí las instrucciones necesarias en mi compañía para que se inscribiera en el informe *Fortune 500* de empresas a líderes que apoyan a la Universidad de Michigan. Más de 60 empresas de la lista *Fortune 500*, entre las cuales están Boeing, Coca-Cola, G.E., Intel, Microsoft, Procter & Gamble y muchas otras, argumentaron ante la Corte Suprema que una fuerza de trabajo bien formada, diversa, que incluya gente que ha aprendido a trabajar de manera productiva con personas de una multitud de razas, etnias, religiones y antecedentes culturales, es necesaria para mantener la competitividad de una Norteamérica inserta en una economía mundial cada vez más interdependiente y diversa. De las 65 empresas que se unieron al informe el grupo financiero de empresas Sterling fue una de las tres únicas firmas que no formaban parte de la lista de *Fortune 500*. Fuera ésta, más de 60 organizaciones norteamericanas presentaron mociones de apoyo a la política de admisiones de la Universidad de Michigan, incluyendo a un prestigioso grupo de líderes militares norteamericanos retirados, que explicaron que un cuerpo de oficiales racialmente diversificado, capaz de dirigir una tropa racialmente diversa, es esencial para la seguridad de la nación. Las demandas colectivas instaron a la Corte Suprema a dar a las directivas de las universidades autonomía para elegir integrantes de minorías de entre los miembros del grupo de candidatos altamente calificados que se presenten. Por una votación de 5-4 en junio del 2003 la Corte estuvo de acuerdo y apoyó la política de admisiones de la escuela de leyes de la Universidad de Michigan.

# UN MENSAJE DE GARCÍA

Cuando trabajas para alguien a quien respetas no es fácil mantener en su punto justo la relación con esa persona. Pero la verdadera lealtad, así como la amistad verdadera, consisten en mantener tu integridad personal y ser fiel a tus principios y a tu conciencia. Aunque el ser radicalmente fiel es una virtud, lo es únicamente cuando se basa en principios.

A pesar de lo complejo que es mantener conductas personales y de negocios apropiadas debes tener siempre el coraje y la convicción suficientes para expresar tus ideas, siempre y cuando tus observaciones sean hechas de buena fe y sin malicia. No utilices chismes ni insinuaciones cuando defiendas tu posición o discutas con otra persona. Esto es negativo, perjudicaría la imagen de tu capacidad de juicio y afectaría tu reputación más de lo que puedes imaginar.

Si eres líder en una empresa, asegúrate de alentar a tus empleados para que hablen abierta y honestamente sobre los problemas del diario vivir o sobre los que ellos puedan prever. Enfrentar los problemas antes de que ocurran puede ahorrarles a ti y a tu empresa tiempo y dinero, así como disminuir la cantidad de inconvenientes que se generan en el proceso de resolución de problemas. Los mejores líderes alientan el debate y están atentos a escuchar a todos los participantes de la discusión.

250

# CAPÍTULO 39
## Las personas exitosas logran que su equipo dé lo mejor de sí

A LAS 9:00 DE LA NOCHE DEL 24 DE JULIO DE 2002 nueve mineros trabajaban a 240 pies bajo la superficie de la tierra en una mina de carbón cerca de Somerset, Pennsylvania. Al acercarse el final del turno ellos abrieron accidentalmente un paso hacia una mina adyacente que estaba llena de agua. Cincuenta millones de galones del líquido se precipitaron en la mina de carbón en la que laboraban. Los mineros estuvieron a punto de ahogarse con el torrente pero lograron colocarse a salvo temporalmente.

Enfrentaban problemas que generaban riesgos mortales mientras esperaban ser rescatados. El aire que respiraban podía estar contaminado con los gases de la mina adyacente. La hipotermia amenazaba debido al agua helada que se precipitaba. Sin embargo el mayor problema eran los 240 pies de tierra —equivalentes a un edificio de 20 pisos— que se interponían entre ellos y la superficie.

Considerando todas esas circunstancias los trabajadores tomaron una decisión. Podían sobrevivir como equipo o morir como equipo. Los hombres se ataron unos a otros para que el agua no pudiera separarlos mientras seguía precipitándose hacia el interior del socavón.

En la superficie, un equipo reunido a la carrera planeaba cómo salvar a los hombres. El primer reto era deducir acertadamente sobre el lugar hacia el que los mineros habían escapado en el momento en que el agua se había precipitado. Los hombres del equipo de rescate perforaron un acceso de seis pulgadas de diámetro sobre el punto en el que creyeron podrían estar. La deducción resultó acertada. Cuando la perforadora llegó hasta los mineros, éstos golpearon el tubo para indicarle al grupo de rescate que seguían con vida. Se bombeó aire caliente para permitir que respiraran y, de paso, se redujera el riesgo de hipotermia. También enfrentaron obstáculos en el intento de rescatar a los hombres atrapados. El primero fue conseguir el equipo de perforación que pudiera abrir un hoyo a través de la tierra para llegar hasta ellos.

Horas después de llegar el equipo, y al poco tiempo de haber empezado la perforación, la broca de punta de diamante de 1.500 libras se rompió. Increíblemente, fueron precisas otras 15 horas para terminar la perforación. Se puso una tapa sobre el túnel de rescate para mantenerlo presurizado. Durante la perforación se bombeó agua fuera de la mina ya que los mineros podían ahogarse al terminar de cavar el túnel de rescate. Aun después de taladrar el hoyo quedaba la peligrosa tarea de subir y bajar la cápsula de rescate por el túnel de 26 pulgadas de diámetro.

Mientras cientos de trabajadores de rescate en la superficie luchaban por vencer los obstáculos que se les presentaban, abajo los mineros hacían lo que podían por sobrevivir. Construyeron barricadas para desviar el agua y mantenerla alejada de su bolsa de aire. Se agruparon unos contra otros para permanecer calientes y compartieron el emparedado de carne que uno de ellos había dejado en su lonchera. Los hombres mantenían las luces de sus cascos.

En la superficie, el gobernador Mark Schweiker se aseguraba de que los socorristas tuvieran todos los equipos necesarios para el salvamento. Mientras les daba consuelo a las familias, Schweiker las mantenía informadas de cada cambio en la situación, sin importar si estas noticias eran buenas o malas. Sus esfuerzos permitían que recibieran cualquier informe antes que los medios y evitaban que los reporteros se entrometieran con los preocupados miembros de las familias. El gobernador amenazó con arrestar a cualquier reportero que intentara contactarlos durante la crisis. Schweiker también ayudó a coordinar las diferentes entidades involucradas en el rescate.

Después de 77 angustiosas horas y de superar contratiempos que hacían retorcer las entrañas los nueve hombres fueron rescatados. La misión fue un éxito gracias al trabajo en equipo de los mineros, así como a los increíbles esfuerzos de los socorristas. Todos hicieron su trabajo a conciencia y nunca se rindieron, ni siquiera en las circunstancias más adversas.

Los mineros mantuvieron sus esperanzas a pesar de que en muchas ocasiones la misión de rescate pareció abortada. Con fe, experiencia y un poco de suerte lograron sobreponerse a una situación que hubiera quebrado el ánimo de la mayoría de la gente. Los socorristas mostraron creatividad y perseverancia, cumpliendo una misión en la que las circunstancias estuvieron todo el tiempo en su contra.

Blaine Mayhugh dijo: "Todos teníamos momentos de fortaleza. En algún momento tal vez uno de los muchachos decaía y los demás lo alentaban y se recuperaba. Luego algún otro se sentía un poco más débil". Mayhugh agregó: "Pero fue un trabajo de equipo. Era de la única forma en que podía resultar bien".[1]

253

## *El trabajo en equipo marca la diferencia*
## *entre el éxito y el fracaso*

A pesar de que usualmente el trabajo en equipo no define situaciones de vida o muerte muchas veces marca la diferencia entre éxito y fracaso en los negocios. Una empresa con muchos empleados talentosos laborando separadamente es menos exitosa que una en la cual los talentosos trabajan juntos y creen en la misión. En mi empresa trabajamos por objetivos comunes y cada empleado conoce la misión.

Colin Powell cuenta una historia acerca de Napoleón Bonaparte. El general francés ocasionalmente se mezclaba con sus tropas. Bonaparte le pedía al soldado de menor rango que enunciara el estado general de la misión del ejército. Él creía que si la misión estaba clara el soldado debía ser capaz de entenderla y explicarla.[2] Un equipo exitoso conoce su misión, sin importar si ésta consiste en rescatar a nueve mineros atrapados o en ser la mejor empresa de búsqueda de información. Los líderes de un equipo deben mantener al grupo enfocado en la misión.

Los líderes también deben ser capaces de suscitarles *ganas* a los miembros del equipo. El líder despierta la pasión y ayuda a encender el fuego en las entrañas de sus miembros. Como dijo Price Pritchett: "Una vez encaminadas las personas en la dirección correcta y disparado un poderoso impulso interno es mejor que te quites del camino".[3]

Joe Gibbs, el ex entrenador de fútbol, quien ahora supervisa a un grupo de corredores de la Copa Winston, sabe mucho acerca de armar equipos. En su libro *Corriendo para ganar (Racing to win)*, Gibbs trata acerca de los problemas de construir un equipo cuando se está motivando gente con personalidades muy disímiles.[4] Algunos funcionan con halagos mientras que otros deben ser reprendidos de vez en cuando.

La mayoría de nosotros trabajamos con más fuerza cuando operamos en conjunto. Sabemos que otros dependen de nosotros y no queremos defraudarlos. Se debe sentir ese mismo compromiso cuando es un compañero de trabajo o un miembro de la familia el que depende de uno. Si no sientes ese compromiso hacia tu empleador debes buscarte otro trabajo.

254

### Haz que la gente sepa que su voz está siendo escuchada

La gente que te rodea no sólo necesita creer en tu sueño, sino que también debe tener una participación en la propiedad de esa visión para poderla hacer verdaderamente suya. Esto sólo es posible si forma parte del proceso de toma de decisiones. Para unirlos tras el mismo objetivo sus ideas deben ser escuchadas, reconocidas y respetadas.

Por supuesto, no se va a lograr un consenso en todas las decisiones, pero debes mostrar respeto por las sugerencias de los demás. Es esencial cerrar los temas que se presentan durante cualquier día de trabajo. A la gente le gusta saber que es escuchada. Los líderes que no logran cerrar las discusiones con efectividad frustran a la gente que trabaja con ellos. Puede ser un jefe que nunca te da una respuesta o que tal vez presentaste tu candidatura para un nuevo cargo en la empresa y nunca te respondieron. Más adelante ves a otra persona en ese cargo y no logras entender por qué fuiste rechazado.

Darles conclusión adecuada a los asuntos es una cualidad de liderazgo que puedes desarrollar fácilmente. Sólo requiere disciplina y un poco de coraje. No es un signo de debilidad explicar tus razones para actuar de cierta manera o para tomar alguna posición o decisión. Por el contrario, esto muestra que tus determinaciones son tomadas de una forma racional y ayuda a los empleados a entender por qué se adoptó una decisión en cambio de otra.

### Lecciones de liderazgo tomadas de la naturaleza

¿Alguna vez te has detenido a observar a una bandada de ruidosos gansos que pasan volando sobre tu cabeza y te has preguntado por qué siempre vuelan en formación de V? Alguna vez pensaste en esos gansos como modelos? Milton Olson, autor de *Las lecciones de los gansos (Lessons from Geese)*, hace una demostración muy convincente de cómo cinco comportamientos de los gansos durante su migración pueden traducirse en lecciones de liderazgo para todas nuestras vidas.[5]

1. *Primer comportamiento*: "Cuando cada ganso aletea, crea una fuerza de arrastre que favorece al que lo sigue. Volando en formación en V la bandada mejora en 71 por ciento su alcance de vuelo frente a lo que podría hacer un ave desplazándose sola".

   *Primera lección*: "La gente que comparte una dirección y un sentido de comunidad puede llegar a donde vaya más rápido y con mayor facilidad porque todos aprovechan mutuamente su empuje".

2. *Segundo comportamiento*: "Cuando un ganso abandona la formación siente el peso y la resistencia de volar solo y rápidamente regresa a ella para beneficiarse de la fuerza de arrastre del que va inmediatamente delante de él".

   *Segunda lección*: "Si tenemos la sensatez de un ganso permaneceremos en formación con aquellos que van hacia donde queremos ir (y estaremos dispuestos a aceptar su ayuda así como darles la nuestra a los demás)".

3. *Tercer comportamiento*: "Cuando el ganso líder se cansa, rota para colocarse dentro de la formación y otro pasa a volar en la posición de líder".

   *Tercera lección*: "Es muy rentable turnarse en las tareas difíciles y compartir el liderazgo –las personas, al igual que los gansos, somos interdependientes con los demás–".

4. *Cuarto comportamiento*: "En la formación, los graznidos de los de atrás alientan a los de adelante a mantener su velocidad".

   *Cuarta lección*: "Debemos asegurarnos de que nuestros graznidos estén alentando a los de adelante –y no lo contrario–".

5. *Quinto comportamiento*: "Cuando un ganso se enferma, está herido o lo derriban a tiros dos salen de la formación y lo siguen a tierra para ayudarlo y protegerlo. Permanecen con él hasta que sea capaz de volar de nuevo o muera. Luego los dos o tres gansos parten solos, se asocian con otra formación o alcanzan a la bandada".

   *Quinta lección*: "Si tenemos el buen sentido de los gansos también nos acompañaremos en las buenas y en las malas".

❖

# UN MENSAJE DE GARCÍA

La gente exitosa alienta a quienes la rodean y le encanta inculcar en los otros un deseo apasionado por lograr los objetivos del grupo. También inspira a los demás para mejorar cada día. Los empresarios más exitosos convencen a sus empleados para que compartan su visión de la empresa, incrementando así el desempeño y la productividad. Algunas de las formas en las cuales los líderes triunfadores lo logran es ofreciéndoles a los miembros del equipo participación en la propiedad o en los resultados. Escuchando abierta, honesta y atentamente las sugerencias de todos los individuos, así como de quienes participan de los resultados, se alienta y se promueve un ambiente en el que todas las ideas pueden plantearse y desarrollarse. Las mejores serán empleadas para lograr los objetivos del grupo.

La gente exitosa tiene grandes habilidades para construir equipos. Sabe que llegará dos veces más lejos si cuenta con un buen conjunto que la rodee. Los mejores jugadores en equipo son positivos, creativos y tienen buenas relaciones interpersonales. Por otra parte, con cierta frecuencia una organización está integrada por camarillas. Las camarillas no son equipos. Por el contrario, usualmente debilitan la unidad del equipo. Para recordarte el poder que brinda la unión de un grupo, la próxima vez que escuches el familiar graznido y mires hacia el cielo para ver a los gansos volando al sur para pasar todo el invierno, mientras viajan en la llamativa formación en V, recordarás porqué vuelan de esa forma y cuáles son las invaluables lecciones sobre liderazgo y trabajo en equipo que podemos aprender de ellos.

SEXTA PARTE

# Estrategia de éxito No. 4: Persevera

# CAPÍTULO 40
## La perseverancia
## lo es todo

LA ESTRATEGIA FINAL PARA CONSEGUIR EL ÉXITO está en saber perseverar. Es importante iniciar acciones, pero la perseverancia y la determinación son esenciales para enfrentar los desafíos y superar los obstáculos. Así como el rechazo es apenas un tropezón en el camino hacia la aceptación, un "no" es tan sólo una molestia en la ruta que conduce al "sí".

A principios del siglo XX la aventura emprendida por un navegante y su tripulación, empeñados en realizar una de las mayores expediciones del mundo, terminó convirtiéndose en una de las más grandes historias de supervivencia del género humano. La película, titulada *Shackleton: la historia de la resistencia* (*Shackleton: The Story of Endurance*), cuenta la fascinante historia de Ernest Shackleton, quien logró salvar a un grupo de expedicionarios luego de que su viaje hacia el Antártico fracasara en 1914. Ya antes otra expedición había logrado llegar al Polo Sur, pero se había limitado a darle la vuelta antes de emprender el regreso. El proyecto de sir Ernest Shackleton consistía en llegar hasta el Polo Sur y luego seguir adelante a través del Antártico.

El explorador hizo saber que buscaba hombres interesados en participar en la expedición. A pesar de estar conscientes de los peligros que los acecharían hubo 5.000 voluntarios. En 1914 los 27 marinos escogidos iniciaron con el navegante la gran aventura en busca de alcanzar, por primera vez, el Polo Sur. Los expedicionarios fracasaron en su empeño. Sin embargo su lucha por la supervivencia se convirtió en una legendaria historia acerca de la importancia de la perseverancia.

La historia se inició en 1907, cuando Shackleton se embarcó en la expedición Nimrod. Durante dos años el capitán y su tripulación recorrieron a pie y en trineo más de 700 millas antes de verse obligados a volver atrás, cuando estaban a menos de 100 millas de alcanzar su objetivo. Seguir avanzando hubiera significado morir. Shackleton se dio cuenta de que sería imposible que todos regresaran sanos y salvos al campamento base. Prefirió entonces emprender el camino de regreso.

Sin embargo no había terminado aún. Y no se dio por vencido. Pasó un tiempo organizándose y, en 1914, emprendió de nuevo la aventura, junto con 27 hombres, embarcados todos en una expedición a través del Antártico, esta vez a bordo del *Endurance*. El velero zarpó de Georgia, pequeña isla situada en el extremo inferior del Océano Atlántico. Dos años más tarde, sin noticias de Shackleton, se presumió que el navegante y su tripulación habían perecido. Pero la realidad era otra. Todos habían logrado sobrevivir en condiciones extremadamente difíciles. Apenas a 97 millas del Polo Sur el *Endurance* había quedado atrapado en un banco de hielo en el Antártico, debajo del Cabo de Hornos.

Los expedicionarios lucharon para sobrevivir sin cejar en su empeño de cruzar el Antártico. ¡Qué gran ejemplo de determinación y perseverancia! El lema que los animaba era: "Con determinación venceremos".[1]

Después de sufrir durante 11 meses los embates de los témpanos de hielo la embarcación había quedado destrozada. Luego de sobrevivir 20 meses en bloques de hielo a la deriva, en una isla subantártica, helada, estéril y deshabitada, Shackleton logró realizar, junto con cinco de sus hombres, uno de los más heroicos viajes marítimos de la historia. Milagrosamente llegaron a una isla montañosa y cubierta de glaciares en las Georgias del Sur. Cuatro intentos fueron necesarios antes de que el explorador lograra pasar por entre los bloques de hielo del Antártico para rescatar a la mitad de sus hombres. Y no descansó hasta que logró ir al otro lado del continente helado y salvar a la otra mitad de la tripulación. Él no olvidó a ninguno de sus hombres. Todos sobrevivieron.

En comparación con las penurias sufridas por Shackleton y su tripulación, las dificultades que debemos enfrentar para lograr nuestros objetivos son mínimas. Personalmente estoy convencido de que si perseveramos lograremos alcanzar cualquier meta que nos hayamos fijado. Calvin Coolidge dijo: "Nada en el mundo podría reemplazar a la perseverancia. Ni el talento, ni la genialidad, ni la educación podrían ser suficientes. Cuántas veces hemos sabido de hombres fracasados pero llenos de talento. Y los genios desaprovechados son casi proverbiales. También sabemos que el mundo está lleno de gente ilustrada pero desperdiciada. La persistencia y la determinación son, en cambio, omnipotentes".[2]

### Lincoln nunca se dejó desanimar por el fracaso

Ciertamente, Abraham Lincoln fue uno de los más grandes presidentes de Estados Unidos. Pero en su camino hacia el éxito encontró más obstáculos de los que podríamos imaginar. En 1831 su empresa quebró. En 1832 fue derrotado en las elecciones legislativas. En 1833 sus negocios volvieron a sufrir un gran revés. En 1836 tuvo una crisis nerviosa. En 1843 y 1848 perdió las elecciones al Congreso. Sus candidaturas al Senado y a la Vicepresidencia también fracasaron. Después de ser elegido Presidente en 1860, Lincoln siguió tropezando con más obstáculos. La nación se dividió y empezó la Guerra Civil.

James Carville y Paul Begala señalan que, en sus inicios, Lincoln no fue precisamente un comandante en jefe. En su libro, *Buck Up, Suck Up... And come Back When You Foul Up*,[3] los dos autores cuentan que Lincoln perdió batallas en Manassas, Big Bethel, Kessler's Cross Lanes, Blackburn's Ford, Balls Bluff McDowell, Front Royal, Winchester, Cross Keys, Port Republic, Drewry's Bloff, Gain's Mill, Cedar Mountain, Bristoe State, Thoroughfare Gap, Harper's Ferry, Shepardstown y la primera batalla de Fredericksburg. Y esto apenas en los dos primeros años de la guerra. De otra parte, mientras estaba en funciones, su hijo Willie murió. Su esposa fue acusada de despilfarro después de comprar la famosa cama para lo que se conoce hoy día como el dormitorio Lincoln.[4]

Antes de participar activamente en la campaña de Bill Clinton, Carville y Begala no habían tenido mucho éxito como asesores políticos. Los candidatos de Carville no lograron ganar en Louisiana. En el estado de Virginia el candidato al Senado, asesorado también por Carville, perdió las elecciones. Y cuando Carville y Begala se unieron para trabajar juntos en Texas su candidato sufrió lo que se conoció entonces como la peor derrota de un demócrata en la historia del estado.[5]

Otro virtual contendor político también puso en perspectiva su situación. A pesar de haber sido ridiculizado por ser el compañero de fórmula de Ross Perot, el almirante Stockdale se mostró siempre valiente y optimista. Supo darle importancia a la estabilidad emocional para manejar el fracaso. A uno no tiene por qué gustarle perder, pero tampoco tiene que dejarse paralizar si pierde. No es necesario atacar a los demás o racionalizar su propio fracaso. Stockdale no perdió de vista la perspectiva del fracaso, pensando en hombres o mujeres como Lincoln, que tuvieron vidas exitosas aun con fracasos en el pasado.

Personalmente no acepto el concepto de fracaso. Creo, en cambio, que el único fracaso se da cuando uno no aprende una lección. Naturalmente, también he fracasado, pero finalmente logro llegar a mi meta o descubro algo que me será útil en la búsqueda de mi objetivo.

❖

# UN MENSAJE DE GARCÍA

Solamente prevalecerán quienes tengan la valentía y la fortaleza de permanecer atados a sus propias convicciones y sean capaces de buscar sus sueños, independientemente de los obstáculos que encuentren, decididos a pagar el precio que sea. Esta es quizá la característica más marcada de aquellos que han alcanzado grandes éxitos en campos específicos.

Claro que es necesario cada día, cada semana, tener una buena idea, un plan, y empezar a actuar para lograr la realización del objetivo que se quiere alcanzar. Pero el vigor emocional que hace posible resistir los embates de las fuerzas que nos desafían en el camino hacia nuestro objetivo, haciendo que su realización pueda tardar años, es lo que se conoce como perseverancia. Sólo aquellos que cuentan con buena dosis de perseverancia lograrán salir finalmente victoriosos. La gran rueda del poder sólo le será otorgada a quienes batallan, luchan y trabajan, a los que nunca se rinden, a quienes creen en sí mismos y en el objetivo de su organización.

Dicho de otra manera, el éxito está en hacer lo que corresponde durante el mayor tiempo posible. Eso es todo. Perseverar significa que si encontramos una roca en el camino tendremos que rodearla o atravesarla. Perseverar quiere decir que cuando tenemos un reto ante nosotros acudimos a todos nuestros recursos y a nuestra energía creativa para encontrar un camino alterno. Para quienes saben perseverar, palabras como *no* o *nunca* carecen de sentido. Y frases como "no se puede hacer" o "es una locura" significan simplemente que nadie ha hecho tal o cual cosa con anterioridad. Usted puede. Usted lo hará.

## CAPÍTULO 41
## No temas ensuciarte
## las manos

LA GENTE MÁS EXITOSA no se ve a sí misma como si fuera mejor que los demás. Vive deseosa de brindar una mano, contribuir en lo que le sea posible y ayudar en donde sea necesario. Bill Crawford, nuestro conserje en la Academia, era un ejemplo vivo de alguien que no desprecia el trabajo duro. Hasta que un cadete tropezó con su historia durante la guerra nadie supo que él había ganado la Medalla de Honor. Él era un titular de la Medalla de Honor dispuesto a limpiar baños y fregar pisos.

Algunos Directores Ejecutivos permanecen aislados en una especie de torre de marfil e incluso pueden tener un baño aparte en su oficina. Los empleados rápidamente identifican al Director Ejecutivo que cuenta una cosa pero no es capaz de hacerla, y saben que esa persona es de aquellas que los mandarían a la guerra pero no estarían dispuestas a liderarlos en la misma.

Herb Kelleher transformó a la Southwest Airlines en una de las compañías más admiradas del país creando una cultura en la cual los empleados, ya fuesen pilotos o técnicos de pista, se involucraran en lo que fuera preciso para tener el trabajo listo. Cuando los mecánicos del turno de la noche se quejaron de que ellos, a causa de su horario de trabajo, no podían asistir a los picnics y asados que hacía la compañía, Kelleher les organizó eventos separados y se apareció a las 2 de la mañana vestido como chef.[1]

La exitosa serie de televisión de la PBS *De vuelta a la planta* (*Back to the Floor*) les pidió a algunos Directores Ejecutivos que durante una semana hicieran el trabajo de los empleados de cargo bajo. La serie es un gran éxito en el Reino Unido y ya se creó la versión norteamericana. Los Directores Ejecutivos estuvieron de acuerdo para realizar algunas de las labores más duras de la empresa. Los ejecutivos que aparecen en el programa tuvieron que trabajar el turno completo para cumplir con todas las pesadas tareas del cargo.

Bob Dickinson, presidente de la compañía Carnival Cruise Lines, pasó una semana en una de sus naves realizando diversos oficios. Él sirvió bebidas en la cubierta bajo el sol ardiente, limpió las alcobas e inclusive animó uno de los eventos en el barco. Fue regañado en uno de sus trabajos por llegar tarde y, de esa forma, se dio cuenta de lo pesados que son muchos cargos.[2] Pasar tiempo fuera de la oficina sirve para abrirles los ojos a los jefes y, sobre todo, una forma de crear relaciones basadas en el respeto mutuo y en el aprecio por los demás.

Recuerda, aunque seas un buen Director Ejecutivo , que es muy probable que no seas bueno para realizar cualquier labor en la empresa. Una experiencia de campo te muestra lo importante que son los trabajos más sencillos o ingratos para el éxito de la compañía, y también te darás cuenta de lo difíciles que pueden llegar a ser.

❖

# UN MENSAJE DE GARCÍA

La gente exitosa cree con sinceridad que no es mejor que los demás miembros de su organización. Está dispuesta a ayudar en donde la necesiten. Dedicándole algún tiempo a trabajar hombro a hombro con sus empleados, los directivos pueden inspirarlos y motivarlos. Los mejores ejecutivos toman como algo personal el que en su empresa se conozca lo que sus empleados hacen y cómo lo hacen. Esto puede ser tremendamente estimulante para el Director Ejecutivo.

Sólo de esta forma los trabajadores pueden enterarse de que el Director Ejecutivo es alguien que procura conocer todos los aspectos de su negocio y que está consciente de sus necesidades y sus preocupaciones cuando toma una decisión. Aún más importante, los empleados sienten que el Director Ejecutivo que dedica tiempo a comprenderlos es alguien por el que siempre vale la pena hacer un esfuerzo adicional. Además los que practican este estilo de dirección con sus empleados pueden llegar con nuevas ideas o novedosos procedimientos o métodos, trabajando directamente en los diferentes puestos y aportar innovadoras formas de mejorar su productividad y su rentabilidad. Los Director Ejecutivo que aplican esto son ideales para ganarse el corazón y la mente de sus empleados, lo cual se traduce en una mejor moral de trabajo, en el crecimiento de su negocio y en una mayor eficiencia.

# CAPÍTULO 42
## Trabaja duro, pero también relájate

Cuando Bill Bennett era el zar antidrogas, un cargo de nombramiento político con un perfil mediático tan grande como quepa imaginar, él esquivó la escena social de Washington para buscar una vida personal más reservada. Pero no todo era trabajo sin diversión para Bennett. La mayoría de los domingos un grupo de sus colaboradores jugaban un enérgico partido de fútbol americano con Bennett. De hecho, la primera vez que me entrevisté con él como becario de la Casa Blanca lo primero que me preguntó fue si era bueno para el fútbol.

Bennett veía los deportes como una metáfora de la vida y creía que eran una forma de aprender –después de alguna victoria o derrota– que mañana será otro día y habrá otra oportunidad. Y también que son una forma de hacer a un lado el trabajo por un rato.[1]

Los deportes y otras actividades siempre han sido una parte importante de mi vida. Durante mi infancia, en Panamá, solía montar caballos en competencias. Una de mis actividades favoritas en la Academia de la Fuerza Aérea era el vuelo a vela. Un avión eleva el planeador hasta llegar a 10.000 pies, jalas la cuerda y éste se libera. Planeas a través del aire, buscando la corriente ascendente que te eleve. El planeador permanece arriba hasta no encontrar más viento ascendente y entonces aterrizas. Cuando estaba en la Academia también me gustaba el paracaidismo en caída libre, y cuando estaba más joven pasaba mucho tiempo buceando. Así como el fútbol entretenía a Bennett de los asuntos de la oficina, el *surfing* renueva mis energías. También disfruto manejando mi motocicleta Harley Davidson, en la que salgo a los caminos secundarios o a lo largo de la ruta oceánica por la autopista A1A desde Boca Ratón hasta Palm Beach. Una de las cosas que hago que no aumenta el valor de mis pólizas de seguros es jugar *bridge*, el cual exige una buena dosis de estrategia y lo obliga a uno a utilizar sus habilidades matemáticas.

También hay otras actividades que lo pueden ayudar a uno a mejorar sus habilidades de razonar, pensar y analizar. El ajedrez es probablemente una de las mejores. El programa de promoción del ajedrez en las escuelas de Nueva York es una organización sin ánimo de lucro que envía profesores a los barrios pobres para que les ayuden a los niños a aprender el juego.

El ajedrez es una forma económica de motivar a los niños para que triunfen. Los jugadores aprenden a pensar de una manera lógica y practicarlo puede tener un impacto positivo en el desempeño académico. En Miami, en la secundaria Jackson, Mario Martínez dirigió el equipo de ajedrez en ocho campeonatos del condado, cinco del estado y cinco títulos nacionales. Él dice, "el ajedrez nos enseña que las decisiones tienen sus consecuencias".[2]

### Equilibra tu vida

El logro del éxito tiene que ver con alcanzar un equilibrio en tu vida entre el trabajo, la diversión y la familia. George H. Bush puso el trabajo y la familia en perspectiva y dijo, "ahora que terminaron mis días en la política puedo decir honestamente que los tres títulos más satisfactorios que he obtenido en mi vida son los únicos tres que me quedan —el de esposo, padre y abuelo" —.[3]

La mejor situación en la que uno puede estar es cuando tiene un trabajo que le gusta y está rodeado de gente con la que disfruta haciéndolo. No vale la pena estar en algo que a uno no le gusta, aunque se gane buen dinero.

Sin embargo, así disfrutes mucho de tu trabajo, debes tomarte tiempo para relajarte, para estar con tu familia y tus amigos y practicar algún deporte o *hobby* que distraiga tu mente del trabajo. Collin Powell cree esto. Él le aconsejó a un grupo de embajadores recién nombrados que se tomaran su trabajo en serio pero que no dejaran de divertirse. En su primer gran discurso para el personal de Departamento de Estado Powell les dijo que hicieran su trabajo y que luego se fueran a sus casas a estar con sus familias.[4]

## UN MENSAJE DE GARCÍA

Mientras que alguna gente exitosa no hace nada más que trabajar la gente exitosa más feliz es aquella que puede hallar equilibrio en su vida. Esto significa encontrar tiempo para la familia y los amigos. También significa despejarse mediante la práctica de un deporte, *hobby* o alguna otra actividad que te distraiga del trabajo. Esto es saludable. No sólo es bueno para tu mente y tu cuerpo sino que inclusive puede traer beneficios para tu empresa.

Es importante estar dispuesto a alejarse de la oficina. El hacer esto te puede brindar una nueva, fresca y vigorizadora perspectiva cuando no estés mentalmente enfrascado en un problema o en alguna situación. Alejarte puede ayudarte a ver aquello que te resulta invisible por estar demasiado cerca todo el tiempo. Inclusive, aunque tengas una personalidad arrolladora, debes tomarte un descanso del trabajo. Te darás cuenta de que estos intermedios te ayudan a limpiar tu cabeza y te van a permitir ser más creativo. Mantener equilibrados todos los aspectos de tu vida te va a ayudar a prevenir potenciales fracasos, especialmente en tiempos difíciles. Sal a pasear, juega con tus hijos, tómate un tiempo para saborear tu vida. Manténte en contacto con aquellos que te aman y con quienes amas.

## CAPÍTULO 43
## Responde a la adversidad
## y aprende de ella

BREE WALKER FUE POR MUCHOS AÑOS una exitosa presentadora de televisión del sur de California. Ahora está casada con Jim Lampley, el presentador de NBC y HBO. Son padres de dos hijos y viven en Utah, donde tienen un restaurante muy próspero, así como una empresa de producción. A Walker le encanta saltar a caballo en su tiempo libre, ella sufre de ectrodactilia, una anomalía genética de las manos o los pies. Para montar usa riendas especiales y una silla que ella misma ayudó a diseñar. Junto con sus logros profesionales, es conocida a nivel nacional como defensora de los discapacitados y ha ayudado a muchos de ellos a hacer carrera en los medios de comunicación.

La adversidad aparece de diferentes formas y se necesita fuerza mental y flexibilidad para sobrellevarla. Cuando Tom Cruise llegó por primera vez a Hollywood se presentó a una audición. Le dijeron que no era lo suficientemente bien parecido para ser actor y que debía concentrarse en conseguir un buen bronceado durante su corta estadía en Hollywood.[1] Cruise demostró que el encargado de la audición estaba equivocado.

Usualmente vemos a la gente exitosa y no nos percatamos de cuántos problemas han encontrado en su camino al éxito. La niñez de

Mel Gibson no fue fácil. Creció en la pobreza, en Peekskill, Nueva York. Era uno de 11 hermanos. Su padre trabajó como guardafrenos del tren hasta que sufrió graves heridas en un accidente de trabajo. Esto obligó a la familia Gibson a acogerse a la ayuda pública. A Mel le faltó dirección como adulto joven y tuvo que trabajar en muchos empleos de nivel mínimo, como empacando víveres y encerando tablas de *surfing*. Finalmente descubrió su pasión cuando su hermana llenó una solicitud para una escuela de teatro a nombre de él.[2]

La mayoría de las personas exitosas lo han pagado caro y no han tenido un camino fácil hacia el triunfo. Diana Krall es una intérprete de jazz que ganó su primer Grammy en 2002. Cuando su álbum llegó al primer lugar de las listas de jazz Krall fue percibida por algunos como una estrella momentánea e intrascendente. Estos observadores no notaron que ella tenía 37 años y que había sido músico profesional durante 15 años. Apenas a los 28 grabó su primer álbum y no logró ningún reconocimiento hasta llegar a su tercera década de vida.[3]

Por cada Krall que logra el éxito después de años de lucha hay miles de músicos que nunca culminan, pues tienen día a día gente diciéndoles que nunca entrarán en el negocio del espectáculo. El rechazo es, para ellos, una forma de vida. Sin embargo los que triunfan son quienes encuentran una forma de sobreponerse a la adversidad.

## La adversidad te hace más rudo, fuerte y decidido

El autor Paul Stolz cree que la adversidad es uno de los mejores maestros que existe. Stolz define el cociente de adversidad (AQ, Adversity Quotient) como la medida de la habilidad de una persona para manejarla.[4] El infortunio debería hacerte más fuerte, rudo y decidido. Debería realzar tu deseo de triunfar, no disminuirlo. Toma las cartas que te repartieron y juégalas de la mejor forma posible. La satisfacción que trae el sobreponerse a los problemas hace que el triunfo sea mucho más dulce.

Charles Schwab, jefe de la prestigiosa firma de servicios financieros, y Richard Branson, fundador de Virgin Airlines, consiguieron el éxito a pesar de la dislexia. Miles de empresarios, directores ejecutivos, líderes de negocios, escritores, actores, científicos e inventores también han sido triunfadores a pesar de tener dislexia o algún otro desorden de aprendizaje. Incluso hay eruditos que creen que Albert Einstein sufría de dislexia.

Hay informes y biografías sobre Einstein según los cuales él no empezó a hablar hasta los 3 años. El legendario científico no aprendió a amarrarse los zapatos hasta los 9 y algunos creen que nunca dominó realmente su talento. Sus maestros tenían muy pocas palabras favorables acerca de él. A pesar de estos problemas Einstein es reconocido, sin lugar a dudas, como una de las personas más brillantes que han existido.

Cuando se enfrenta la adversidad el camino al éxito es más difícil, pero no insuperable. A pesar de las limitaciones que puedas tener, sin duda, tienes fortalezas. Debes enfocarte en ellas y usarlas para perseguir tu pasión sin importar cuántos obstáculos puedas encontrar en tu camino.

# UN MENSAJE DE GARCÍA

Alguien dijo, "lo que no nos mata, nos hace más fuertes". La vida está llena de momentos y desafíos que te ponen verdaderamente a prueba. Pueden ser incapacidades físicas de nacimiento o reveses que has sobrellevado durante tu vida. Ante la adversidad existe el desafío y debe enfrentarse y vencerse para lograr un fin. Algunas de las personas más exitosas han empezado su camino hacia la fama y la fortuna desde la desesperanza y la depresión. La diferencia es que ellos no utilizan el argumento de que la vida es injusta para evitar ir tras lo que quieren. Ellos superan sus miedos y vencen a pesar de las cartas que les han tocado en suerte.

Renunciar, como respuesta a la adversidad, es reconocer que no estás encontrando soluciones a tus problemas. Todos tenemos obstáculos que superar en nuestras vidas. La unidad familiar se vuelve más fuerte cada vez que todos juntos los vencen. Durante los períodos difíciles los miembros de la familia pueden rememorar anteriores tiempos duros y reconfortarse pensando en los triunfos. Después de cada revés escribe una lista de lecciones aprendidas y piensa cuidadosamente acerca de tu próximo paso. Anota las que crees son las razones clave para que las cosas te salieran mal y cómo manejarías estos problemas si tuvieras que enfrentarlos de nuevo.

## CAPÍTULO 44
## Cree en ti mismo y
## mantente firme
## en tus convicciones

UNA DE LAS RAZONES por las cuales me matriculé en la Academia de la Fuerza Aérea fue para independizarme de mi padre. Mediante el ingreso a la Academia, el cual pude lograr a través de becas, no tuve que depender de él para que me ayudara a pagar mi escolaridad. Si mi padre costeaba mis estudios tenía que responderle a él, a "El Tigre", por mis calificaciones, y no quería eso. Mi deseo de entrar a la Academia también fue alimentado por el reto de salir airoso en una escuela que es una de las más duras de Estados Unidos.

Obtener recomendaciones para mi solicitud de ingreso fue una parte importante del proceso. Le pedí al director de mi escuela secundaria que me diera una y me respondió que no podía hacerlo porque yo no estaba vinculado al programa de Junior ROTC, de modo que estaría quitándole posibilidades de ingresar a una academia militar a alguien que podría merecerlo más.

Para poder obtener esa recomendación pasé de ser de los que hablaban mal de los cadetes de Junior ROTC a convertirme en uno de esos individuos que se exhiben por todas partes en botas y uniforme, recibiendo malos comentarios de algunos y la mayor parte del peso de las burlas de mis amigos. Sin embargo, para mi sorpresa, no solamente me gustó la actividad de Junior ROTC sino que también descubrí que era bueno para eso. Terminé uniéndome al programa de exploradores de élite. El reto de tener un buen desempeño en dicho programa me emocionaba y me impulsaba hacia adelante. Después de dos años de pertenecer a ese grupo, finalmente me gané la recomendación del director.

A medida que progresaba en Junior ROTC y en la Academia de la Fuerza Aérea disfrutaba aprendiendo acerca de liderazgo y honor. Estaba orgulloso de mi servicio militar. Dudo que hubiera logrado resistir sólo para demostrarle algo a mi padre. Incluso, aunque no estuviera consciente de ello en ese momento, estaba persiguiendo mi pasión.

Aunque mi padre no estaba nada contento con mi entrada a la carrera militar colocaba mucho énfasis en rasgos de carácter, tales como disciplina, honor e integridad. No había mejor lugar en la tierra que la Academia de la Fuerza Aérea para poder aquilatar esos rasgos.

Años más tarde mi padre llegó a respetar mi decisión de unirme a las fuerzas armadas. Los miembros de las familias fueron invitados a una ceremonia para becarios en la Casa Blanca y pudieron entrevistarse con el presidente Reagan. Debido al agudo interés de mi padre por los temas de gobierno norteamericanos y la historia de Estados Unidos estaba tan emocionado como yo de estar allí. Él sabía que jamás habría llegado a ser un becario de la Casa Blanca si no hubiera pasado antes por la Academia de la Fuerza Aérea y la carrera militar.

A través de todos mis éxitos y mis dificultades había mantenido la fe en mí mismo. ¿Podía haber tomado un camino más fácil? Sí. ¿Tenía que haber contrariado a mi padre y trabajar increíblemente duro para obtener mi ingreso a la Academia de la Fuerza Aérea? ¿Tenía una fe total en mi capacidad para lograr esa meta? Por supuesto. ¿Hubiera llegado tan lejos si no hubiera tenido confianza en mí mismo y sin un deseo ardiente de lograrlo? Por supuesto que no.

## Mantenerse firme en las convicciones es algo que paga

La actriz y guionista Nia Vardalos no es la mujer más bonita de Hollywood, pero ciertamente sí es alguien que tiene fe en sí misma.

Escribió el guión del éxito de taquilla titulado *La boda griega (My Big Fat Greek Wedding)*. También protagoniza la película, pero ese no hubiese sido necesariamente el caso si ella hubiera dejado su destino en manos ajenas. Vardalos rehusó venderle el guión a los productores a menos que le permitieran protagonizar el papel estelar. Creía en sí misma como actriz y estaba dispuesta a arriesgar una ganancia de corto plazo con tal de avanzar en su meta de largo plazo.

Como empresa, Sterling Financial se mantiene firme en sus convicciones. Somos una de un puñado de compañías dedicadas a la banca de inversión y a la investigación empresarial que se atreven a efectuar recomendaciones de venta de acciones cuando lo consideramos justificado, y por ello tenemos que enfrentar tremendas presiones para que hagamos lo contrario. Ya podrás imaginar que las empresas investigadas quisieran que nos limitáramos a transmitir buenas noticias. En realidad reportamos nuestros hallazgos, sean estos buenos o malos, independientemente de las consecuencias. Gracias a la reputación que tiene Sterling de excelencia y de investigación independiente y objetiva un informe negativo de nuestra parte con frecuencia hace que el precio de las acciones de la empresa investigada caiga. También podrás imaginar que eso no nos hace los más populares en Wall Street.

# UN MENSAJE DE GARCÍA

El éxito tiene que ver con ir en pos de aquello que te apasiona y no de los sueños de otra persona. Aunque tus padres puedan querer que sigas un camino seguro y tradicional para lograr la versión del éxito que ellos tienen, dicho camino puede no ser el más adecuado para ti. Si eres padre, recuerda que si has hecho bien tu trabajo lo mejor que puedes hacer es esperar que tus hijos sean felices con aquello que hacen en la vida –independientemente de cuál sea su trabajo o de quién sea la persona con la cual se casen–. El éxito no necesariamente se refleja en el saldo bancario de alguien sino en la profundidad de su alma y de la contribución que esa persona hace hacia los demás.

Deja que te guíen tus padres y mentores. Pondera sus consejos con cuidado porque ellos en verdad te quieren y se preocupan por ti. Si eres niño debes respetar a tus padres y comprender que ellos simplemente te están ofreciendo consejos con la intención de ayudarte. Puede que no lo veas ahora pero a veces toma años aceptarlo. Sin embargo, así seas adulto o niño, el hecho es que por duro que trabajes es prácticamente imposible triunfar en un área que realmente no te gusta. Una vez hayas identificado tu pasión y tus fortalezas en la vida, déjalas guiarte en el camino al éxito. Recuerda: el éxito no es un asunto de dinero sino de encontrar tu vocación en la vida y seguirla independientemente de las ganancias financieras que te procure.

## CAPÍTULO 45
## Un mensaje final
## de García

LA FILOSOFÍA DE VIDA DE RONALD REAGAN era simple pero emocionante. Según Edmund Morris, el biógrafo oficial del ex presidente, Reagan creía en las siguientes y sencillas verdades: que las oraciones son respondidas, que el hombre común es sabio y que el vivir con una mujer que te ama es lo más parecido al paraíso que se puede hallar en la tierra.

¿Cuáles son los principios que te guían en la vida diaria? Escríbelos y examina si son positivos o negativos. Mira hacia tus adentros para ver si te has vuelto insensible y cínico. ¿Indican tus puntos de vista que el mundo es un lugar bueno o malo? ¿Está tu vida llena de felicidad o de experiencias desagradables?

¿Cómo se comparan los principios que te guían con las creencias de éxito que hemos analizado? ¿Tienes una pasión por el éxito? ¿Muestras una iniciativa por el estilo de la del teniente Rowan? ¿Tratas con respeto a todas las personas que conoces y tratas de aprender de ellas? ¿Son importantes para ti el honor, la integridad, la lealtad y la veracidad? ¿Te gusta aprender, amas hacerlo y, en particular, aprender de tus errores? ¿Estás retribuyendo a tu comunidad?

Si tu enfoque de la vida te ha dejado infeliz y sin éxitos tal vez sea la hora de comenzar de nuevo y desde el principio. Si sientes que tu vida tiene poco sentido haz algo sustancial hoy mismo para que sea más significativa.

### Desarrolla una filosofía de vida

Al igual que cualquier proyecto de negocios, tu plan de vida debería ser revaluado constantemente. Si te encuentras en el punto A deberías preguntarte constantemente cómo llegar al punto B. Si estás inmovilizado tu mentor puede ayudarte. Si no dispones de un mentor que te pueda ayudar busca estrategias para llegar de A a B. Busca libros escritos por personas que hayan logrado el tipo de éxito que estás buscando. Tienes que diseñar y sacar en limpio tu plan para pasar de A a B.

Sin embargo, si piensas que no dispones del tiempo para seguir tu plan de modo completo, estás equivocado. Aunque sólo "desperdicies" una hora diaria, viendo televisión o navegando por Internet, eso representa 30 horas mensuales que podrías estar dedicando a alcanzar con efectividad tus sueños.

Los especialistas en planificación financiera recomiendan con frecuencia que registres cuánto tiempo estás gastando en el curso de un día o de una semana. Comienza a llevar la cuenta de cuánto estás perdiendo en el mismo lapso. Si utilizas ese tiempo desperdiciado en enfocarte hacia tus metas y tomar rumbo hacia ellas te habrás colocado en el camino rápido hacia el éxito.

Como cualquier corredor de competencias de larga distancia, tienes que aprender a ponerle ritmo a tu paso para capacitarte para recorridos prolongados, pero además necesitarás una fuente adicional de energía para cuando la línea de la meta esté a la vista. Si se te agota la energía durante cualquiera de las etapas de tu viaje nunca alcanzarás tus metas.

### ¿Cómo se mide el éxito?

Define lo que el éxito significa para ti. Espero que no se trate sólo de dinero. En la película *Wall Street* Martin Sheen discute con su hijo, Charles Sheen, acerca de si Michael Douglas intenta explotar la empresa del padre, que está siendo objeto de una oferta de compra. El padre le dice al hijo: "Lo que ves en este momento es a un hombre que jamás midió el éxito por el tamaño de su billetera". ¿Cómo mides tú el éxito? ¿Significa satisfacer las necesidades de tu familia y criar hijos que sean personas de bien? ¿Existen en tu vida personas que te aman y que creen en ti? ¿Qué te brinda un sentido de satisfacción? Pregúntate cómo quieres ser recordado. Si tuvieras que escribir ahora mismo tu propio epitafio, qué dirías en él? ¿Qué te gustaría que dijera?

Ralph Waldo Emerson definió el éxito con las siguientes palabras: "Reír mucho y seguido, ganarse el respeto de la gente inteligente y el afecto de los niños, lograr el aprecio de los críticos honestos y superar las traiciones de los falsos amigos, apreciar la belleza, encontrar lo mejor en los demás, dejar el mundo en un estado ligeramente mejor que en el que lo encontraste y –bien sea a través de un niño saludable, de un jardín cultivado o de una condición social redimida– saber que aunque sea un solo ser vivo ha respirado con mayor facilidad gracias a que tú has vivido, eso es haber tenido éxito".[2]

El ex presidente George H. Bush dijo en su discurso de posesión en 1989: "Nosotros no somos la suma de nuestras pertenencias. Ellas no son la medida de nuestras vidas. En nuestros corazones sabemos qué es lo que importa. No podemos esperar heredarles a nuestros hijos un auto más grande y una cuenta bancaria más llena. Debemos ir adelante con la esperanza de brindarles un sentido claro de qué es ser un amigo leal, un padre amante, un ciudadano que entrega un hogar, un vecindario y una ciudad en mejor estado de lo que los encontró".[3]

### Con una filosofía de vida adecuada puedes tener éxito

- Yo no hubiera escrito este libro sino pensara que puede ayudarle a triunfar a la gente. Creo que obtenemos el éxito que nos m

- Mi filosofía de la vida es que los chicos buenos siempre ganan. Si te comprometes con valores como integridad y honor siempre saldrás victorioso.

- Creo que todo lo que ocurre tiene una razón de ser y que las coincidencias no existen. Si partes del supuesto de que toda persona tiene algo que enseñarte, entonces no hay encuentros casuales porque estarás aprendiendo lo pertinente en ese momento de parte de cada persona que estés conociendo.

- Cree intensamente en la importancia de vivir tus pasiones en aquel campo de la vida que hayas elegido y que te hace feliz. Puedes realizar esas pasiones encontrando un mentor que ya esté bien establecido en el campo que te interesa y siguiendo con cuidado sus consejos.

- Pon por escrito tus sueños utilizando la Brújula del Éxito™ y llévala contigo todo el tiempo o solicita un recordatorio por correo electrónico. Remítete con frecuencia a ese documento y enfócate en aquello que quieres lograr. Asegúrate de que estás avanzando hacia tus metas todos los días.

- Saca la palabra fracaso de tu vocabulario. Aprende de cada uno de los errores que cometas e intenta de nuevo los procesos, armado con el conocimiento que hayas obtenido.

- Siempre debes ir en pos de la excelencia, tanto en los negocios como en tus asuntos personales. Cada día debes hacer un esfuerzo consciente para mejorar como ser humano.

- El servicio público es responsabilidad de todos nosotros y le debemos una retribución en términos de actividad a la comunidad en la cual vivimos.

- Finalmente, creo que cada uno de nosotros tiene *ganas*, es decir, el deseo de lograr más. Con *ganas* tú puedes lograr tus sueños. Si no las sientes ahora busca qué es lo que te impulsa hasta el punto de que experimentes desde las entrañas el deseo de crecer.

¿Cuál es la herencia que esperas dejar tras de ti? Si se trata tan sólo de dinero y de objetos materiales, me temo que no será gran cosa. Apodérate de tu propia antorcha y parte a la carga, ¡adelante! Arroja luz hacia un futuro que refleja el brillo de tu antorcha y está lleno de oportunidades.

# Notas a pie de página

**Capítulo 3**

1. Buckingham, Marcus, and Clifton, Donald O., *Now, Discover Your Strengths*, NY, FreePress, 2001.
   **Español:** Buckingham, Marcus, y Clifton, Donald O., *Ahora descubra sus fortalezas*, Editorial Norma, 2001.

**Capítulo 4**

1. Anonymous, *It Works*, Marina del Rey, CA, De Vorss Publications, 1926.
2. Kelman, Charles D., *Through My Eyes: The Story of a Surgeon Who Dared to Take on the Medical World*, NY, Crown Publishers, 1985.

**Capítulo 5**

1. Hubbard, Elbert, *A Message to García*, NY, Peter Pauper Press (1983).
2. Tracy, Brian, *Focal Point*, New York, Amacom, 2002, p.77.
3. Hargrove, Robert, *E-Leader: Reinventing Leadership in a Connected Economy, Cambridge*, Cambridge, Perseus Publishing, 2001, p.20.
4. *Investor's Business Daily*, octubre 1, 2001, p.A4.

**Capítulo 6**

1. Maxwell, John, *The 21 Irrefutable Laws of Leadership*, Nashville, TN, Thomas Nelson, 1998, pp.168-178.
   **Español:** Maxwell, John, *Las 21 indispensables cualidades de un líder*, Caribe/Bretaña Editores.
2. *Investor's Business Daily*, septiembre 6, 2001, p.A4.
3. Finley, Anita, "Clark, The Oldest Man to Circle the Planet Alone Under Sail", *Boomer Times & Senior Life*, marzo 2002, p.45.
4. Visite la página: **www.vincelombardi.com/quotes/desire.htm**

**Capítulo 7**

1. "Preacher, Teacher, Gadfly", *Time*, julio 18,1988, p.58.
2. Matthews, Jay, *Escalante: The Best Teacher in America*, New York, Henry Holt, 1988, p.291.
3. García, Charles Patrick, "The Knock and Announce Rule: A New Approach to the Destruction-of-evidence exception," *Columbia Law Review*, Volume 93, 1993, p.685.

## Notas a pie de página

**Capítulo 8**
1. *Investor's Business Daily*, agosto 23, 2001, p.A3.

**Capítulo 9**
1. Rebbe Nachman of Breslov, *The Empty Chair: Finding Hope and Joy*, Jewish Lights Publishing, 1994, p.113.
   **Español:** Rabi Nachman de Breslau, *La Silla Vacia*, Editorial Olañeta, 1997.
2. Thomas, Marlo, *The Right Words at the Right Time*, New York, Atria Books, 2002, p.232.
3. Thomas, p.234.
4. *Investor's Business Daily*, mayo 20, 2001, p.A4.
5. *Checkpoints*, Primavera 2002, p.40.
6. Collins, Jim, *Good to Great: Why Some Companies Make the Leap . . . and Others Don't*, New York, HarperCollins, 2001, p.85.
7. Harari, Oren, *The Leadership Secrets of Collin Powell*, New York, McGraw Hill Trade, 2002, pp.215-216.
8. "Perfect Game Shocks Ailing Vero Man", *South Florida Sun-Sentinel*, julio 20. 2002, p.2-C.

**Capítulo 10**
1. El texto del discurso es tomado del folleto del Departamento de Defensa GEN-1A, U.S. Government Printing Office, 1964.
2. Krzyzewski, Mike and Phillips, Donald T., *Coaching with the Heart: Coach K's Successful Strategies for Basketball, Business and Life*, New York, Warner Books, 2000, p.47.
3. Gormley, Michael, "Merrill Lynch to Pay $100M in Penalties", *South Florida Sun-Sentinel*, mayo 22, 2002, p.1-D.
4. *Investor's Business Daily*, septiembre 24, 2001, p.A4.
5. Pitino, Rick, *Lead to Succeed*, New York, Broadway Books, 2000, p.74.
6. Cohen, William A., *The New Art of the Leader: Leading with Integrity and Honor*, Paramus, NJ, Prentice Hall, 2000, p.170.
7. "Ann Landers", *South Florida Sun-Sentinel*, abril 27, 2002, p.2-D.

**Capítulo 12**
1. Miller, William Lee, "Thinking Like Lincoln", *Bottom Line Personal*, julio 1, 2002, p.9.
2. Miller, p.9.
3. Miller, p.9.
4. *Investor's Business Daily*, septiembre 14, 2001, p.A4.

5. Kotter, John P., *Leading Change*, Boston, Harvard Business School Press, 1996, p.175.
6. Kotter, p.178.
7. Foundation for Enterprise Development, **www.fed.org**
8. Kotter, pp.183-184.
9. *My Generation*, julio-agosto 2002, p.58.
10. *Investor's Business Daily*, junio 1, 2001, p.A4.

### Capítulo 13

1. Carpenter, Susan, and Farlie, Maggie, "Solo Adventurer Circles the World", *South Florida Sun-Sentinel*, julio 3, 2002, p.1-A.
2. Maxwell, John C., *Failing Forward: Turning Mistakes into Stepping Stones*, Thomas Nelson, 2000, p.2.
3. Mayer, Jeffrey J., *Success is a Journey: 7 Steps to Achieving Success in the Business Life*, New York, McGraw-Hill, 1999, pp. 16-17. **Español:** Mayer, Jeffrey J., *El éxito es un viaje*, Gestión 2000, 2001.
4. Maxwell, p.17.

### Capítulo 14

1. *My Generation*, julio-agosto 2002, p.58.
2. "Spread the Inspiration", USA Weekend, abril 19-21, 2002, p.4.
3. Wilson, Pat, "Bosemer Hosts Caring Hearts Awards", *Boca Raton Times*, abril 17, 2002, p.17.
4. Herman, Tom, "Ask Dow Jones", *South Florida Sun-Sentinel*, abril 28, 2002, p.B7.
5. Kennedy, Caroline, "The Courage Within", *USA Weekend*, junio 7-9, 2002, p.6.

### Capítulo 15

1. *The Spear Report*, volumen 8, número 18, mayo 6, 2002, p.1.
2. Harari, Oren, *The Leadership Secrets of Collin Powell*, New York, McGraw Hill Trade, 2002, pp. 20-21.
3. Edwards, Paul and Sarah, "Three Tips for Making Your Small Business Bigger", *The Costco Connection*, junio 2002, p.13.
4. Chopra, Deepak, "SynchroDestiny", *Miracle Journeys Magazine*, mayo-junio 2002, p.28.
5. Chopra, p.29.

## Capítulo 16

1. Graham, Stedman, *You Can Make It Happen*, New York, Simon & Schuster, 1997, p.51.
2. Kanchier, Carole, "Does your Attitude Limit Your Options?", *USA Weekend*, abril 12-14, 2002, p.B6.
3. Stroder, Mark E., "Life Coach", *The Costco Connection*, abril 2002, pp.20,22.
4. Koch, Neil, "I Lost It at the Movies", *Inc*, mayo 2002, p.48.
5. Hill, Napoleon, *Think and Grow Rich*, New York, Fawcett Books, 1990, p.12.
   Español: Hill Napoleon Foundation Staff, *Piense y hágase rico*, Editorial Grijalbo.
6. *Investor's Business Daily*, septiembre 20, 2001, p.A4.
7. *Investor's Business Daily*, marzo 7, 2001, p.A4.
8. Krzyzewski, Mike and Phillips, Donald T., *Coaching with the Heart: Coach K's Successful Strategies for Basketball, Business and Life*, New York, Warner Books, 2000, p. 282.

## Capítulo 17

1. Brady, Shelly, "Success Secrets from Ace Salesman Bill Porters", *Bottom Line Personal*, agosto 1, 2002, p.9.
2. McCarthy, Dennis, "What Obstacles?: This Gusty Kid Will Stop at Nothing to Become a Doctor", *The Daily News of Los Angeles*, mayo 19, 2002, p.N1.
3. Kelly, Omar, "Miami Walk-On Outruns Obstacles", *South Florida Sun Sentinel*, mayo 13, 2002, p.1-C.
4. Fittipaldo, Ray, "Not Just for Kicks", *Pittsburgh Post-Gazette*, July 25, 2002, p.1-D.

## Capítulo 20

1. Mayer, Jeffrey J., *Success is a Journey: 7 Steps to Achieving Success in the Business Life*, New York, McGraw-Hill, 1999, pp. 96-97.
   **Español:** Mayer, Jeffrey J., *El éxito es un viaje*, Gestión 2000, 2001.

## Capítulo 21

1. "Thor Heyerdahl, Adventurer Who Sailed on 'Kon-Tiki' Raft", *South Florida Sun Sentinel*, abril 19, 2002, p.7B, **www.trussel.com**
2. Hill, Napoleon, *Napoleon Hill's Keys To Success: The 17 Principles of Personal Achievement*, New York, Plume, 1987, p.26.

3. Lambert, Bruce, "That's the "New Spirit", *South Florida Sun Sentinel*, Mayo 2, 2002, p.3-A.
4. Stockdale, Jim and Sybil, *In Love & War*, New York, Harper & Row, 1984, Cover Jacket, p.101.
5. Collins, Jim, *Good to Great: Why Some Companies Make the Leap… and Others Don't*, New York, HarperCollins, 2001, p.84.
6. Collins, p.84.

**Capítulo 22**
1. El artículo aparece en el número correspondiente a septiembre-octubre de 1997 de la revista *Technique*, volumen 17, número 9. (Está publicado en este sitio) Elko, Kevin, "The Ultimate Secrets of Goal Setting", **www.usa-gymnastics.org/publications**
2. Braun, Chip, "Trophy Hunt Stardom Promises Many Rewards for Ricky Williams", *The Dallas Morning News*, diciembre 10, 1998, p.1B.

**Capítulo 23**
1. Weil, Martin, "Benjamin O. Davis Jr., 89, Leading Air Force General", *South Florida Sun Sentinel*, julio 7, 2002, p.6-B.

**Capítulo 24**
1. "Street, 6, Helps Barry Earn Berth in NCAA Championship", *South Florida Sun Sentinel*, mayo 7, 2002, p.2C.
2. CNNSI.com-Golf Plus, diciembre 10, 2001.
3. Mabe, Chauncey, "Prolific Writer Penned Nancy Drew", *South Florida Sun Sentinel*, mayo 20, 2002, p.1-A.
4. Emily Toth, "Are You Old or Are You Sage", *Chronicle of Higher Education*, julio 20, 2001, p.24.
5. Ishoy, Ron, "Soldier of Healing: Retired General Plans to Aid Poor as Medical Missionary", *The Miami Herald*, mayo 4, 1997, Sunday Broward Edition, p.1B.
6. Henderson, Carter, *I Don't Feel Old: How to flourish After 50*, Oakland, CA, Institute for Contemporary Studies, 2002, p.25.

**Capítulo 25**
1. Ryan, Michael, "An American Success Story", *Parade*, junio 30, 2002, p.4.
2. Moritz, Owen, "Committee Picks Books to Bind City", *New York Daily News*, mayo 9, 2002, p.10.

3. Hudson, Mike, "Author James McBride Tells His Mother's Story", *The Roanoke Times & World News*, noviembre 19, 1997, p.1.

**Capítulo 26**

1. Hargrove, Robert, *E-Leader: Reinventing Leadership in a Connected Economy, Cambridge*, Cambridge, Perseus Publishing, 2001, p.36.
2. Garreau, Joel, "Frisbee's Spinmeister; Ed Headrick, The Hero of Circles", *The Washington Post*, agosto 15, 2002, p.C1.
3. Ancona, Paula, *Successabilities!* Indianapolis, IN, Jist, 1998, p.118.
4. Hill, Napoleon, *Napoleon Hill's Keys To Success: the 17 Principles of Personal Achievement*, New York, Dutton, 1994, p.215.
5. Tracy, Brian, *Focal Point*, New York, Amacom, 2002, p.190-191.

**Capítulo 27**

1. Endlich, Lisa, *Goldman Sachs: the Culture of Success*, New York, Alfred Knopf, 1999, pp.88-89.
2. Endlich, p.17.
3. Endlich, pp.12-18.
4. Russell, Joel, "2002 Hispanic Business Fastest Growing 100", *Hispanic Business*, julio-agosto 2002, p.36.
5. Axelrod, Alan, *Patton on Leadership*, Paramus, NJ, Prentice Hall, 1999, p.126.
6. Rosner, Bob, "A Couple of minutes With Ken Blanchard", workoplis.com, marzo 1, 2001.
7. Hill, Napoleon, *Napoleon Hill's Keys to Success: The 17 Principles of Personal Achievement*, New York, Dutton, 1994, p.217.
8. Thomas, Marlo, *The Right Words at the Right Time*, New York, Atria Books, 2002, p.172.

**Capítulo 28**

1. Morris, Jim, *The Oldest Rookie: Big League Dreams from a Small Town Guy*, Little, Brown & Co., 2001.
2. Ortega, Bob, *The Untold Story of Sam Walton and Wal-Mart, The World's Most Powerful Retailer*; New York, Times Books, 1998, p.140.
3. Maxwell, John, *The 21 Irrefutable Laws of Leadership*, Nashville, TN, Thomas Nelson, 1998, p.171.
   **Español:** Maxwell, John, *Las 21 Indispensables cualidades de un líder*, Caribe/Bretaña Editores.

**Capítulo 29**
1. La cita es anónima.
2. Stockdale, James B., *A Vietnam Experience*, Stanford, CA, Hoover Institution, p.141.
3. Morrell, Margot and Capparell, Stephanie, *Shackleton's Way: Leadership Lessons From the Arctic Explorer*, New York, Viking, 2001, p.75.
   **Español:** Morrell, Margot, et. al., *La lección de Shackleton*, Planeta Pub. Corp., 2003.
4. *Investor's Business Daily*, julio 28, 2002, p.A4.
5. Semler, Ricardo, *Maverick*, New York, Warner Books, 1993, p.73.
   **Español:** Semler, Ricardo, *Radical. El éxito de una empresa sorprendente*, Gestión 2000, 1999.
6. Harari, Oren, *The Leadership Secrets of Collin Powell*, New York, McGraw Hill Trade, 2002, pp.179-180.
7. Pritchett, Price, *Carpe Mañana*, Dallas, Pritchet Rummler-Brache, 2000, p.1.

**Capítulo 30**
1. Williams, Marjorie, "Manager-In-Chief's Preferred Techniques", *The Washington Post*, diciembre 3, 1986, p.A17.
2. Stroder, Mark E., "Life Coach", *The Costco Connection*, abril 2002, p.20.
3. Página de fans de Michael Jordan, **www.toppics4u.com**
4. Buckingham, Marcus, and Clifton, Donald O., *Now, Discover Your Strengths*; p.8.
   **Español:** Buckingham, Marcus, y Clifton, Donald O., *Ahora descubra sus fortalezas*, Editorial Norma, 2001.
5. Presentadores del show NBC Today, Matt Lauer & Katie Couric, Entevista con Ron Howard, mayo 9, 2002.

**Capítulo 31**
1. Matthews, Jay, *Escalante: The Best Teacher in America*, New York, Henry Holt, 1988, p.308.
2. Ratline, Margy, "'Ya-Ya' Director Bristles at 'Chick Flick' Label", *Palm Beach Post*, junio 8, 2002, p.1-D.
3. **www.sacbee.com, www.mcdonalds.com**
4. Thomas, Marlo, *The Right Words at the Right Time*, New York, Atria Books, 2002, p.9; *Bottom Line. Personal*, septiembre 1, 2002.

## Capítulo 32

1. Bouchette, Ed, "Omar Khan Fills Important Position for the Steelers–Off the Field", *Pittsburgh Post-Gazette*, marzo 10, 2002, p.B3.
2. Janson, Chris, *You can Make It Happen*, New York, Simon & Schuster, 1997, p.80.
3. Janson, p.81.
4. Krauthammer, Charles, "A Man for All Seasons", *The Washington Post*, agosto 25, 2000, p.A31
5. Kanchier, Carole, "Does your Attitude Limit Your Options?", *USA Weekend*, abril 12-14, 2002, p.B6.
6. Farrington, Brendan, "Taking Time to Teach", *South Florida Sun Sentinel*, abril 29, 2002, p.6-B.
7. Schwager, Jack, *Market Wizards: Interviews with Top Traders*, Harper Business, NY, 1993.
8. Schwartz Martin, *Pit Bull: Lessons from Wall Street's Champion Trader*, Harper Business, NY, 1999.

## Capítulo 33

1. The Bench Press, volumen 2, número 7, octubre1998; **www.crf.usa.org.**
2. **www.marvacollins.com.**
3. Shribman, David M., *I Remember My Teacher: 365 Reminiscences of Teachers Who Changed Our Lives*, Kansas City, MO, Andrews McMeel, 2002, p.16.
4. Olson, Cheryl K., "How to Raise an Upbeat Child", Bottom Line Personal, mayo 15, 2002, p.10.
5. "Dear Abby", South Florida Sun-Sentinel, abril 27, 2002, p.D6

## Capítulo 36

1. Cohen, William A., *The New Art of The Leader: Leading with Integrity and Honor*, Paramus, NJ, Prentice Hall, 2000, p.47-78.
2. Visite la página de la Academia de la Fuerza Aérea de los Estados Unidos, **www.usafa.af.mil.**
3. Heim, Pat, and Chapman, Elwood, *Learning to Lead*, Menlo Park, CA, Crisp Publications, 1990, p.17.
4. Hill, Napoleon, *Napoleon Hill's Key to Success: The 17 Principles of Personal Achievement*, New York, Dutton, 1994, p.25-28.
5. Sonnenschein, William, *The Diversity Toolkit*, McGraw Hill, NY, 1999, p.180.
6. *Investor's Business Daily*, mayo 18, 2001, p.A4.

7. Harari, Oren, *The Leadership Secrets of Collin Powell*, New York, McGraw Hill Trade, 2002, p.13

8. Harari, p.21.

9. Harari, pp.23-24.

10. *Investor's Business Daily*, mayo 14, 2001, p.A4.

11. **http://www.anonymouschineseproverb.pe.ca/montaguehigh/quotes2.htm**

### Capítulo 37

1. Miller, William Lee, "Thinking Like Lincoln", *Bottom Line Personal*, julio 1, 2002, p.9.

2. **www.pbs.org/newshour/debatingourdestiny.**

3. Humes, James C., "When it's your Turn to Speak: Lessons From History's Greatest Orators", *Bottom Line Personal*, mayo 15, 2002, p.13.

4. *Investor's Business Daily*, julio 29, 2002, p.A4.

5. "Stephen King on How to Write", *Bottom Line Personal*, junio 1, 2002, p.12.

### Capítulo 38

1. *Investor's Business Daily*, noviembre 16, 2001, p.A4.

2. Morrell, Margot and Capparell, Stephanie, *Shackleton's Way: Leadership Lessons from the Arctic Explorer*, New York, Viking, 2001, p.9. Español: Morrell, Margot, et. al., *La Lección de Shackleton*, Planeta Pub. Corp., 2003.

3. Morrell and Capparell, p.10.

4. Commisso, Marco, "Charles in Charge", *Boca Raton News*, junio 4, 2000, p.1.

5. Freedman, David H, Corps Business: *The 30 Management Principles of the U.S. Marines*, New York, Harper Business, 2000, p.79.

### Capítulo 39

1. (Editorial) "Making a Miracle", *The Daily News of Los Angeles*, julio 30, 2002, p.N12.

2. Harari, Oren, "Lessons From Collin Powell on How to Be a Successful Leader", *Bottom Line Personal*, agosto 15, 2002, p.1.

3. Pritchett, Price, *Carpe Mañana*, Dallas, Pritchet Rummler-Brache, 2000, p.37

4. Gibbs, John, *Racing to Win*, Sisters, OR, Multnomah Publishers, 2002, Con Ken Abraham.

5. Olsen, Milton, *Lessons from Geese*, Lessons from Geese fue transcrito del discurso de Angeles Arrien en la Organizational Development Network (Red de Desarrollo Organizacional) en 1991 basado en el trabajo de Milton Olsen.

**Capítulo 40**

1. Margaret L. Baptiste, "Exploring Success Through Endurance", *Retirement Life*, abril 2002, p.8.
2. Robinson, Matthew, "President Calvin Coolidge", *Investor's Business Daily*, febrero 13, 1998, p.A1.
3. Carville, John, and Begala, Paul, *Buck Up... and Come Back When You Foul Up*, New York, Simon & Schuster, 2001, p.20.
4. Carville, p.21.
5. Carville, p.21.

**Capítulo 41**

1. **www.chiefexecutive.net**
2. "Oh, He's Just One of the Help", *South Florida Sun Sentinel*, junio 17, 2002, p.3.

**Capítulo 42**

1. Discurso del secretario de Educación, William J. Bennett, en la cena de los locutores deportivos de Estados Unidos, diciembre 3, 1987. Vea también Bennett, William J., "In Defense of Sports", *Commentary*, volumen 61, número 2, febrero 1976, p.2.
2. Bell Maya, "Chess Kinas", *South Florida Sun Sentinel*, mayo 28, 2002, p.1-D.
3. McGrath, Jim, *Heartbeat: George Bush in His Own Words*, New York, Scribner, 2001, p.264.
4. Harari, Oren, "Lessons From Collin Powell on How to Be a Successful Leader" *Bottom Line Personal*, agosto 15, 2002, p.1.

**Capítulo 43**

1. *Entertainment Tonight*, junio 7, 2002.
2. Rader, Doston "Even the Bad Times Make You Better", *Parade Magazine*, julio 28, 2002, p.26.
3. Schudel, Matt, "Krall Looks for the Story in Music", *Florida Sun Sentinel*, mayo 17, 2002, p.34.
4. Stolz, Paul, *Adversity Quotient: Turning Obstacles into Oportunities*, New York, Harper Business, 2000, p.12.

**Capítulo 45**

1. *Pittsburgh Post-Gazette*, septiembre 30, 1999, p.D-4.
2. **www.quoteworld.org**
3. McGrath, Jim, *Heartbeat: George Bush in His Own Words*, New York, Scribner, 2001, p.31.

# Indice

# Charles Patrick García, el orador

**Charles Patrick García** es el presidente de la junta directiva y Director Ejecutivo de Sterling Financial Investment Group of Companies. Sterling fue citada en la encuesta anual de las 500 empresas más importantes realizada por la revista Inc en octubre de 2002 como la octava compañía privada de más rápido crecimiento de Estados Unidos. También aparece en la revista Hispanic Business como la empresa hispana de más rápido crecimiento de Estados Unidos y fue reconocida durante dos años seguidos por la Universidad de Florida como la empresa privada de más rápido crecimiento de Florida (en 2000 y 2001).

García ha sido descrito como un hombre polifacético debido a sus logros en una amplia variedad de áreas. Es un oficial militar altamente condecorado, abogado, líder comunitario, filántropo y diseñador de políticas públicas. Recientemente le ha dedicado una gran cantidad de tiempo al importante tema de la educación, tanto a nivel local como nacional. Fue nombrado por el presidente George W. Bush como miembro de la Comisión sobre la Excelencia Educativa de los Hispanonorteamericanos, encargada de desarrollar un plan de acción que permita cerrar la brecha educativa que enfrentan los niños hispanos. También está prestando un servicio de cuatro años como el único hispano miembro de la Junta Educativa de Florida, un nuevo cuerpo oficial responsable por toda la educación hasta nivel universitario que se lleva a cabo en el estado.

Cuenta con una extensa experiencia en medios de comunicación, pues trabajó como analista militar y comentarista de Telemundo durante la guerra contra Irak. Después de los atentados del 11 de septiembre García planteó soluciones creativas ante la amenaza de las armas biológicas en CNN/Crossfire, Fox News, Telemundo, Univisión y en diferentes programas.

García habla en público con frecuencia en distintos tipos de ocasiones: orador central de un encuentro, inauguración de semestres universitarios, talleres de capacitación y otras. Utiliza su propia experiencia como empresario –inició las actividades de Sterling Financial con sólo tres empleados y dentro del cuarto de utensilios de limpieza de otra empresa– para motivar a las personas a concentrarse en los logros y el éxito. El sello de García consiste en llegarle directamente a cada uno y tocarlo con un mensaje inspirador, a la vez que le brinda herramientas concretas que pueda utilizar en su vida diaria.

En sus presentaciones García ofrece pasos de acción que le ayudan a las personas a cambiar sus vidas o, inclusive, la dirección de su empresa. Bien se trate de padres criando hijos, de estudiantes de secundaria o universitarios que examinan su futuro, o de empleados que están analizando un cambio en su carrera, la gente recibirá un "Mensaje de García", que los inspira para crear un plan de acción que pueda cambiar sus vidas.

Para mayor información visita el sitio web, www.successcompass.com, o llama al 866-532-3138.

 Notas ❖❖

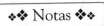

Esperamos que haya disfrutado de este libro de Hay House. Si usted desea recibir un catálogo gratis demostrando libros y productos adicionales de Hay House, o si desea información de la Fundación Hay (Hay Foundation), por favor comuniquese a:

Hay House, Inc.
P.O. Box 5100
Carlsbad, CA 92018-5100
**(760) 431-7695** o al **(800) 654-5126**
**(760) 431-6948** (fax) o al **(800) 650-5115** (fax)
**www.hayhouse.com**

Si desea recibir un catálogo de libros y productos de Hay House, o si desea información acerca de la Fundación Hay (Hay Foundation), por favor, desprenda y envíe este cuestionario.

Esperamos que usted haya encontrado este producto valioso. Por favor ayúdenos a evaluar nuestro programa de distribución llenando este breve cuestionario. En cuanto recibamos esta tarjeta, le enviaremos su catálogo inmediatamente.

NOMBRE

DIRECCION

Compré este libro en:

☐ Nombre de la tienda o librería

Ciudad

☐ Otro (Catálogo, Conferencia, Taller Educativo)

Especifique

Esperamos que usted haya encontrado este producto valioso. Por favor ayúdenos a evaluar nuestro programa de distribución llenando este breve cuestionario. En cuanto recibamos esta tarjeta, le enviaremos su catálogo inmediatamente.

NOMBRE

DIRECCION

Compré este libro en:

☐ Nombre de la tienda o librería

Ciudad

☐ Otro (Catálogo, Conferencia, Taller Educativo)

Especifique

HAY HOUSE, INC.
P.O. Box 5100
Carlsbad, CA 92018-5100

HAY HOUSE, INC.
P.O. Box 5100
Carlsbad, CA 92018-5100